国家社会科学基金项目：
生态视角下革命老区传统村落乡村振兴战略研究（18BJY117）

革命老区传统村落乡村振兴战略研究

GEMING LAOQU CHUANTONG CUNLUO
XIANGCUN ZHENXING ZHANLÜE YANJIU

胡海胜　史言信　邹勇文　著

华中科技大学出版社
http://press.hust.edu.cn
中国·武汉

内容简介

国家高度重视革命老区的发展,习近平总书记把革命老区发展时刻放在心上,国家先后出台了多项重要支持文件和政策。本书聚焦乡村振兴背景下的革命老区传统村落发展,内容包括三部分10章。第一部分为革命老区传统村落乡村振兴的成效与短板,从文献综述、政策评估和实践案例分析三个方面对革命老区传统村落乡村振兴进行了评述;第二部分为革命老区传统村落乡村振兴的评估与特征,从生态和文化视角,引入了恢复力和集体记忆两个理论来评估分析传统村落振兴发展的基本特征问题;第三部分为革命老区传统村落乡村振兴的路径与实践,从传统村落的产业振兴来研究,并提出具体实施路径和对策建议。本书在推进革命老区传统村落保护利用、乡村产业振兴发展等方面具有一定的指导和参考价值,特别是其中的井冈山、赣州、玉峰村和金溪县等地的具体做法值得参阅。同时,本书中使用的研究方法和研究思路对于研究人员和学生也具有一定的参考引用价值。

图书在版编目(CIP)数据

革命老区传统村落乡村振兴战略研究/胡海胜,史言信,邹勇文著.—武汉:华中科技大学出版社,2023.6
ISBN 978-7-5680-9888-5

Ⅰ.①革⋯ Ⅱ.①胡⋯ ②史⋯ ③邹⋯ Ⅲ.①农村-社会主义建设-研究-中国 Ⅳ.①F320.3

中国国家版本馆CIP数据核字(2023)第183400号

革命老区传统村落乡村振兴战略研究
Geming Laoqu Chuantong Cunluo Xiangcun Zhenxing Zhanlüe Yanjiu

胡海胜 史言信 邹勇文 著

策划编辑:	李 欢 王雅琪
责任编辑:	贺翠翠
封面设计:	原色设计
责任校对:	阮 敏
责任监印:	周治超
出版发行:	华中科技大学出版社(中国·武汉) 电话:(027)81321913
	武汉市东湖新技术开发区华工科技园 邮编:430223
录 排:	孙雅丽
印 刷:	武汉科源印刷设计有限公司
开 本:	710mm×1000mm 1/16
印 张:	16.75
字 数:	310千字
版 次:	2023年6月第1版第1次印刷
定 价:	88.00元

本书若有印装质量问题,请向出版社营销中心调换
全国免费服务热线:400-6679-118 竭诚为您服务
版权所有 侵权必究

前言 FOREWORD

国家高度重视革命老区发展,习近平总书记把革命老区发展时刻放在心上,先后出台了多项重要支持文件和政策。革命老区内拥有大量的传统村落,这些村落的振兴发展值得特别关注。在新时代乡村振兴战略背景下,本课题致力于阐述新时代革命老区传统村落振兴发展的内涵要义,构建革命老区传统村落恢复力评估的理论模型,解析革命老区传统村落集体记忆的形成机理和作用机制,探索典型革命老区支持乡村振兴发展的机理和路径,为革命老区传统村落在保护与利用上发展新动能提供政策建议。

1. 革命老区传统村落乡村振兴的成效与短板

本课题从文献综述、政策评估和实践案例分析三个方面对革命老区传统村落乡村振兴进行了评述。

(1)传统村落乡村振兴的研究进展。以"传统村落"与"乡村振兴"为共同关键词在中国知网数据库中进行检索,搜索时间设置为2017年1月1日—2022年6月30日,收集到1539篇中文文献。从年度发文量来看,该领域发文量呈快速递增趋势,说明传统村落乡村振兴学术研究极具学术研究价值;从文献作者来看,发文量超过3篇的学者共10人,其中杨贵庆、刘沛林、孙九霞、李亮等人位居前列,作者间合作网络密度不高;从发文机构来看,频次在8次以上的有12个,全部为高校,其中西安建筑科技大学与安徽建筑大学发文量最多;从关键词来看,前20个关键词出现频次最高的是"乡村振兴"与"传统村落",但在历年分布上有所变化,"乡村旅游""乡村文化"和"文化遗产"等关键词出现频次逐年上升。

(2)革命老区传统村落乡村振兴的政策分析。通过政策文本分析工具ROST CM 6.0对14份国家政策和30份省级政策文本进行了分析梳理,研究发现:现有政策支持涵盖基础设施、资源开发、产业发展、精准扶贫、公共服务、区域合作、生态环境保护、财税金融政策保障等多个方面,强调通过"输血"驱动"造血"的方式推动当地全面发展;"发展""建设""推进""加强""加快""加大""完善"等位居高频词前列,表明区域基础设施建设、重大工程项目推进、服务质量提升、体制机制改革是政策重要关注点;国家政策注重宏观角度和发展方向把控,为革命老区传统村落的振兴发展奠定了经济发展的主基调,省级政策注重贯彻落实国家的政策方针和精神要义,体现在制定过程中对区域特色的把握和因地制宜灵活发展理念的贯彻。

(3) 革命老区传统村落振兴发展现状分析。根据对中国革命老区、中国传统村落、革命老区内中国传统村落以及罗霄山区中国传统村落四个层次的空间分布研究,结合典型案例,分析了江西于都县潭头村回归农业产业、湖南花垣县十八洞村形成特色产业、安徽金寨县大湾村依托旅游产业有效推进当地经济社会发展的具体做法。但同时,课题组也发现人口大量外流导致的严重"空心化"困境、单一旅游产业导致的过度商业化困境、开发保护矛盾导致的破坏性重建困境仍对革命老区传统村落的振兴发展造成不小压力。

2. 革命老区传统村落乡村振兴的评估与特征

课题组从生态和文化视角,引入了恢复力和集体记忆两个理论来评估分析传统村落振兴发展的基本特征问题。

(1) 恢复力视角下传统村落振兴发展评估。恢复力评估为传统村落振兴发展提供了一种全新的解决思路。通过提早介入、及时进入等优先管治措施,尽可能减缓负面效应的产生,或者有效地避免负面影响的扩张。在实证研究中,将恢复力评估引入古镇旅游地的保护与发展研究,以传统村落典型地江西省婺源县江湾镇为研究案例地,用恢复力水平代表振兴发展水平,根据江湾古镇的特性选取关键变量,运用熵值法确定变量权重,构建古镇旅游地系统恢复力评估指标体系和评估模型,从而有效评估古镇旅游地系统恢复力的等级,探索影响古镇恢复力的关键因子。

(2) 集体记忆视角下传统村落的文化振兴发展。基于传统村落的文化特性,研究分析了传统村落的集体记忆和标志性记忆两个关键概念,解析了传统村落集体记忆的典型特征。在集体记忆特征方面,采用内容分析法和主体、客体、时间三要素分析,梳理了基于《记住乡愁》系列纪录片中属于革命老区范围内的79个传统村落案例地的集体记忆特征。在标志性记忆特征方面,以井冈山菖蒲村为案例地,选择物质景观、非物质遗产作为游客对菖蒲村环境感知情况的重要参考要素,将记忆主体、记忆客体、传播媒介作为游客对菖蒲村红色记忆的测量维度,构建了物质景观、非物质遗产、记忆主体、记忆客体与传播媒介的假设模型。

3. 革命老区传统村落乡村振兴的路径与实践

"产业兴旺、生态宜居、乡风文明、治理有效、生活富裕"是实施乡村振兴战略的总要求,其中产业是乡村脱贫、振兴和迈向共同富裕极为重要的组成部分。为此,课题组着重从传统村落的产业振兴来研究,并提出具体实施路径和对策建议。

(1) 全域旅游助推乡村振兴的内在动能与实施路径。以共同富裕为目标的乡村振兴为全域旅游发展提供了广阔空间,全域旅游是全面推进乡村振兴的重要动力源和助推器。全域旅游能够高效整合乡村资源,发挥乡村优势,带动乡村一二三产深度融合发展,推动乡村文明建设和社会进步,为乡村振兴提供一条有效途径和一种新型模式。

(2) 赣州文旅融合助力乡村振兴发展。赣州是苏区精神、长征精神的主要发源地。经过多年持续努力,赣州市在推进红色旅游与文化产业融合发展上取得了一系列成果,涌现了小密花乡农旅融合、和君小镇教旅融合、"浴血瑞京"演旅融合等一批典型案例,为红色旅游与文化产业融合发展提供了借鉴参考。

(3) 井冈山大陇村民宿助推乡村振兴发展。作为全国著名的革命老区,井冈山市在传统村落振兴发展方面做了卓有成效的工作,特别是以大陇村为典型,首创了"1+8+48"新型股份制模式。本课题对此专门进行了跟踪研究,了解村民对民宿旅游发展的参与感知情况,论证村民感知质量对民宿旅游发展的认同情况及其对村民行为的影响,进而提出持续推进乡村振兴的发展策略。

(4) 怀玉山玉峰村民宿旅游助力乡村振兴发展。为更好地论证民宿对于乡村产业振兴发展的作用,课题组选择了资源非优区的玉峰村进行调查研究。基于旅游凝视理论和方法,从地方居民(东道主)和游客两个视角共同探讨分析了玉峰村民宿旅游发展状况,发现以民宿助推红色资源综合利用的模式,可以成为摆脱贫困、助力革命老区乡村振兴发展的重要发展模式。

(5) 金融助推金溪县传统村落文旅发展与乡村振兴。重点剖析了九江银行在金溪县推出"古屋贷"产品的实施办法和主要做法:积极探索传统村落的资源价值评估模式,不断创新传统村落价值实现的融资模式,全面打通传统村落文旅产业发展的通道。针对金溪县"古屋贷"存在的问题,课题组也提出了发挥文旅企业融资优势、提升银行金融服务质量、健全政府引导与互动机制等进一步推进金溪县"古屋贷"项目持续发展的对策建议。

本课题得到了国家社会科学基金项目"生态视角下革命老区传统村落乡村振兴战略研究"(项目编号:18BJY117)的资助,胡海胜、史言信、邹勇文、徐克帅、乔学忠、郑艳萍等教师负责课题的研究工作。此外,本课题还得到了江西省文化和旅游厅、井冈山管理局、井冈山市委市政府、金溪县委县政府、玉山县委县政府、赣州市文化广电新闻出版旅游局等部门的大力支持。课题研究过程中,张玲、徐文豹、梁璐、熊桃慧、苏瑞娜、卢周、吕志等硕士生,以及李盛泽、李萌丽、高昊、赵丹楠、刘倩等本科生深度参与了课题研究并完成了相关主题的论文撰写。在此,对相关部门及人员一并表示诚挚的谢意。课题研究过程中,参考了许多研究人员和相关方面人员的论著,均一并致谢。课题研究尚有诸多不足之处,敬请各位读者批评指正。

目录 CONTENTS

第一章　绪论　1
　一、研究背景　1
　二、研究意义　8
　三、研究内容　10
　四、研究方法　12

第二章　传统村落乡村振兴的研究进展　14
　一、研究方法与数据来源　14
　二、年度发文量、文献作者、发文机构分析　15
　三、研究文献关键词分析　18
　四、研究主题演变和阶段划分　21
　五、研究趋势预测　24

第三章　革命老区传统村落乡村振兴的政策分析　26
　一、数据获取及处理　26
　二、研究结果与分析　33
　三、政策聚焦　45
　四、政策启示　55

第四章　革命老区传统村落振兴发展现状分析　56
　一、中国革命老区的分布格局　56
　二、中国传统村落的分布格局　58
　三、革命老区内中国传统村落的分布　61
　四、罗霄山区中国传统村落空间分布特征　63
　五、革命老区传统村落乡村振兴的主要模式　70
　六、革命老区传统村落乡村振兴的主要困境　75

第五章　恢复力视角下传统村落振兴发展评估　78
一、恢复力评价的系统构架　79
二、恢复力评估案例地选取　88
三、婺源县江湾镇恢复力评估分析　89

第六章　集体记忆视角下传统村落的文化振兴发展　96
一、集体记忆的概念内涵　96
二、革命老区传统村落的集体记忆特征　101
三、井冈山菖蒲村红色记忆的保护与传承　112

第七章　赣州文旅融合助力乡村振兴发展　140
一、红色旅游与文化产业协同创新探索　140
二、小密花乡农旅融合的实践探索　154
三、和君小镇教旅融合的实践探索　158
四、"浴血瑞京"演旅融合的实践探索　162

第八章　井冈山民宿旅游助力乡村振兴发展　167
一、井冈山民宿旅游发展条件与现状分析　167
二、大陇村村民对民宿旅游发展的影响感知　175
三、井冈山民宿旅游发展的问题与建议　194

第九章　怀玉山玉峰村民宿旅游助力乡村振兴发展　198
一、怀玉山玉峰村概况　198
二、玉峰村民宿的旅游凝视分析　203
三、玉峰村民宿发展的问题与建议　223

第十章　金融助推金溪县传统村落文旅发展与乡村振兴　228
一、金溪县传统村落发展概况　228
二、金溪县"古屋贷"金融产品的创新利用　231
三、金溪县"古屋贷"存在的问题　236
四、推进金溪县"古屋贷"项目持续发展的对策建议　239

参考文献　246

后记　258

第一章 绪 论

国家高度重视革命老区发展,习近平总书记把革命老区发展时刻放在心上,先后出台了多项重要支持文件和政策。革命老区内拥有大量的传统村落,这些村落的振兴发展值得特别关注。

一、研究背景

(一)国家高度重视革命老区发展

习近平总书记把革命老区发展时刻放在心上,先后深入阜平、延安、井冈山、于都、信阳等革命老区考察调研,在完成脱贫攻坚任务后,进一步要求各地在高质量发展上要坚定信心、找到路子。

2016年,中共中央办公厅、国务院办公厅印发的《关于加大脱贫攻坚力度支持革命老区开发建设的指导意见》指出,要发展特色优势产业,推动老区全面建成小康社会,让老区人民共享改革发展成果。

党的十八大以来,党和国家出台的一系列关心支持革命老区振兴的政策和行动方案,充分表现了以习近平同志为代表的党中央对老区人民的深厚感情和以人民为中心的执政理念、使命担当。

十九大报告中两次提及革命老区,要求加大力度支持革命老区、民族地区、边疆地区、贫困地区加快发展;鼓励引导人才向边远贫困地区、边疆民族地区、革命老区和基层一线流动。习近平总书记谈到:"我们实现第一个百年奋斗目标、全面建成小康社会,没有老区的全面小康,特别是没有老区贫困人口脱贫致富,那是不完整的[1]。"各革命老区充分根据自身的资源优势,极力发展特色产业,是老区实现乡村振兴的重要途径。

2019年5月20日—22日,习近平总书记来到江西视察工作,举行了关于如何

---

[1] 中共中央党史和文献研究院.习近平扶贫论述摘编[M].中央文献出版社,2018.

帮助中部区域城市发展的座谈会,并在会上发表了重要讲话。习近平总书记表达了对江西革命老区发展的重要关注,也对江西的经济发展发表了重要讲话;在此座谈会上针对加快革命老区高质量发展、推动中部地区崛起等事务做出了重要部署,也提出要饮水思源,不能忘了革命老区和革命先烈。

2021年2月20日,国务院发布了《关于新时代支持革命老区振兴发展的意见》,这是自2012年国务院先后批准支持赣南等原中央苏区、陕甘宁、左右江、大别山、川陕等革命老区振兴发展之后的又一重磅政策文件。在新发展阶段革命老区要巩固拓展脱贫攻坚成果,让革命老区人民逐步过上更加富裕幸福的生活,旅游业是革命老区在新时期振兴发展和实现共同富裕的好路子。该文件明确提出了具体推进旅游发展的要求和举措:"加快特色旅游产业发展,推出一批乡村旅游重点村镇和精品线路";"推动红色旅游高质量发展,建设红色旅游融合发展示范区"。

2021年5月16日出版的第10期《求是》杂志发表了习近平总书记的重要文章《用好红色资源,传承好红色基因,把红色江山世世代代传下去》。文章中12次提及"老区",其中谈到老区的重要地位和老区建设的意义时特别让课题组感动:"我们永远不要忘记老区,永远不要忘记老区人民,要一如既往支持老区建设";"革命老区是党和人民军队的根";"老区和老区人民为我们党领导的中国革命作出了重大牺牲和贡献"。在新的历史时期,如何进一步利用好革命老区独特的红色资源、传承好红色基因是摆在我们面前的紧迫任务,习近平总书记有关论述为我们利用好、保护好革命老区红色资源提供了根本遵循。

(二)传统村落保护和利用已上升为国家战略

传统村落作为农耕文明的重要载体,具有极高的文化价值、历史价值、美学价值和经济价值,是看得见的传统文化明珠,也是寄托乡愁的精神家园。2012年,住房和城乡建设部等部门联合发布的《关于开展传统村落调查的通知》明确提出了"传统村落"的概念,并统一了学术称谓,同年住房和城乡建设部、文化部和财政部组织了第一次全国村庄调查并推出了中国传统村落名录保护制度。

2012年12月17日,住房和城乡建设部、文化部、财政部联合公布了第一批中国传统村落名录(646个)。2013年8月26日,三部门公布第二批中国传统村落名录(915个)。2014年11月17日,三部门再加上国家文物局、国土资源部、农业部和国家旅游局联合公布了第三批中国传统村落名录(994个)。2016年12月9日,1598个村落列入第四批中国传统村落名录。2019年6月6日,2666个村落列入第五批中国传统村落名录。自此,全国共有6819个村落列入中国传统村落名录。

在单点保护的基础上,2022年3月3日,财政部办公厅、住房和城乡建设部办公厅联合发布《关于组织申报2022年传统村落集中连片保护利用示范的通知》,在全国范围选择40个左右传统村落集中的县(市、区)开展传统村落集中连片保护利用示范,中央财政分别对东、中、西部示范县补助基准为3000万元、4000万元、5000万元,再根据示范县拥有中国传统村落数量情况赋予相应奖补系数。2022年4月14日,住房和城乡建设部、财政部正式公布了北京市门头沟区等40个县(市、区)为2022年传统村落集中连片保护利用示范县(市、区)。

在国家总体战略布局下,各省市县也相应加大了传统村落的保护力度。以江西省为例,2016年9月22日,江西省第十二届人民代表大会常务委员会第二十八次会议通过了《江西省传统村落保护条例》,该条例成为全国首部传统村落保护省级地方性法规。2017年8月8日,江西省住建厅公布了第一批248个省级传统村落;2021年12月2日,公布了第二批100个省级传统村落。2021年1月,江西省住建厅发布了《江西省传统村落整体保护规划》,提出到2035年,全省建成3处传统村落集中连片示范区,作为江西乡村振兴和旅游发展的样板区、传统文化的重要展示区和示范区,这进一步完善了全省传统村落保护发展顶层设计。

传统村落的保护广受关注,利用也同样值得研究。2019年9月16日,习近平总书记在河南新县田铺大塆考察调研时就指出,搞乡村振兴,不是说都大拆大建,而是要把这些别具风格的传统村落改造好。要实现生活设施便利化、现代化,能够洗上热水澡,村容村貌要整洁优美。田铺大塆就是保护与利用的典型案例,相关案例地还包括安徽的西递宏村、江西的篁岭村、湖南的沙洲村、海南的毛纳村等。

(三)革命老区传统村落的振兴发展值得特别关注

革命老区内拥有大量的传统村落(见表1-1)。经初步统计,五批次中国传统村落中合计达3485个位于革命老区,占全国总数的一半多。从各省(市、区)分布情况来看,总体上极不均衡,浙江以600个高居榜首,其后是山西和福建,各有450个和428个,辽宁、上海、宁夏、天津、黑龙江、甘肃均只有个位数。

表1-1 各地区革命老区中国传统村落数量一览表

序号	地区	第一批/个	第二批/个	第三批/个	第四批/个	第五批/个	总计/个
1	浙江	40	45	82	217	216	600
2	山西	41	15	47	131	216	450
3	福建	39	23	43	92	231	428

续表

序号	地区	第一批/个	第二批/个	第三批/个	第四批/个	第五批/个	总计/个
4	安徽	18	38	34	42	207	339
5	江西	23	43	33	45	134	278
6	河北	25	7	18	87	59	196
7	湖北	26	15	45	25	85	196
8	河南	13	35	35	21	61	165
9	广西	35	27	20	67	0	149
10	广东	32	43	32	24	0	131
11	四川	16	30	9	64	0	119
12	山东	5	6	20	29	42	102
13	湖南	13	17	5	64	0	99
14	贵州	4	9	19	30	0	62
15	陕西	3	4	12	21	0	40
16	海南	3	0	11	17	0	31
17	内蒙古	2	2	8	8	2	22
18	北京	9	4	3	5	1	22
19	云南	1	3	6	4	0	14
20	江苏	0	4	2	0	5	11
21	吉林	0	2	4	3	2	11
22	重庆	2	1	5	2	0	10
23	辽宁	0	0	2	0	1	3
24	上海	2	0	0	0	0	2
25	宁夏	2	0	0	0	0	2
26	天津	1	0	0	0	0	1
27	黑龙江	0	0	0	0	1	1
28	甘肃	0	0	0	1	0	1
总计		355	373	495	999	1263	3485

近年来,党和国家一直高度重视革命老区、农村地区的脱贫攻坚和振兴发展的具体工作。自2018年以来的五年中央一号文件中,有四年提及传统村落问题。

2018年明确提出"实施好边远贫困地区、边疆民族地区和革命老区人才支持计划";"保护好文物古迹、传统村落、民族村寨、传统建筑、农业遗迹、灌溉工程遗产"①。2020年提到"保护好历史文化名镇(村)、传统村落、民族村寨、传统建筑、农业文化遗产、古树名木等"②。2021年提出"加强村庄风貌引导,保护传统村落、传统民居和历史文化名村名镇。加大农村地区文化遗产遗迹保护力度"③。2022年强调"开展传统村落集中连片保护利用示范,健全传统村落监测评估、警示退出、撤并事前审查等机制。保护特色民族村寨。实施'拯救老屋行动'"④。

在2016年中共中央办公厅 国务院办公厅印发《关于加大脱贫攻坚力度支持革命老区开发建设的指导意见》的基础上,2021年国务院再次高规格印发《关于新时代支持革命老区振兴发展的意见》⑤,对革命老区巩固拓展脱贫攻坚成果,因地制宜推进振兴发展、促进实体经济发展,增强革命老区发展活力,补齐公共服务短板,增进革命老区人民福祉、健全政策体系和长效机制等四个方面进行了全面部署,进一步激发了赣南等原中央苏区和陕甘宁、左右江、大别山、川陕等革命老区的内生发展动能。

在红色资源利用方面,革命老区大力推进红色旅游、生态旅游发展已经取得了不错成绩,涌现了井冈山、瑞金、延安、遵义、嘉兴南湖等一批红色旅游典型目的地和经典景区,红色旅游成为许多革命老区脱贫致富的支柱性产业。2021年,赣州红色旅游取得显著发展成效,全年接待红色旅游总人次6348.70万人,同比2020年增长56.40%,同比2019年增长6.88%;红色旅游总收入613.50亿元,同比2020年增长70.40%,同比2019年增长8.63%⑥。但是,我们也同时看到,成熟型旅游地/旅游景区也面临着转型升级发展的困境,如井冈山红色培训市场近年来呈现出逐年萎缩情况;旅游发展地域不平衡依然突出;红色旅游过分产业化倾向过于明显;红色培训、生态康养等新业态的发展与融合仍有待培育。

---

① 关于实施乡村振兴战略的意见,见http://www.gov.cn/zhengce/2018-02/04/content_5263807.htm。
② 关于抓好"三农"领域重点工作确保如期实现全面小康的意见,见http://www.gov.cn/zhengce/2020-02/05/content_5474884.htm。
③ 关于全面推进乡村振兴加快农业农村现代化的意见,见http://www.gov.cn/zhengce/2021-02/21/content_5588098.htm。
④ 关于做好2022年全面推进乡村振兴重点工作的意见,见http://www.gov.cn/zhengce/2022-02/22/content_5675035.htm。
⑤ 国务院关于新时代支持革命老区振兴发展的意见,见http://www.gov.cn/gongbao/content/2021/content_5591404.htm。
⑥ 邹勇文,陈东军,汪忠列,等.赣南原中央苏区红色旅游与文化产业协同发展创新探索[C]//郭建晖,蒋金法.江西文化产业发展报告(2022).南昌:江西人民出版社,2022.

（四）全域旅游助推乡村振兴的内在动能与实施路径[1]

习近平总书记高度重视农民农村的共同富裕，强调"要全面推进乡村振兴，加快农业产业化，盘活农村资产，增加农民财产性收入，使更多农村居民勤劳致富"[2]。以共同富裕为目标的乡村振兴为全域旅游发展提供了广阔空间，全域旅游是全面推进乡村振兴的重要动力源和助推器，正确把握其内在关系和发展机遇，精准发力，能够实现二者相融互促与协同发展。

1. 全域旅游与乡村振兴的内在动能特征

一是全域旅游的本质特征与融合功能。全域旅游是以旅游业为优势产业，通过对区域内经济社会资源的全方位优化提升，促进区域资源有机整合、产业融合发展、社会共建共享，从而带动地方经济社会协调发展的全新理念和模式。2018年3月，国务院办公厅印发的《关于促进全域旅游发展的指导意见》指出："发展全域旅游，将一定区域作为完整旅游目的地，以旅游业为优势产业，统一规划布局、优化公共服务、推进产业融合、加强综合管理、实施系统营销，有利于不断提升旅游业现代化、集约化、品质化、国际化水平，更好满足旅游消费需求。"[3] 全域旅游不仅是实现旅游业自身全面高质量发展的模式，而且具有很强的融合带动功能，能够有力地带动和促进区域内相关产业乃至经济社会的发展。

二是乡村振兴的总体要求与借力需求。党的十九大报告从全局和战略高度，明确提出实施乡村振兴发展工程，按照产业兴旺、生态宜居、乡风文明、治理有效、生活富裕的总要求，建立健全城乡融合发展体制机制和政策体系，加快推进农业农村现代化。十九届五中全会进一步提出要全面实施乡村振兴战略，强化以工补农、以城带乡，推动形成工农互促、城乡互助、协调发展、共同繁荣的新型工农城乡关系，加快农业农村现代化。全面推进乡村振兴，仅凭乡村自身的力量是不够的，需要借助工业的强力、城市的优势、相关行业的助能。

2. 全域旅游对全面推进乡村振兴的作用

全域旅游能够高效整合乡村资源，发挥乡村优势，带动乡村一二三产深度融合发展，推动乡村文明建设和社会进步，为乡村振兴提供一条有效途径和一种新型模式。

一是全域旅游对乡村产业兴旺的带动作用。旅游业是一项综合性强、带动性

---

[1] 胡海胜.全域旅游助推乡村振兴[N].中国社会科学报，2022-08-04(008).
[2] 习近平：扎实推动共同富裕，见 http://jhsjk.people.cn/article/32255147。
[3] 关于促进全域旅游发展的指导意见，见 http://www.gov.cn/zhengce/content/2018-03-22/content_5276447.htm。

大的复合产业。有条件的县域应当把全域旅游作为乡村地区核心产业、主导产业、第一产业,积极发展乡村全域旅游产业链,盘活农林牧渔、手工艺、文化创意、教育、卫生等多种行业,发展观光农业、游憩林业、休闲牧业、体验渔业、研学旅游、康养旅游等,优化乡村产业结构,带动乡村产业振兴。

二是全域旅游对乡村生态宜居的驱动作用。发展全域旅游可以减少农村化肥农药污染、人畜粪便污染、畜禽养殖业废水、废气和废渣等排放,全域旅游的规划实施将提高乡村管理者和当地农民的环保意识,使其更加重视对古村古镇、自然资源、生态环境、文化遗址的保护,切实推进乡村环境的整治,从而更好地打造集自然美和人文美于一体的大美乡村、打造生态宜居的新农村。

三是全域旅游对乡村文明风尚的先导作用。文化是旅游业的灵魂,旅游业要以文化为依托。发展全域旅游应深入挖掘和阐释当地传统文化的精神内涵,着力推动乡村优秀传统文化、民族民俗文化、地域特色文化的繁荣兴盛,促进乡村文化多样化和人文乡村建设,提升乡民文化素质,塑养良好家风民风,形成文明的乡村风尚。

四是全域旅游对乡村共同富裕的引领作用。旅游业发展对当地社区经济、环境和社会的积极影响已经被国内外诸多实践所检验。发展全域旅游就是要进一步提升扶贫富民和民生品质效应,一方面,欠发达地区通过发展旅游业,扩大创业就业机会,增加农民收入,改善农民生活质量,最终推动乡村地区实现共同富裕;另一方面,全域旅游发展还可以使当地文化得以复兴,进一步丰富农民文化生活,提升生活品质。

五是全域旅游对乡村规范治理的推动作用。全域旅游是一项涉及面广、内容庞杂的系统工程。全域旅游的顺利发展,既需要地方政府的政策制度、财政资金支持,更需要农村基层和全社会的积极参与。在乡村全域旅游发展过程中,须将乡村基层治理规范化与旅游市场治理规范化有机统一起来,建立融农业、文旅、发改、国土、林业、水利等相关各部门联动,政府、企业、媒体、居民和游客等全社会共同参与的旅游综合协调机制。探索新的旅游市场治理方式,也有利于推动乡村治理能力提高。

3. 全域旅游助推乡村振兴发展的实施路径

虽然我国全域旅游发展取得了一定的成绩,有力地促进了乡村振兴,但也存在规划体系不健全、地域特色不鲜明、资源开发较粗浅、产品业态低质性、专业人才较缺乏等问题,必须下更大的功夫加以解决。

一是要加强顶层设计、谋划全局。准确定位县域乡村的发展方向和旅游的发展主题,将全域旅游发展视为乡村振兴工程的重要组成部分和强劲动能、先导产业。在实施乡村建设行动时,将全域旅游的发展有机融入县域乡村建设行动全过程,使县域内各乡村点的传统和新型旅游资源得以优化开发,进而发挥乡村资源的整体效益,促进县域乡村产业结构优化调整、产业发展提质升级和社会事业长足进步。

二是要凸显地域特色、文化引领。要深入挖掘乡村传统文化内涵,激活乡村历史文化基因,设计开发具有地域性、民族性的特色旅游项目及精品旅游线路,全面生动地典塑和展现具有深厚地域文化底蕴的秀美乡景、悠淳乡风、浓郁乡情,以文化引领乡村旅游发展,以旅游发展引导美丽乡村建设、助力乡村振兴,实现习近平总书记提出的"让居民望得见山、看得见水、记得住乡愁"的发展目标。

三是要坚持因地制宜、分类施策。由于区域的差异性和发展走势分化特征,不同地区的全域旅游发展和乡村振兴的特点与所处的基础条件也不尽相同。要根据东、中、西部不同区域及中心城市近郊、边远山区、沿江滨湖临海等不同县域的实际,科学制定分类发展导则,以便精准施策,强化政策措施的针对性和实效性,强劲有序地推进全域旅游与乡村振兴高质量融合发展。

四是要改善基础设施、优化服务。以全域旅游助推乡村全面振兴发展,应注重乡村道路、电力、给排水、通信、网络等基础设施建设。应加快改善乡村基础设施的旅游化改造提升,推进乡镇村落风貌美化亮化本地化,完善乡土化、智慧化旅游公共服务设施,提升区域旅游经济发展水平及当地居民的获得感、幸福感,为乡村振兴持续发展奠定坚实的经济基础和社区支持氛围。

五是要加强人才培养、创新驱动。以全域旅游助推乡村振兴,离不开广大农村基层群众的思想认同、行动参与和智力支持。要加强乡村旅游专业人才的培养,加大对乡村旅游管理者、经营者、导游、服务人员的培训,培育其旅游发展意识和基本理念,提升其服务技能和管理水平,强化其创新精神和创业能力。要出台激励政策,吸引乡贤、大学生等有识人士到农村就业创业,为全域旅游发展和乡村振兴提供创新型人才。

二、研究意义

在新时代乡村振兴战略背景下,革命老区如何利用好村落的文化和生态资源优势,为传统村落在保护与利用上提供发展新动能,这是本课题着力要解决的重要问题。

(一) 理论意义

第一，阐述了新时代革命老区传统村落振兴发展的内涵要义。党的十九大报告将乡村振兴列为国家重大发展战略，在脱贫攻坚与乡村振兴有效衔接的关键期间，如何更好地理解全面脱贫、乡村振兴、共同富裕等概念内涵和时代使命，是学术界关注的焦点问题。课题组通过学习习近平总书记有关文化和旅游、红色资源、脱贫攻坚、乡村振兴等有关内容的重要论述，深刻领悟革命老区红色资源保护利用、全域旅游助推乡村振兴等方面的精神内涵和时代要义，对推进本课题研究和乡村振兴发展的理论探索具有较强的参考意义。

第二，构建了革命老区传统村落恢复力评估的理论模型。根据已有相关研究成果，将恢复力引入古镇旅游地的保护与发展研究，用恢复力水平代表振兴发展水平，构建传统村落保护和传承的恢复力评估模型及等级测度，识别传统村落旅游地社会—经济—生态系统，分析筛选恢复力评估指标体系，构建恢复力评估的理论模型及等级序列，从而有效评估古镇旅游地系统恢复力的等级，探索影响古镇旅游地恢复力的关键因子。

第三，解析了革命老区传统村落集体记忆的形成机理和作用机制。文化是传统村落形成和发展的重要内容和载体，从文化视角来审视传统村落的历史、现状与未来，集体记忆是一个很好的研究切入点。传统村落独有的村落环境及建筑的独特空间美学是村落中极具代表性的记忆空间，其作为反映传统村落文化记忆的载体，也承载着历史变迁的记忆，是村庄不能够缺失的要素之一。

第四，探索了典型革命老区支持乡村振兴发展的机理和路径。文旅融合、民宿、金融等途径对于推进革命老区振兴发展具有重要意义和作用，本课题研究中分别对其作用机理和路径进行了分析。以民宿为例，作为一种能够结合当地人文环境、自然景观、生态资源的非标准化住宿形式，民宿在打破传统旅游经济发展方式、促进产业升级和转型、创造更多就业机会、合理充分利用资源、改善农民生活水平、培育农民新的创收方法、建设美丽乡村等方面将发挥更大的作用。课题组通过影响感知和旅游凝视两个理论来研究革命老区发展振兴理论问题，有助于从新的视角去观察和思考旅游现象背后的社会关系、游客旅游体验规律以及旅游影响形成的机制，努力探索民宿作为革命老区振兴发展新模式。

(二) 实践意义

本课题研究对于案例地的振兴发展和类似村落的发展均具有一定的参考借鉴价值，特别是在以下三个方面对赣州市文旅产业发展、井冈山市全域旅游创新发展、江西省文旅纾困与复苏起到了积极的促进作用。

第一,赣州市文旅产业发展。2020年江西省旅游产业发展大会在赣州市召开,为系统梳理赣州市在文旅产业发展上的经验启示与路径选择,课题组深入赣州老城区、南康区,以及于都县、会昌县、瑞金市、大余县等进行实地调研,起草完成了《文旅融合 产业引领:赣州旅游产业高质量发展的实践与探索》报告,并据此撰写了《旅游产业发展的"赣州现象"》内参报告,随后在省旅发大会上做了专题推介,得到了各新闻媒体的广泛报道。通过该报告,课题组与赣州地方的联系进一步加深,为后面助力中央红军长征出发地纪念园顺利创建国家4A级旅游景区、于都县成功入选江西省首批"风景独好"旅游名县等均做出了贡献。在此基础上,课题组于2022年完成的《赣南原中央苏区红色旅游与文化产业协同发展创新探索》专题报告,入选《江西文化产业发展报告(2022)》。

第二,井冈山市全域旅游创新发展。2019年4月15日,江西财经大学和井冈山市人民政府正式签订了战略合作协议,这是高校发挥智力优势服务地方经济发展的重要内容。本课题刚好衔接了学校和地方需求,在随后的三年时间内,课题组深入学习井冈山精神,踏实开展实地调研,完成了四篇硕士学位论文,编制了两份旅游规划,编写了一套全域旅游示范区创建材料,开展了全市乡镇全域旅游考核验收工作,助力井冈山成功创建了首批国家全域旅游示范区和江西省首批"风景独好"旅游名县。

第三,江西省文旅纾困与复苏。2020年初爆发的新冠疫情,打乱了原先设计的课题研究任务,但同时也为课题研究开辟了新的研究内容。课题组根据情势变化,适当调整了部分研究内容,增加了突发疫情对文旅产业发展的影响与应对研究。2020年2月中下旬开始开展面向全省文旅企事业单位的访谈和问卷调研,据此先后撰写了三份有关旅游业疫情防控与应对的内参报告,并均获得省领导肯定性批示。随后又承担起《江西省文化和旅游产业链链长制实施方案》《江西省人民政府关于进一步激发文化和旅游消费潜力的实施意见》等文件的起草工作。2022年3月南昌爆发区域性疫情,波及整个江西省文旅产业发展。为此,课题组再次与省文旅厅紧密合作,撰写了《关于我省统筹新冠疫情防控与旅游业复苏发展的策略研究报告》,成为江西省人民政府办公厅《关于进一步帮扶文旅企业纾困发展若干措施的通知》文件的重要依据。

三、研究内容

本课题研究内容主要包括总体架构、现状解读、理论切入、实践探索四部分内容。总体架构即第一章绪论部分,现状解读包括传统村落乡村振兴的研究进展、革命老区传统村落乡村振兴的政策分析、革命老区传统村落振兴发展现状分析三章内容,理论切入部分包括恢复力视角下传统村落振兴发展评估、集体记忆视角下传统村落的文化振兴发展两章内容,实践探索部分包括赣州文旅融合助力乡村振兴发展、井冈山民宿旅游助力乡村振兴发展、怀玉山玉峰村民宿旅游助力乡村振兴发展、金融助推金溪县传统村落文旅发展与乡村振兴四章内容。具体各章节主要内容如下:

第一章绪论。分析了研究背景、研究意义、研究内容和研究方法,提出了课题研究的总体框架思路和主要成果。

第二章传统村落乡村振兴的研究进展。采用可视化分析软件CiteSpace,将传统村落乡村振兴的研究进展以可视化图像直观展现,分别从文献发表的年度分布、作者及其所属机构,研究文献关键词,研究主题演变和阶段划分进行了分析,最后对传统村落乡村振兴的研究趋势进行了展望预测。

第三章革命老区传统村落乡村振兴的政策分析。通过政策文本分析工具ROST CM6.0对14份国家政策和30份省级政策文本进行了分析梳理,研究发现现有政策支持涵盖基础设施、资源开发、产业发展、精准扶贫、公共服务、区域合作、生态环境保护、财税金融政策保障等多个方面,并据此提出了政策启示和展望。

第四章革命老区传统村落振兴发展现状分析。从中国革命老区的分布、中国传统村落的分布、革命老区内中国传统村落的分布以及罗霄山区中国传统村落分布四个层次分别进行了阐述。江西于都县潭头村、湖南花垣县十八洞村、安徽金寨县大湾村在探索乡村振兴方面取得了很好的成效,但同时我们也看到有更多的革命老区传统村落在振兴发展道路上仍存在诸多困境。

第五章恢复力视角下传统村落振兴发展评估。将恢复力引入古镇旅游地的保护与发展研究,用恢复力水平代表振兴发展水平,并根据江湾古镇的特性选取关键变量,运用熵值法确定变量权重,构建古镇旅游地系统恢复力评估指标体系和评估模型,从而有效评估古镇旅游地系统恢复力的等级,探索影响古镇恢复力的关键因子。

第六章集体记忆视角下传统村落的文化振兴发展。分析了传统村落的集体记忆和标志性记忆两个关键概念,并以《记住乡愁》系列纪录片为例,分析了革命老区传统村落的集体记忆特征;井冈山菖蒲村是红色记忆传承的典型案例地,通过实地调研和理论建模,探索了红色记忆保护与传承的感知现状和机理。

第七章赣州文旅融合助力乡村振兴发展。赣州是苏区精神、长征精神的主要发源地。在深入探讨目前红色旅游与文化产业融合机理的基础上,通过分析发展现状、总结经验做法、剖析存在问题,提出进一步推进赣州红色旅游与文化产业协同发展的对策建议,为红色旅游与文化产业融合发展提供借鉴参考。

第八章井冈山民宿旅游助力乡村振兴发展。民宿旅游已成为当前井冈山乡村经济发展的重点。选择井冈山大陇村作为案例地,通过实地调查和深入访谈,对大陇村乡村旅游的发展条件、发展现状及发展问题进行分析,了解村民对民宿旅游发展的参与感知情况,论证村民感知质量对民宿旅游发展的认同情况及其对村民行为的影响,进而提出实现乡村振兴的具体发展策略。

第九章怀玉山玉峰村民宿旅游助力乡村振兴发展。位于江西省上饶市玉山县怀玉乡的玉峰村,是方志敏烈士曾经浴血奋战过的地方,这里拥有厚重的红色文化和优美的自然风光,怀玉山风景区先后入选全国爱国主义教育基地、国家4A级旅游景区,玉峰村被列为江西省红色名村等。玉峰村以民宿助推红色资源综合利用的模式成为摆脱贫困、助力革命老区乡村振兴发展的重要发展模式。本章基于旅游凝视理论,从地方居民(东道主)和游客两个视角共同探讨玉峰村民宿旅游发展状况。

第十章金融助推金溪县传统村落文旅发展与乡村振兴。重点剖析了九江银行在金溪县推出"古屋贷"产品的实施办法、主要做法以及存在的困难,为进一步推进以九江银行为代表的金融服务产品,全面助推金溪县传统村落文旅产业发展和生态产品价值实现提出对策建议。

四、研究方法

本课题在研究中主要采取以下三类研究方法。

(一)文献分析法

一是研究文献分析,通过学校和校外图书馆的纸质、电子数据系统,以"革命老区""传统村落""乡村振兴"等为关键词检索期刊论文、年度报告、专著教材等文献,同时采用文献计量分析方法(Citespace软件)对研究核心主题进行计量综述和可视化分析。二是案例地文献数据收集整理,系统收集了赣州市、井冈山市、婺源县、玉山县、金溪县等重点案例地的规划策划、政府工作报告、各部门和企业相关统计数据资料等。

(二)实地调查分析

在课题研究的四年时间内,课题组20余次前往赣州市相关县市区、井冈山市、婺源县、玉山县、金溪县,并同时前往浙江丽水市、安徽黄山市、湖南怀化市等地实地考察调研,通过实地走访、入户访谈和召开座谈会等多种方式进一步了解案例地的实际情况。在实地走访的基础上,科学合理设计了多套调查问卷,定量探索革命老区传统村落恢复力、民宿凝视和游客感知的基本情况、影响因子、作用机理及其振兴发展路径。

(三)网络数据分析法

在涉及游客、居民及相关群体的感知态度研究中,通过大数据挖掘手段获得网络文本内容,同时利用深度访谈法获得定性化的文本内容,再利用计算机语言,按照设定的研究准则和程序,对情感词进行提取筛选和可视化分析,根据词频分析结果了解革命老区传统村落振兴发展的现状、问题与对策。该方法同时也是弥补因疫情影响而不能前往部分地区实地调研的手段,在网络大数据技术和分析方法的支持下进一步了解部分地区的实际情况。

第二章 传统村落乡村振兴的研究进展

本章采用可视化分析软件CiteSpace,将传统村落乡村振兴的研究进展以可视化图像直观展现,分别从文献发表的年度分布、作者及其所属机构,以及研究文献关键词、研究主题演变和阶段划分进行了分析,最后对传统村落乡村振兴的研究趋势进行了展望预测。

一、研究方法与数据来源

(一)研究方法

CiteSpace软件是由美国德雷塞尔大学陈超美博士设计开发的一款功能比较完善的文献计量专用软件[①]。利用CiteSpace绘制知识图谱可以有效地显示出科学知识的发展进程与结构关系,更清晰地展现传统村落乡村振兴领域的研究现状。

(二)数据来源

以"传统村落"与"乡村振兴"为共同关键词在中国知网数据库中进行检索,搜索时间设置为2017年1月1日—2022年6月30日,收集到1539篇中文文献,通过筛选,删除了来源于会议、报纸的文章及文学作品共193篇,共收集到1346篇有效文章。将文章以Refworks格式导出,并在CiteSpace中进行格式转换,进而导入软件进行可视化分析。

---

①陈悦,陈超美,刘则渊,等.CiteSpace知识图谱的方法论功能[J].科学学研究,2015,33(2):242-253.

二、年度发文量、文献作者、发文机构分析

(一) 年度发文量分析

根据 2017—2022 年发文量统计图(见图 2-1),我们能够较为整体地把握传统村落乡村振兴领域的发展趋势,因 2022 年的数据仅截至 2022 年 6 月 30 日,无法准确展现该年该领域的研究热度,故此处采用知网对 2022 年的预测发文量(584 篇)进行讨论。我国的传统村落乡村振兴领域的研究从 2017 开始起步,从 2017—2022 年发文量可以看出,该领域发文量总体趋势向上,发文量呈快速递增趋势,2021 年比 2017 年增加了 385 篇,这说明传统村落乡村振兴领域起步较晚,仍处于发展阶段,具有极大的学术研究价值和发展空间。

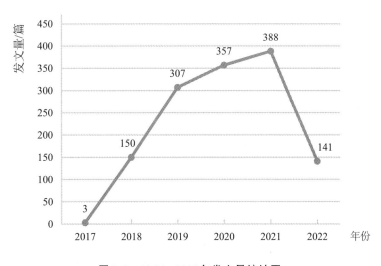

图 2-1　2017—2022 年发文量统计图

(二) 文献作者分析

对文献作者的合作关系进行 CiteSpace 可视化分析,有利于整体把握传统村落乡村振兴研究领域的核心作者以及学术群体。

我们在"Node Types"中选择"Author",时间跨度设置为 2012—2022 年,时间切片设置为 1 年,在"Purning"选择"Pathfinder"与"Pruning sliced networks"的数据剪裁技术,运行并整理得出作者共现图谱(见图 2-2)。

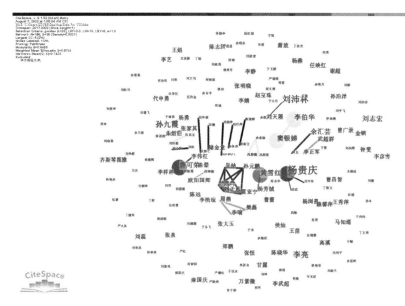

图 2-2　作者共现图谱

通过CiteSpace软件对作者合作网络进行共现分析,我们绘制出作者合作关系图谱,其中,节点数186个,连线数36条,网络密度为0.0021。在作者共现图谱中,节点代表发文作者,节点标签大小代表作者发文量的多少,节点越大对应的发文量也越多;节点中的连线则代表发文作者间的合作关系。从图2-2可以清晰地看出,图谱整体分布较为零散,孤立的作者节点较多,占全部节点的73.12%。这说明研究传统村落乡村振兴领域的作者之间合作较少,多数作者倾向于独自创作,领域内学术交流偏少。学术团队以两人为主,团队规模尚不成熟。发文量≥3的学者共10人(见表2-1)。在众多学者当中,杨贵庆学者发文量最高,为7篇。

表 2-1　发文量前十作者及发文量

序号	作者	发文量/篇	序号	作者	发文量/篇
1	杨贵庆	7	6	余汇芸	3
2	刘沛林	5	7	鲁可荣	3
3	孙九霞	4	8	窦银娣	3
4	李亮	4	9	黄雪红	3
5	李伯华	3	10	刘志宏	3

（三）发文机构分析

通过 CiteSpace，对 1346 篇文献进行发文机构的分析，得出发文机构的共现图谱，再对图谱中的部分节点进行合并，如东华理工大学地球科学学院与东华理工大学合并为东华理工大学，借此图谱我们可以了解发文机构对传统村落乡村振兴领域的研究状态及实际贡献（见图 2-3）。

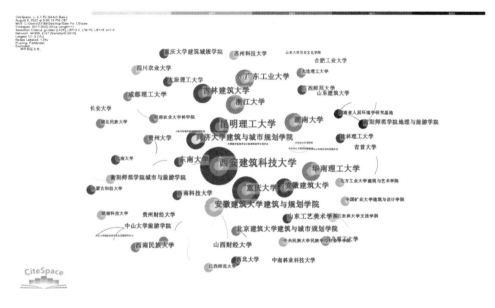

图 2-3　发文机构共现图谱

从发文机构的共现分析中不难发现，传统村落乡村振兴领域的研究主要集中在各大高校，其次分布于各大中共党校、国家研究院所及有限责任公司等机构。发文机构出现频次在 8 次以上的有 12 个，全部为高校（见表 2-2）。其中，西安建筑科技大学与安徽建筑大学发文量最多，这两所高校出现频次都为 21 次，其次是昆明理工大学、华南理工大学、重庆大学等高校，这说明高校是传统村落乡村振兴领域研究的主要阵地。出现频次排名前 6 的机构的频次占前 12 个机构频次总数的 63.2%，这说明传统村落乡村振兴领域的研究机构之间的科研能力具有一定差异，且相关研究相对集中。通过进一步分析机构之间的合作关系，可以发现图谱中存在多个合作网络，例如同济大学建筑与城市规划学院—中国城市规划学会小城镇规划学术委员会—上海同济城市规划设计研究院，衡阳师范学院地理与旅游学院—湖南省人居环境学研究基地—华中师范大学城市与环境科学学院—古村古镇文化遗产数字化传承湖南省协同创新中心，河南农业大学林学院—河南自然资源厅国土资源调查规划院等,其中各机构之间存在一定的合作关系,尤以"高校—科学院"关系模式为主。但总体上来看,合作机构网络的合作强度不大,图谱密度仅为0.0013,且合作机构网络中跨领域之间的合作比较缺乏,合作网络多为相同领域的不同机构进行合作研究。

表2-2　出现频次在8次以上的发文机构

序号	机构名称	频次/次
1	西安建筑科技大学	21
2	安徽建筑大学	21
3	昆明理工大学	17
4	华南理工大学	12
5	重庆大学	10
6	吉林建筑大学	10
7	浙江大学	9
8	同济大学建筑与城市规划学院	9
9	广东工业大学	9
10	湖南大学	9
11	东南大学	9
12	北京建筑大学	8

三、研究文献关键词分析

(一)关键词共现分析

关键词的分析可以帮助我们更迅速地抓住领域研究热点与文章核心观点,我们根据传统村落乡村振兴领域的相关文献的关键词绘制关键词共现图谱以及关键词突现表,并深入分析该领域的研究热点与研究趋势。我们在"Node Types"中勾选"Keyword",时间跨度设置为2012—2022年,时间切片设置为1年,在"Pruning"中勾选"Pathfinder"与"Pruning sliced networks"的数据剪裁技术,随后运行软件并对图谱进行聚类处理得出关键词聚类图(见图2-4)。关键词共现图谱中共有341个节点、523条连线,密度为0.009。图谱中节点越大,表示关键词出现的频次越高,连线越多则表明该关键词与其他关键词共现次数越多。在关键词聚类图中,Q值为0.6459,大于0.3,说明划分出来的社团结构是显著的;S值为0.8724,大于0.7,说明聚类是高效率令人信服的。[①]

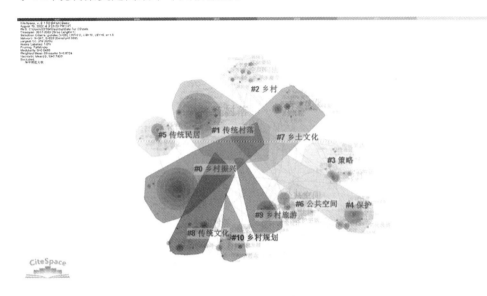

图2-4　关键词聚类图

我们按照关键词频次从高到低提取出前20个关键词(见表2-3)。从关键词出现频次来看,"乡村振兴"与"传统村落"的出现频次较多,均达到500余次,其他关键词均在100次以下。从关键词出现的年份来看,"乡村振兴""传统村落""乡村建设"与"旅游开发"早在2017年就已出现,说明在2017年传统村落乡村振兴的课题诞生并有大量的学者从旅游开发的角度来研究传统村落的建设与发展;"乡村旅游""古村落""传统民居"等在2018年出现,说明在传统村落乡村振兴领域里,旅游开发长期为学者所讨论,是近几年的热点问题,同时在2018年出现"乡村文化""文化传承"等关键词,说明学者开始以乡村的特点——独特的乡村文化为切入点进行思考与讨论;"空间形态""文化遗产""传承"等关键词在2019年出现,说明学者们对乡村文化进一步深入研究,在文化遗产与传承之中寻找乡村振兴的方法。从关键词之间的联系来看,虽然关键词种类较多,但是相关性较高,如"乡村文化""传统文化""乡土文化"等,这也说明了在传统村落乡村振兴领域中研究的广度有所欠缺,研究领域跨度小,仍有较大提升空间。

[①]陈悦,陈超美,刘则渊,等.CiteSpace知识图谱的方法论功能[J].科学学研究,2015,33(2):242-253.

表 2-3　频次前 20 的关键词

序号	频次/次	关键词	最早年份	序号	频次/次	关键词	最早年份
1	535	乡村振兴	2017年	11	18	古村落	2018年
2	523	传统村落	2017年	12	17	空间形态	2019年
3	65	乡村旅游	2018年	13	17	保护发展	2018年
4	61	保护	2018年	14	16	传统民居	2018年
5	36	公共空间	2018年	15	15	乡土文化	2018年
6	27	文化传承	2018年	16	14	文化遗产	2019年
7	23	发展	2018年	17	14	美丽乡村	2018年
8	22	乡村文化	2018年	18	14	旅游开发	2017年
9	19	乡村建设	2017年	19	14	传承	2019年
10	19	传统文化	2018年	20	13	路径	2018年

（二）关键词突现分析

我们在控制面板点击"Burstness"，运行得出 9 个突现词（见表 2-4）。通过突现词的检测，我们可以得出传统村落乡村振兴领域的研究前沿动态。由关键词突现表可以得出，9 个突现词均早在 2017 年出现，而研究的爆发点却不尽相同。学者在早期研究传统村落乡村振兴时注重于如何有效地规划乡村，并且从旅游开发的角度研究传统村落向特色小镇的转变从而带动乡村振兴。2019 年随着对乡村文化的进一步挖掘，学者们开始注重从传统村落古建筑的保护利用来带动旅游业的发展。2020 年城乡融合研究走进了学者们的视野，"城乡融合"一词在 9 个突现词当中拥有最高的突现率，可见如何促进城市与乡村的和谐发展是 2020 年的热点话题且热度较其他话题更高，2020 年以后乡村的文化振兴与城乡一体化发展也成为传统村落乡村振兴领域的热点话题。

表 2-4　关键词突现表

序号	突现词	突现率/（%）	首次出现时间	突现时间段
1	特色小镇	2.89	2017年	2018年
2	乡村规划	2.08	2017年	2018年
3	保护利用	1.74	2017年	2018—2019年
4	乡土文化	1.73	2017年	2018年
5	传统建筑	1.63	2017年	2019年

续表

序号	突现词	突现率/(%)	首次出现时间	突现时间段
6	城乡融合	3.11	2017年	2020年
7	文化振兴	1.72	2017年	2020年
8	文化空间	2.04	2017年	2021—2022年
9	协同发展	1.63	2017年	2021—2022年

四、研究主题演变和阶段划分

(一)研究主题演变

我们在控制面板中点击"LayOut"并在"Visualizations"中选择"Timezone View",在左侧关键词栏目中筛选出最具有代表性的关键词从而绘制出关键词时区图谱(见图2-5)。关键词时区图谱用以表征关键词首次出现的年份和强度的累加关系,借助关键词时区图谱,我们可以短时间内清晰地看出传统村落乡村振兴领域的主题演变,并且有利于我们划分阶段并分析每个阶段的特点[①]。

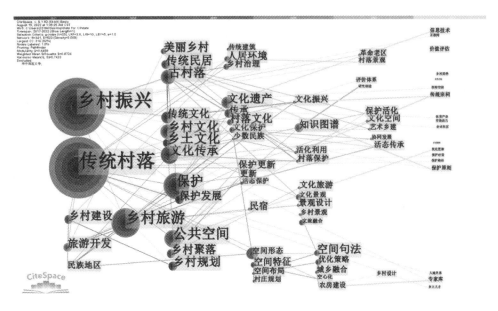

图 2-5　关键词时区图

[①]陈律华,郭相男.基于Citespace的我国传统村落评价研究述评[J].建筑与文化,2022(05):194-196.

从图谱总体上看,"乡村振兴""传统村落""乡村旅游""古村落""乡村文化"等关键词出现频次较高,节点圆圈大且圆圈圈数多,说明这些关键词近些年都属于研究的核心主题。我国传统村落乡村振兴领域的研究主题发展趋势大致可以概括为:民族地区乡村建设—乡村旅游开发—乡村文化的保护与传承—乡村公共空间规划—城乡融合协同发展—产业振兴等。

(二)研究阶段划分

结合2017—2022年发文量统计图(见图2-1)与关键词时区图谱(见图2-5),本章将传统村落乡村振兴领域的研究发展划分为三个阶段,以对研究主题的演变进行进一步的探究。

第一阶段:2017年,传统村落乡村振兴领域处于起步阶段,在传统村落乡村振兴领域的研究较少,研究内容主要集中于个别村落的乡村建设等主题,如吴晓萍、LIU Hui-w两位学者从乡村基础设施、公共服务的建设与生态旅游产业及文化传承角度探究了民族地区的乡村振兴之路[①];詹国辉、张新文两位学者则以江苏某县为研究对象,从生态学角度的共生理论,构建传统村落共生发展系统,厘清其共生格局的具体形态,借此推进乡村振兴的发展[②]。

第二阶段:2018—2019年,为快速发展阶段,此阶段的发文量较上阶段有大幅度提升。传统村落乡村振兴研究的主题主要有传统村落的保护发展、旅游扶贫、公共空间布局规划等,其中传统村落的保护发展包括文化保护、生态保护等方面。第二阶段中关于传统村落文化保护与旅游开发的学术文章相比于第一阶段更加全面、深入。第一阶段学术文章仅在实现乡村振兴的路径中提及旅游开发的可能性,而第二阶段中的学术文章则具体地从现状分析、学术争论、可行路径等多方面深入地研究了传统村落文化保护与旅游开发,如田光辉、赵畅、潘芙萍三位学者从少数民族传统村落文化保护与旅游扶贫开发中存在的问题如传统建筑破坏日趋严重、传统村落文化遭到破坏、文化资源持有者的保护意识淡薄、旅游开发不科学、文化保护政策机制不完善等入手,系统分析了传统村落保护文化遗产以及助力旅游开发的合适路径[③]。黄震方、黄睿两位学者通过对城镇化和旅游发展背景

---

① 吴晓萍,LIU Hui-wu.论乡村振兴战略背景下民族地区的乡村建设与城乡协调发展[J].贵州师范大学学报(社会科学版),2017(06):54-59.

② 詹国辉,张新文.乡村振兴下传统村落的共生性发展研究——基于江苏S县的分析[J].求实,2017(11):71-84.

③ 田光辉,赵畅,潘芙萍.乡村振兴背景下少数民族传统村落文化保护与旅游扶贫开发研究——以湖南武陵山片区为例[J].智库时代,2018(01):112-114.

下乡村文化研究展开综述以及主要学术争论问题的分析,提出乡村文化保护利用与恢复重构的研究思路、研究方向和主要科学问题,借此为国内相关学者提供了关于乡村文化及其旅游开发的借鉴与启示,为促进传统村落乡村振兴提供理论依据[1]。而关于公共空间布局规划主题的研究中,陈君子、刘大均、周勇等学者从嘉陵江流域传统村落的空间分布切入,运用GIS空间分析法与分形理论,从较大空间尺度研究该村落空间布局形成的原因,进而详细分析出嘉陵江流域传统村落空间分布的形成与自然环境、人文社会等因素有关。该研究针对嘉陵江流域传统村落的空间分布进行成因分析并深入讨论了乡村振兴的时代背景下嘉陵江流域传统村落的发展与机遇,以有效地促进乡村振兴在传统村落的推进[2]。杨贵庆、关中美两位学者从生产力和生产关系理论的视角,运用经济发展阶段理论,分析指出我国乡村空间在新的生产力动力下将迎来空间重构的大趋势,两位学者发现了乡村空间布局符合新的生产力、生产关系和社会关系演进的客观规律,该学术成果可以促进乡村空间布局的优化,助力乡村振兴战略目标的实现[3]。

第三阶段:2020—2022年,为平稳上升阶段,该阶段发文量增长速度不及第二阶段,但总体趋势向好,主题研究也更深入细微与多样化。该阶段传统村落乡村振兴研究的主题主要有民宿研究与文旅结合、空间形态与景观意象、文化传承与活态保护、城乡融合与产业振兴等,如杨震[4]、郭冬梅[5]、李培君[6]等众多学者都以民宿为研究对象,分别从民宿景观设计、民宿营造策略、民宿优化策略等角度着手研究。朱春睿学者以河北乡镇为研究对象,分析河北乡镇公共空间、景观的多元价值以及与乡村振兴总体要求的辩证关系[7]。徐曼学者从近10年传统村落保护与利用建设中出现的问题,提出活态保护概念,从法律法规、创新机制、激活资源、全域旅游、"互联网+"等方面提出全方位有效策略[8]。曹莉莉、林滨两位学者从马克思

---

[1] 黄震方,黄睿.城镇化与旅游发展背景下的乡村文化研究:学术争鸣与研究方向[J].地理研究,2018,37(02):233-249.

[2] 陈君子,刘大均,周勇,等.嘉陵江流域传统村落空间分布及成因分析[J].经济地理,2018,38(02):148-153.

[3] 杨贵庆,关中美.基于生产力生产关系理论的乡村空间布局优化[J].西部人居环境学刊,2018,33(01):1-6.

[4] 杨震.乡村振兴背景下的河南沿黄村落民宿景观设计[J].美与时代(城市版),2021(05):52-53.

[5] 郭冬梅.乡村振兴背景下浙中民宿营造策略分析[J].农村经济与科技,2021,32(04):159-160.

[6] 李培君.乡村振兴背景下何家坞民宿发展现状及优化策略研究[J].现代农业科技,2021(22):177-180.

[7] 朱春睿.乡村振兴战略下乡镇公共空间与景观设计探析[D].北京:北方工业大学,2020.

[8] 徐曼.乡村振兴战略下传统村落活态保护与策略研究——基于河南X县的实证分析[J].农业经济,2019(01):49-51.

恩格斯空间正义理论视域探究城乡发展不平衡问题,提出坚持以人民为中心,实现城乡空间资源的共享、城市权利的赋予以及"场所精神"的赋义,有助于寻求空间正义、促进城乡融合[①]。

五、研究趋势预测

随着国家乡村振兴战略的逐步部署,传统村落发展迅速,学界对传统村落乡村振兴的研究主题也在不断地变化。从最初探讨旅游对促进乡村振兴的可行性而后深入文旅结合模式、民宿的经营策略改进,整个研究历程表现为由浅入深、从无到有的趋势。近些年,传统村落乡村振兴领域的文章仍在稳步增加,目前已经成为学术界的研究热点领域。自2017年乡村振兴战略提出以来,学者们相继投入传统村落乡村振兴战略的研究当中,未来也必将有许许多多的学者参与到该领域的研究当中。对于未来的研究主要有以下预测:

(1)学术研究要与时代并进。随着5G时代的到来,乡村振兴战略导向的研究应与5G的实际应用研究相结合,在空间规划、旅游开发、文化传承等主题的研究中,今后都可以尝试与5G领域相链接。

(2)乡村振兴领域的研究内容涉及较多领域,如地理、建筑、管理、生态等领域,每个学科之间较为独立,若要实现传统村落乡村振兴领域的繁荣,各个学科之间要加强联系,在学科交叉中探究更多规律,创立更多新理论。

(3)从2017—2022年研究总体来看,受时间长度影响,目前每年的研究主题变化不大,主体之间相关度高,研究内容较为集中,未来需要更多拓展。在已发表的学术论文中,虽然论文量达到一定规模,但研究中个案分析较多,多为对现象的描述与解决方案的提出。此类研究主观性较强,缺乏定量研究与新理论的提出,一定程度上不利于传统村落乡村振兴领域的长远发展,未来研究可以引入大数据等当代技术,运用数据科学地探索领域难题。借助全面且精确的大数据,使成果更具有指导性与科学性,这有助于提高科研成果的实用性与可信度,为后续建议与探讨提供有力支撑。

(4)未来应更加注重传统村落乡村振兴的实践路径研究。在已有的学术成果当中,多为从某单一视角进行的研究,如"四层一体"视角下传统村落地方性生产

[①] 曹莉莉,林滨.马克思恩格斯空间正义理论视域下中国城乡融合问题研究[J].理论导刊,2020(08):48-54.

与多元主体认同研究、文化保育视角下抚州地区传统村落活化研究等。而此类学术成果在实践过程中难免有不足之处,未来的研究需要构建出一个相对统一的普适的包容的传统村落发展模式,使得传统村落在发展中有迹可循,同时村落还能够在此模式下进行特色化探索。

第三章　革命老区传统村落乡村振兴的政策分析

党中央、国务院历来高度重视革命老区发展,出台了众多有影响力的政策文件,对推进各地老区建设发展起到了积极作用。为更好地了解分析革命老区传统村落乡村振兴相关政策文件情况,本研究在已有革命老区政策评估基础上[1][2][3][4],通过政策文本分析工具对相关政策文件进行了分析梳理。

一、数据获取及处理

(一) 数据来源

为保证政策文本的丰富程度和覆盖程度,本研究对革命老区、传统村落、乡村振兴三方面的相关政策进行全面查询整理。查询方式主要是通过访问中华人民共和国中央人民政府网站以及各省人民政府网站等官方网站,逐一浏览公开目录中的政策文本及其条目,收集具体政策相关的文本文件。同时,以"革命老区""传统村落""乡村振兴"为关键词,通过北大法律信息网(北大法宝)和法律之星专业政策数据库进行检索;再通过百度、已有出版物等搜索政策文件,以便查漏补缺。为保证政策文本的代表性和典型性,政策文本的选取坚持以下原则[5][6]:一是政策

---

[1] 曾令铭.革命老区振兴发展政策效应研究[D].南昌:江西师范大学,2020.
[2] 汪金伟,贺畅,余陆婷,等.扶贫试验区的扶贫效果评估——来自大别山革命老区的经验证据[J].湖北经济学院学报(人文社会科学版),2020,17(08):26-30.
[3] 张启正,袁菱苗,胡沛楠,等.革命老区振兴规划对农业增长的影响及其作用机理[J].中国农村经济,2022(07):38-58.
[4] 龚斌磊,张启正,袁菱苗,等.革命老区振兴发展的政策创新与效果评估[J].管理世界,2022,38(08):26-43.
[5] 张秀妮.量化分析:政策文本研究的新方法[J].中共山西省委党校学报,2019,42(03):119-123.
[6] 翟燕霞,石培华.政策工具视角下我国健康旅游产业政策文本量化研究[J].生态经济,2021,37(07):124-131.

文本只选取法律法规、规划、意见、办法、细则、条例、通知等体现权力部门政策意志的公文形式,政府工作报告、领导讲话等不在范围内;二是选取国家层面和省级层面的政策文本,省级以下的政策文本不予考虑;三是选取的政策最大程度共同覆盖"革命老区""传统村落""乡村振兴"三方面内容。最终筛选整理出国家层面政策文件14份、省级层面政策文件30份,作为政策的代表样本,如表3-1、表3-2所示。

表3-1 中央政策文件

序号	时间	政策名称	文件号	总字数	颁布机构
1	2012年7月	《国务院关于支持赣南等原中央苏区振兴发展的若干意见》	国发〔2012〕21号	12357	国务院
2	2013年8月	《国务院办公厅关于印发中央国家机关及有关单位对口支援赣南等原中央苏区实施方案的通知》	国办发〔2013〕90号	3116	国务院办公厅
3	2014年3月	《国务院关于赣闽粤原中央苏区振兴发展规划的批复》	国函〔2014〕32号	875	国务院
4	2015年2月	《国务院关于左右江革命老区振兴规划的批复》	国函〔2015〕21号	862	国务院
5	2015年6月	《国务院关于大别山革命老区振兴发展规划的批复》	国函〔2015〕91号	712	国务院
6	2015年6月	《国家发展改革委关于印发大别山革命老区振兴发展规划的通知》	发改地区〔2015〕1400号	659	国家发展和改革委员会
7	2016年2月	《关于加大脱贫攻坚力度支持革命老区开发建设的指导意见》	中办发〔2015〕64号	7821	中共中央办公厅、国务院办公厅
8	2016年7月	《国务院关于川陕革命老区振兴发展规划的批复》	国函〔2016〕120号	814	国务院
9	2020年12月	《中共中央国务院关于实现巩固拓展脱贫攻坚成果同乡村振兴有效衔接的意见》	中发〔2020〕30号	8270	中共中央、国务院
10	2021年2月	《国务院关于新时代支持革命老区振兴发展的意见》	国发〔2021〕3号	6029	国务院

续表

序号	时间	政策名称	文件号	总字数	颁布机构
11	2021年4月	《国务院办公厅关于印发新时代中央国家机关及有关单位对口支援赣南等原中央苏区工作方案的通知》	国办发〔2021〕15号	1878	国务院办公厅
12	2022年3月	《国务院关于同意建设赣州、闽西革命老区高质量发展示范区的批复》	国函〔2022〕20号	715	国务院
13	2022年3月	《国家发展改革委关于印发〈闽西革命老区高质量发展示范区建设方案〉的通知》	发改振兴〔2022〕424号	6239	国家发展和改革委员会
14	2022年3月	《国家发展改革委关于印发〈赣州革命老区高质量发展示范区建设方案〉的通知》	发改振兴〔2022〕423号	6353	国家发展和改革委员会

表3-2 地方政策文件

序号	地区	时间	政策名称	文件号	总字数	颁布机构
1	河北省	2021年3月	《河北省人民政府关于新时代支持重点革命老区振兴发展的实施意见》	冀政字〔2021〕12号	7580	河北省人民政府
2	河北省	2021年6月	《关于金融支持重点革命老区振兴发展的通知》	冀发改地区〔2021〕791号	4044	河北省发展和改革委员会、国家开发银行河北省分行
3	山西省	2021年11月	《山西省人民政府关于新时代支持山西太行革命老区振兴发展的实施意见》	晋政发〔2021〕36号	6928	山西省人民政府
4	浙江省	2021年7月	《浙江省人民政府关于新时代支持浙西南等革命老区振兴发展的实施意见》	浙政发〔2021〕23号	5632	浙江省人民政府

续表

序号	地区	时间	政策名称	文件号	总字数	颁布机构
5	安徽省	2021年8月	《安徽省人民政府办公厅关于新时代支持大别山革命老区振兴发展的实施意见》	皖政办秘〔2021〕78号	8836	安徽省人民政府办公厅
6	福建省	2021年10月	《中共福建省委 福建省人民政府关于实现巩固拓展脱贫攻坚成果同乡村振兴有效衔接的实施意见》	—	7201	中共福建省委、福建省人民政府
7	江西省	2021年4月	《中共江西省委 江西省人民政府关于新时代进一步推动江西革命老区振兴发展的实施意见》	赣发〔2021〕12号	5917	中共江西省委、江西省人民政府
8		2022年5月	《江西省人民政府办公厅关于印发江西省推动湘赣边区域合作示范区建设行动方案的通知》	赣府厅字〔2022〕48号	7273	江西省人民政府办公厅
9	山东省	2021年10月	《山东省人民政府印发关于新时代支持沂蒙革命老区振兴发展的实施方案的通知》	鲁政发〔2021〕17号	5906	山东省人民政府
10	河南省	2020年7月	《河南省科学技术厅关于印发关于强化创新驱动引领支持河南大别山革命老区振兴发展的若干措施的通知》	豫科〔2020〕99号	3019	河南省科学技术厅
11		2021年7月	《河南省革命老区振兴发展促进条例》	河南省第十三届人民代表大会常务委员会公告第63号	5845	河南省人民代表大会常务委员会
12		2021年9月	《河南省人民政府关于新时代支持革命老区振兴发展的实施意见》	豫政〔2021〕27号	5439	河南省人民政府

续表

序号	地区	时间	政策名称	文件号	总字数	颁布机构
13	湖北省	2016年2月	《湖北省人民政府关于加快推进湖北大别山革命老区振兴发展的实施意见》	鄂政发〔2016〕8号	11335	湖北省人民政府
14		2022年4月	《关于湖北省"十四五"支持革命老区巩固拓展脱贫攻坚成果衔接推进乡村振兴的实施意见》	—	4542	湖北省发改委、教育厅、经信厅、财政厅等15个部门
15	湖南省	2007年8月	《中共湖南省委 湖南省人民政府关于加强老区建设工作的意见》	湘发〔2007〕16号	2741	中共湖南省委、湖南省人民政府
16		2008年11月	《湖南省扶持革命老区发展条例》	—	1731	湖南省人民代表大会常务委员会
17		2021年6月	《中共湖南省委 湖南省人民政府关于实现巩固拓展脱贫攻坚成果同乡村振兴有效衔接的实施意见》	—	7533	中共湖南省委、湖南省人民政府
18	广东省	2019年11月	《广东省促进革命老区发展条例》	广东省第十三届人民代表大会常务委员会公告第48号	5270	广东省人民代表大会常务委员会
19	广西壮族自治区	2015年5月	《广西壮族自治区人民政府办公厅关于印发左右江革命老区重大工程建设三年行动计划实施方案的通知》	桂政办发〔2015〕29号	3481	广西壮族自治区人民政府办公厅
20		2015年9月	《广西壮族自治区人民政府办公厅关于印发广西贯彻落实左右江革命老区振兴规划实施方案的通知》	桂政办发〔2015〕90号	11856	广西壮族自治区人民政府办公厅

续表

序号	地区	时间	政策名称	文件号	总字数	颁布机构
21	广西壮族自治区	2021年8月	《广西壮族自治区人民政府办公厅关于印发加快推进新时代广西左右江革命老区振兴发展三年行动计划（2021—2023年）的通知》	桂政办发〔2021〕84号	2452	广西壮族自治区人民政府办公厅
22	海南省	2021年9月	《海南省人民政府关于新时代支持琼崖革命老区振兴发展的实施意见》	琼府〔2021〕35号	5375	海南省人民政府
23	重庆市	2021年11月	《重庆市人民政府关于新时代推动革命老区振兴发展的实施意见》	渝府发〔2021〕36号	5127	重庆市人民政府
24		2022年1月	《重庆市发改委 四川省发改委关于印发城宣万革命老区振兴发展示范区总体方案的通知》	渝发改推进〔2022〕159号	4281	重庆市发改委、四川省发改委
25	四川省	2017年6月	《四川省人民政府办公厅关于印发四川省川陕革命老区振兴发展规划实施方案的通知》	川办发〔2017〕58号	13829	四川省人民政府办公厅
26		2021年8月	《四川省人民政府关于新时代支持革命老区振兴发展的实施意见》	川府发〔2021〕17号	6195	四川省人民政府
27	云南省	2021年12月	《云南省人民政府关于新时代支持左右江革命老区振兴发展的实施意见》	云政发〔2021〕32号	7360	云南省人民政府
28	陕西省	2012年9月	《陕西省人民政府关于印发陕甘宁革命老区振兴规划实施方案的通知》	陕政发〔2012〕40号	8115	陕西省人民政府
29		2021年8月	《陕西省人民政府关于印发新时代支持革命老区振兴发展若干措施的通知》	陕政发〔2021〕13号	6237	陕西省人民政府

续表

序号	地区	时间	政策名称	文件号	总字数	颁布机构
30	甘肃省	2021年7月	《甘肃省人民政府关于新时代支持革命老区振兴发展的实施意见》	甘政发〔2021〕54号	6680	甘肃省人民政府

（二）数据分析

ROST CM6.0是由武汉大学沈阳教授带领团队开发的专门针对中文的文本挖掘工具,可实现对中文文本的分词处理、词频统计、社会网络和语义网络构建等功能[①]。本研究主要借鉴文本挖掘思想,通过对政策文本的词频统计、特征词梳理,分析政策内容的演进过程,运用高频词共现矩阵获得某一阶段关注重点之间的联系。该方法通过定量手段快速提炼文本思想,梳理文件内容,发现不同文本间的潜在联系与变化;同时,在研究过程中还可以通过多种方式来呈现文本挖掘结果,如特征词分析主要用于多个具有同质性文本间的差异比较与分析,高频词共现可用于同类别文本内部不同关键词之间的关联分析。本方法在分析数量较大、重复性较高、有明显时序特征的政策文本方面存在一定优势,在各类政策分析时被广泛使用[②]。

但同时也应看到软件在分析政策文本时的局限性,分词的结果一般都为两个字组成的词语,缺乏准确性。为了使分词更加精确,本研究在词典内增加"革命老区""传统村落""乡村振兴"等词语,进行有针对性的补充,保证分词的准性。借助ROST CM6.0软件,首先对样本数据提取高频词,构建高频词共现矩阵;其次是通过"Net Draw"模块插件处理分析,生成社会语义网络图。为更好地研究现有各层级政策关注点的异同,更好地把握相关政策方向和国家工作重点,本研究将政策分析分成整体分析和多层次分析两大模块。整体分析整理现行国家和省级相关层次的政策文件,对目前相关政策的工作方向进行梳理总结;多层次分析对国家层面、各省级层面以及单个典型文件进行分析,其中单个典型文件分别从国家文件以及代表东部地区的浙江省、代表中部地区的江西省和代表西部地区的广西壮族自治区的省级文件中各挑选一篇典型文件进行分析,对比研究不同层级、不同地域条件下对"革命老区""传统村落""乡村振兴"的政策制定的异同之处。

---

① 刘芳羽,赵静,李泽,等.基于文本挖掘法的北京市家庭医生评价体系构建及实证研究[J].中国全科医学,2020,23(25):3226-3229.

② 陈一涵,励晓红,吕军,等.残疾人健康管理相关政策变迁分析——基于Rost CM软件的政策文本分析[J].中国卫生事业管理,2022,39(05):321-324,339.

二、研究结果与分析

(一) 整体情况

1. 高频词分析

高频词是软件在进行分词后对词汇出现的次数进行排列整理得出的,在一定程度上能代表政策的关注点,在文本分析中有较高的参考价值[①]。通过ROST CM6.0提取出整体政策文件中的高频特征词,整理出频数排在前50的高频词(见表3-3、图3-1),由此可以了解现阶段国家和省级层面政策文本中关于"革命老区""传统村落""乡村振兴"三方面重合的主要内容。其中,"发展"和"建设"两个词的频次远超其他词语,达到2000次以上;"革命老区""推进""加强""加快"等词语出现频次也处于前列。在整体政策方向上,经济发展和区域建设是国家关心的重点工作,革命老区和传统村落的经济社会发展得到重大突破。

表3-3 整体政策文本分析高频词表

序号	特征词	词频/次	序号	特征词	词频/次
1	发展	2059	14	工程	447
2	建设	2042	15	开展	442
3	革命老区	1217	16	推动	442
4	推进	858	17	改革	425
5	加强	668	18	国家	416
6	加快	652	19	保护	416
7	生态	644	20	振兴	406
8	老区	611	21	文化	396
9	项目	567	22	提升	389
10	服务	558	23	规划	389
11	设施	524	24	脱贫	368
12	农村	518	25	机制	368
13	重点	512	26	政策	365

[①] 覃江梅,邱毛.我国婴幼儿照护人才队伍建设的政策理路及实施路径——基于ROST文本挖掘系统的分析[J].豫章师范学院学报,2022,37(03):91-97.

续表

序号	特征词	词频/次	序号	特征词	词频/次
27	加大	364	39	保障	300
28	资源	359	40	创新	299
29	完善	359	41	积极	296
30	红色	357	42	基地	295
31	单位	356	43	企业	286
32	地区	355	44	合作	284
33	基础	351	45	城乡	281
34	旅游	347	46	中心	280
35	特色	337	47	区域	267
36	力度	319	48	一批	266
37	公共	309	49	鼓励	262
38	农业	308	50	环境	257

图 3-1　整体政策分析词云

2. 社会语义网络分析

度数中心度(Degree)是社会网络研究中常用的表示中心度的指标,用来解释个体或群体在社会网络中的地位。由于关键词社会网络图是无向图,因此比较其绝对度数中心度的值,其具体含义是直接与该关键词相连的其他关键词的个数。

当某个关键词的绝对中心度较高时,可以视其基本位于整体网络的关键位置,将社会网络图中节点大小按照绝对度数中心度的大小调整,可以更直观地展现该阶段政策的关注重点[1][2]。

从图3-2可以看出国家整体政策对革命老区区域发展的重视程度。整体上看,国家政策对革命老区的政策支持表现为重点支持区域的经济建设发展,同时,区域的基础设施建设、重大工程项目推进、服务质量提升、体制机制改革也是政策的重要关注点。

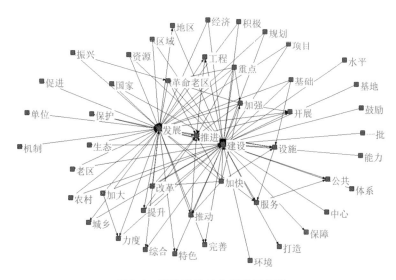

图3-2 整体政策社会语义网络图

(二)国家与省级情况

1. 国家文件

从表3-4可以看出,首先,"建设""发展""革命老区""中央""脱贫""赣州"等词语是国家层面文件的关注重点,国家文件注重从宏观角度和发展方向上进行把控,为革命老区传统村落的振兴发展奠定了经济发展的主基调;其次,国家对于典型老区的发展扶持较为重视,如"赣州""赣南"等词语在国家层面文件中出现的频次较高;再次,"农村""脱贫"等高频词体现国家政策注重国家战略目标的实现;最

---

[1] 崔延强,林笑夷.我国民族教育政策研究的计量分析与评价[J].西南大学学报(社会科学版),2020,46(01):89-97,195.

[2] 龙昭宇,杨紫洪,张康洁,等.中国地膜污染防控政策结构与演进——基于1990—2020年政策文本的量化分析[J].中国农业资源与区划,2022,43(01):141-152.

后,国家政策还注重"示范区"建设,以树立"示范区"的规范建设来发挥示范效应和模范带头作用。

表3-4 国家层面政策文本分析高频词表

序号	特征词	词频/次	序号	特征词	词频/次
1	建设	474	26	支援	96
2	发展	463	27	示范区	92
3	老区	201	28	项目	88
4	中央	181	29	设施	84
5	革命老区	162	30	对口	83
6	加强	159	31	全面	82
7	推进	152	32	保护	82
8	脱贫	142	33	创新	81
9	加快	140	34	鼓励	81
10	政策	128	35	提升	79
11	农村	120	36	赣南	78
12	加大	120	37	完善	78
13	地区	116	38	基础	77
14	赣州	116	39	攻坚	74
15	规划	114	40	基地	73
16	开展	112	41	社会	72
17	振兴	111	42	改革	70
18	国家	111	43	合作	69
19	推动	110	44	特色	69
20	力度	106	45	水平	69
21	苏区	105	46	资源	69
22	重点	105	47	国务院	68
23	机制	104	48	重大	68
24	服务	103	49	能力	67
25	生态	99	50	单位	67

从图3-3中可以看出,"发展""建设"是国家层面政策关注的核心重点,"创新"发展也在政策文件中有所体现,经济发展内生动力得到增强。同时,"区域"发展、发展"规划"、地方"特色"也是国家和中央在政策制定过程中的关注点。而"赣州""赣南"等区域以及"企业""社会"等主体的出现,说明革命老区传统村落乡村振兴涉及多方主体,需要主体之间相互合作。这再一次体现出国家层面政策所体现的大局观念,把握"发展""建设"的大方向的同时注重区域因地制宜地发展,推进体制机制改革,营造良好的政策环境。

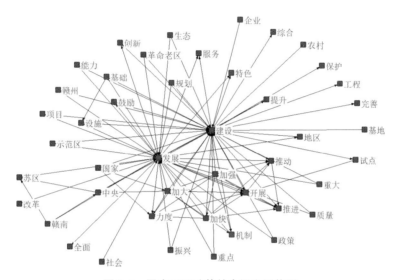

图3-3 国家层面政策社会语义网络图

2. 各省级文件

从表3-5可以看出,各省级政策注重贯彻落实国家的政策方针和精神要义。与国家层面的政策相比,省级政策在贯彻执行经济发展的大方向的同时,也关注"生态""文化""旅游"等领域或产业的发展,体现出省级政策文件在制定过程中对区域特色的把握和对因地制宜灵活发展理念的贯彻。

表3-5 各省级层面政策文本分析高频词表

序号	特征词	词频/次	序号	特征词	词频/次
1	发展	1620	5	加强	538
2	建设	1604	6	生态	535
3	革命老区	1045	7	加快	512
4	推进	707	8	项目	509

续表

序号	特征词	词频/次	序号	特征词	词频/次
9	老区	489	30	地区	284
10	服务	482	31	机制	283
11	设施	434	32	政策	278
12	农村	431	33	基础	278
13	重点	419	34	农业	273
14	工程	392	35	特色	266
15	改革	358	36	保障	255
16	文化	337	37	公共	255
17	保护	330	38	加大	250
18	推动	329	39	积极	243
19	开展	329	40	一批	231
20	提升	313	41	区域	230
21	国家	310	42	城乡	227
22	振兴	299	43	企业	225
23	完善	297	44	基地	221
24	旅游	295	45	力度	219
25	红色	295	46	中心	217
26	资源	294	47	创新	216
27	单位	291	48	重大	68
28	规划	289	49	能力	67
29	脱贫	287	50	单位	67

从图3-4可以看出，各省级政策文件在强调地区经济发展建设的同时，还注重区域发展的"公共""服务""保障"，包括工程推进发展、设施推进建设、加快"革命老区""农村"区域改革等。此外，地区"生态"建设也在省级层面的关注之中，多领域共进的科学发展观念得到了重视。省级层面政策还关注地区产业发展的内容，"农业""旅游业"的发展是各地区把握地区特色、注重因地制宜发展理念的表现。

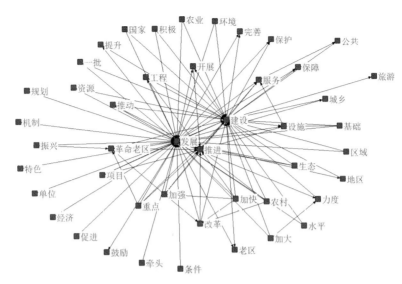

图 3-4　各省级层面政策社会语义网络图

3. 单个文件

1)《国务院关于新时代支持革命老区振兴发展的意见》

表 3-6 的数据体现了"革命老区"在政策文件的主体地位。除了"建设""发展"仍是政策文件关心的重点,"生态""公共""规划""保护""机制"等高频词也体现了国家政策注重顶层设计和方向把控的特点。从图 3-5 可以看出,"革命老区""乡村"是该政策关注的区域主体,推动实现巩固拓展脱贫攻坚成果同乡村振兴有效衔接,培育壮大特色产业、提升创新驱动发展能力、推进试点建设等是该政策文件的主要工作方向,同时"城乡"的融合发展也有提及。

表 3-6　国家典型政策文本分析高频词表

序号	特征词	词频/次	序号	特征词	词频/次
1	革命老区	86	8	地区	16
2	建设	58	9	推进	16
3	发展	57	10	公共	16
4	重点	27	11	鼓励	15
5	设施	21	12	加强	15
6	振兴	18	13	中央	14
7	生态	17	14	规划	14

续表

序号	特征词	词频/次	序号	特征词	词频/次
15	保护	14	23	国家	12
16	服务	14	24	政策	12
17	机制	14	25	提升	12
18	完善	13	26	推动	11
19	合作	13	27	文化	11
20	开展	13	28	力度	11
21	加大	12	29	促进	11
22	红色	12	30	工程	11

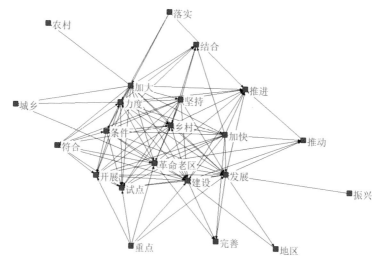

图3-5 国家典型政策社会语义网络图

2)《浙江省人民政府关于新时代支持浙西南等革命老区振兴发展的实施意见》

从表3-7中可以看出,浙江省的典型文件重点提及了"发展""革命老区""单位""建设""生态"等特征词,其中"单位"主体多次提及,表现出浙江省的政策制定过程中充分把握了多单位部门各司其职、团结协作的重要性,有助于凝结各方责任单位的力量实现战略目标。图2-6体现出浙江省注重革命老区高水平发展特色生态产业,着力完善革命老区基础设施网络,积极推动革命老区生态环境保护修复,大力弘扬传承红色文化、推动红色旅游高质量发展等重点工作内容。

表 3-7 浙江省典型政策文本分析高频词表

序号	特征词	词频/次	序号	特征词	词频/次
1	发展	55	16	文化	14
2	革命老区	48	17	机制	13
3	单位	43	18	革命	13
4	建设	41	19	加强	12
5	生态	31	20	推动	12
6	推进	29	21	保护	11
7	改革	20	22	农业	11
8	农村	20	23	项目	10
9	红色	18	24	质量	10
10	加快	18	25	实现	10
11	旅游	17	26	水库	10
12	提升	15	27	积极	10
13	省委	15	28	环境厅	9
14	振兴	14	29	教育	9
15	设施	14	30	基础	9

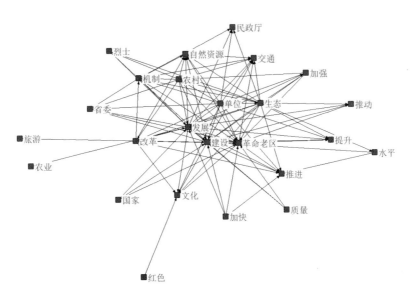

图 3-6 浙江省典型政策社会语义网络图

3)《中共江西省委 江西省人民政府关于新时代进一步推动江西革命老区振兴发展的实施意见》

从表3-8可以看出,江西省典型文件重点提及内容为"建设""发展""革命老区""推进"等,整体上贯彻执行国家政策精神和政策方针,同时重点关注"赣州"革命老区集中区域。图3-7中多核心主体体现出江西省以实施一批重大项目、开展一批先行先试、落实一批重大政策为重要落地工作,聚焦"作示范、勇争先"的目标定位和"五个推进"的重要要求,推进传承红色基因,促进红色旅游高质量发展。

表3-8 江西省典型政策文本分析高频词表

序号	特征词	词频/次	序号	特征词	词频/次
1	建设	62	16	合作	14
2	发展	43	17	赣州	14
3	革命老区	28	18	综合	13
4	推进	26	19	项目	13
5	国家	26	20	设施	13
6	重点	22	21	完善	13
7	加快	19	22	开展	13
8	工程	19	23	公共	12
9	推动	19	24	重大	12
10	争取	18	25	机制	12
11	提升	16	26	江西	11
12	加强	15	27	加大	11
13	地区	15	28	政策	11
14	生态	14	29	质量	11
15	中央	14	30	示范区	11

第三章 革命老区传统村落乡村振兴的政策分析 43

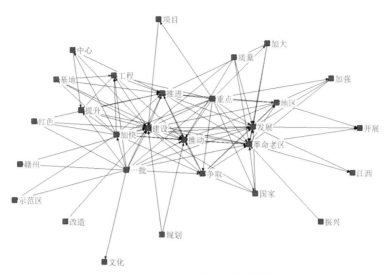

图 3-7 江西省典型政策社会语义网络图

4)《加快推进新时代广西左右江革命老区振兴发展三年行动计划（2021—2023年）》

从表3-9可以看出，广西壮族自治区的典型政策文件中"项目""老区""发展""推进""建设"等词语出现频次较高，尤其是"项目"一词的出现频次远远高于其他高频词，说明该政策文件尤其注重项目建设规划。结合图3-8可以看出，广西壮族自治区重点推进建设一批重大项目，主要分为实施项目和储备项目两大类，包括乡村振兴工程项目、新动能工程项目、公共服务工程项目、生态功能修复工程项目。

表 3-9 广西壮族自治区典型政策文本分析高频词表

序号	特征词	词频/次	序号	特征词	词频/次
1	项目	60	9	行动	13
2	老区	22	10	资金	12
3	发展	19	11	三年	11
4	推进	15	12	部门	9
5	建设	14	13	振兴	9
6	加快	14	14	计划	8
7	投资	13	15	服务	8
8	自治区	13	16	前期	8

续表

序号	特征词	词频/次	序号	特征词	词频/次
17	规划	8	24	条件	5
18	工程	7	25	投入	5
19	生态	7	26	革命老区	5
20	重大	7	27	功能	5
21	公共	6	28	指导	4
22	协调	6	29	强化	4
23	广西	6	30	储备	4

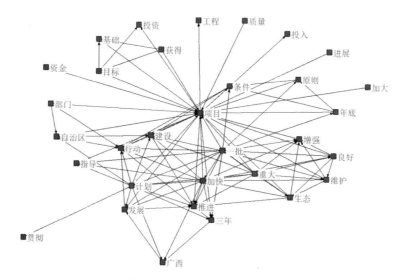

图3-8 广西壮族自治区典型政策社会语义网络图

(三) 小结

从整体政策分析可以看出,随着革命老区振兴发展政策的不断深入和推进,革命老区经济社会发展取得了重大突破。在经济建设上,革命老区已经迈入经济发展快车道,综合实力明显增强,主要经济指标增速持续高于所在省(自治区、直辖市)、全国平均水平;在民生发展上,广大革命老区人民的生活水平得到了显著提升,基础设施建设,如新(改)建农村公路等重大民生工程不断推进,革命老区脱贫工作不断取得新进展和新成效,教育、医疗卫生、文化事业和社会保障等公共服务水平大幅提升;在经济发展动能上,革命老区市场主体持续增多,创新创业的活力不断激活,经济发展内生动力不断增强。

从多层次政策分析可以看出,中央国家机关对革命老区实施的相关政策及发展实施意见有利于提升地方政策执行效率。同时,各省级的政策文件也体现出了政策制定过程中的灵活自主性,表现为因地制宜发展区域特色产业,注重多领域协调发展。另外,各地区根据区域发展条件不同,其政策制定也表现出不同侧重点,东部地区的经济发展较为发达,因此政策制定过程中除了把握经济发展重点,还注重老区生态保护,此外生态产业、旅游产业多产业发展也有体现;中部地区经济发展中等,红色文化资源较为丰富,集中相关资源推进示范区项目建设成为重要方向;西部地区经济发展较弱,吸引投入投资、推进相关工程项目成为工作重点。

三、政策聚焦

从政策思路上看,革命老区多属于欠发达地区,在经济社会赶超发展的问题上遵循一般性规律,即老区振兴发展由"输血"向"造血"的方式来驱动。一方面,要完善一般性转移支付增长机制,重点增加对革命老区的转移支付;另一方面,政策也聚焦革命老区的自我发展问题,通过贯彻新发展理念,秉承实事求是、因地制宜原则,政策支持涵盖基础设施、资源开发、产业发展、精准扶贫、公共服务、区域合作、生态环境保护、财税金融政策保障等多方面[1],进而构建起现代产业体系,推进区域协调发展。

(一) 强调完善基础设施建设

依据不同革命老区的区域特点,部署铁路、公路、水运、水利、航空、通信、能源等重大基础设施的建设,强调不同基础设施之间的互联互通,力求形成立体化、网络化的基础设施体系[2]。

1. 国家政策

《国务院关于支持赣南等原中央苏区振兴发展的若干意见》中明确指出,要坚持基础设施先行,按照合理布局、适度超前的原则,加快实施一批重大交通、能源、

---

[1] 龚斌磊,张启正,袁菱苒,等.革命老区振兴发展的政策创新与效果评估[J].管理世界,2022,38(08):26-43.

[2] 龚斌磊,张启正,袁菱苒,等.革命老区振兴发展的政策创新与效果评估[J].管理世界,2022,38(08):26-43.

水利等基础设施项目,构建功能完善、安全高效的现代化基础设施体系①;《关于加大脱贫攻坚力度支持革命老区开发建设的指导意见》中也提到,要大力推进老区高等级公路建设,优先布局一批铁路项目并设立站点,积极布局一批支线和通用机场,支持有条件的老区加快港口、码头、航道等水运基础设施建设,加大网络通信基础设施建设力度②;《国务院关于新时代支持革命老区振兴发展的意见》中指出,要加快完善革命老区基础设施,支持将革命老区公路、铁路、机场和能源、水利、应急等重大基础设施项目列入国家相关规划,具备条件后尽快启动建设,促进实现互联互通③;《中共中央 国务院关于实现巩固拓展脱贫攻坚成果同乡村振兴有效衔接的意见》中提到,要以持续改善脱贫地区基础设施条件为重点工作,继续加大对脱贫地区基础设施建设的支持力度,重点谋划建设一批高速公路、客货共线铁路、水利、电力、机场、通信网络等区域性和跨区域重大基础设施建设工程④。

2. 省级政策

山东省人民政府印发的《关于新时代支持沂蒙革命老区振兴发展的实施方案》中提到,要加快建设综合交通运输体系,优先支持普通公路改扩建,打造区域枢纽机场,对综合客运、货运枢纽和市域快速路网等重大项目给予政策、资金支持⑤;《海南省人民政府关于新时代支持琼崖革命老区振兴发展的实施意见》中指出,要推进老区路网、公共交通同城化,积极构建老区旅游公路网,研究加快儋州机场、东方机场前期工作,提升老区交通可达性⑥;《河南省革命老区振兴发展促进条例》也提到,省人民政府应当将革命老区能源、水利、应急、交通运输、信息通信等基础设施项目纳入相关规划,并在年度资金安排中给予优先支持,加强革命老区交通基础设施建设,统筹革命老区重大交通基础设施布局⑦;《河北省人民政府

---

① 国务院关于支持赣南等原中央苏区振兴发展的若干意见,见http://www.gov.cn/zwgk/2012-07/02/content_2174947.htm。

② 关于加大脱贫攻坚力度支持革命老区开发建设的指导意见,见http://www.gov.cn/xinwen/2016-02/01/content_5038157.htm。

③ 国务院关于新时代支持革命老区振兴发展的意见,见https://www.gov.cn/zhengce/content/2021-02/20/content_5587874.htm。

④ 中共中央 国务院关于实现巩固拓展脱贫攻坚成果同乡村振兴有效衔接的意见,见http://www.gov.cn/zhengce/2021-03/22/content_5594969.htm。

⑤ 关于新时代支持沂蒙革命老区振兴发展的实施方案,见http://fgw.taian.gov.cn/art/2021/11/5/art_166280_10288859.html。

⑥ 海南省人民政府关于新时代支持琼崖革命老区振兴发展的实施意见,见https://www.hainan.gov.cn/hainan/szfwj/202110/5178d3553f994a71ac9cb1a6c99d886c.shtml。

⑦ 河南省革命老区振兴发展促进条例,见https://www.henan.gov.cn/2021/08-13/2201055.html。

关于新时代支持重点革命老区振兴发展的实施意见》中明确指出,要完善基础设施网络,支持将革命老区公路、铁路、机场和能源、水利等重大基础设施项目列入国家和省相关规划,具备条件后尽快启动建设,促进实现互联互通[①]。

(二)强调特色产业发展和开发红色旅游资源

注重在追求经济增长的同时实现高质量发展,对当地产业发展做了系统性安排,革命老区振兴政策最大的特点在于对红色旅游资源的开发,提出要将当地红色旅游资源与自然景观和民俗旅游资源相结合,并充分挖掘其旅游业潜能。

1. 国家政策

《国务院关于支持赣南等原中央苏区振兴发展的若干意见》中明确指出,要积极推动优势矿产业发展,加快提升制造业发展水平,大力发展红色旅游,将赣南等原中央苏区红色旅游列入国家旅游发展战略,支持红色旅游基础设施建设[②];《关于加大脱贫攻坚力度支持革命老区开发建设的指导意见》中也提到,要推进老区一二三产业融合发展,延长农业产业链,利用老区丰富的文化资源,振兴传统工艺,支持老区建设红色旅游经典景区,重点打造国家级红色旅游经典景区和精品线路,着力开发红色旅游产品[③];《国务院关于新时代支持革命老区振兴发展的意见》中指出,要做大做强水果、蔬菜、茶叶等特色农林产业,支持革命老区立足红色文化、民族文化和绿色生态资源,加快特色旅游产业发展,推出一批乡村旅游重点村镇和精品线路[④];《闽西革命老区高质量发展示范区建设方案》中也提到,做强做优闽西特色农业品牌,支持依托红色资源建设红色旅游融合发展示范区,优化提升红色旅游经典景区,建设一批红色旅游精品线路[⑤]。

2. 省级政策

《中共江西省委 江西省人民政府关于新时代进一步推动江西革命老区振兴发展的实施意见》中提出,要培育壮大优势产业,加快红色旅游高质量发展,支持建

---

① 河北省人民政府关于新时代支持重点革命老区振兴发展的实施意见,见http://info.hebei.gov.cn//hbszfxxgk/6806024/6807473/6807180/6953076/6953079/6962561/index.html。

② 国务院关于支持赣南等原中央苏区振兴发展的若干意见,见http://www.gov.cn/zwgk/2012-07/02/content_2174947.htm。

③ 关于加大脱贫攻坚力度支持革命老区开发建设的指导意见,见http://www.gov.cn/xinwen/2016-02/01/content_5038157.htm。

④ 国务院关于新时代支持革命老区振兴发展的意见,见https://www.gov.cn/zhengce/content/2021-02/20/content_5587874.htm。

⑤ 闽西革命老区高质量发展示范区建设方案,见https://www.ndrc.gov.cn/xwdt/tzgg/202204/t20220413_1321985.html?code=&state=123。

设红色旅游融合发展示范区,推动中央和地方各类媒体通过新闻报道、公益广告等多种方式宣传推广江西革命老区红色旅游①;《安徽省人民政府办公厅关于新时代支持大别山革命老区振兴发展的实施意见》中指出,要大力发展现代服务业,培育具有地方特色的服务知名品牌,支持加快发展红色旅游、乡村旅游、生态旅游等特色旅游,推动老区争创全国红色旅游精品线路和红色旅游融合发展示范区②;《四川省人民政府关于新时代支持革命老区振兴发展的实施意见》也提到,要支持革命老区发展现代特色农业,鼓励革命老区以红色文化公园、红色传承教育培训基地等为载体,创新推动建设红色旅游融合发展示范区,集中连片和跨区域打造红色文化旅游精品线路和经典景区③;《关于湖北省"十四五"支持革命老区巩固拓展脱贫攻坚成果衔接推进乡村振兴的实施意见》中指出,支持革命老区加强红色遗址保护和旅游基础设施建设,打造一批高水平的红色旅游景区、红色旅游精品线路。推进红色旅游与乡村旅游、生态旅游、康养旅游、休闲农业等新产业新业态融合发展,创建红色旅游融合发展示范区④。

(三)高度重视脱贫攻坚和乡村振兴工作

脱贫攻坚方面,强调要加大扶贫资金投入,加大整村推进、连片开发、以工代赈、易地搬迁、就业促进、产业扶贫、教育扶贫等扶贫开发手段的力度,同时,重视新型农业生产经营主体的培育,注重新时期工农城乡一体化关系的统筹协调,在城乡一体化和要素城乡间双向流动的过程中实现乡村振兴。

1. 国家政策

《关于加大脱贫攻坚力度支持革命老区开发建设的指导意见》中提到,深入实施精准扶贫,加快推进贫困人口脱贫,继续实施以工代赈、整村推进、产业扶贫等专项扶贫工程,加大对建档立卡贫困村、贫困户的扶持力度,支持贫困户发展特色产业,促进有劳动能力的贫困户增收致富⑤;《国务院关于新时代支持革命老区振

---

① 中共江西省委 江西省人民政府关于新时代进一步推动江西革命老区振兴发展的实施意见,见http://jiangxi.gov.cn/art/2021/5/27/art_396_3377098.html。

② 安徽省人民政府办公厅关于新时代支持大别山革命老区振兴发展的实施意见,见https://www.ah.gov.cn/public/1681/554044431.html。

③ 四川省人民政府关于新时代支持革命老区振兴发展的实施意见,见https://www.sc.gov.cn/10462/zfwjts/2021/8/25/9c2e0b90d26e46d1bf720ee011b02ebc.shtml。

④ 关于湖北省"十四五"支持革命老区巩固拓展脱贫攻坚成果衔接推进乡村振兴的实施意见,见http://fgw.hubei.gov.cn/fbjd/zc/gfwj/gf/202206/t20220629_4197033.shtml。

⑤ 关于加大脱贫攻坚力度支持革命老区开发建设的指导意见,见http://www.gov.cn/xinwen/2016-02/01/content_5038157.htm。

兴发展的意见》中指出,推动实现巩固拓展脱贫攻坚成果同乡村振兴有效衔接,一定时期内保持脱贫攻坚政策总体稳定,完善防止返贫监测和帮扶机制,优先支持将革命老区县列为国家乡村振兴重点帮扶县,巩固"两不愁三保障"等脱贫攻坚成果[1];《中共中央 国务院关于实现巩固拓展脱贫攻坚成果同乡村振兴有效衔接的意见》中提到,将巩固拓展脱贫攻坚成果放在突出位置,建立农村低收入人口和欠发达地区帮扶机制,健全乡村振兴领导体制和工作体系,加快推进脱贫地区乡村产业、人才、文化、生态、组织等全面振兴[2];《赣州革命老区高质量发展示范区建设方案》中提到,要全面推进乡村振兴,在促进城乡协调发展上作示范,推动巩固拓展脱贫攻坚成果同乡村振兴有效衔接,在健全防止返贫监测和帮扶机制、促进脱贫人口稳岗就业、易地扶贫搬迁后续扶持及安全风险防控等方面加大支持力度[3]。

2. 省级政策

《中共湖南省委 湖南省人民政府关于实现巩固拓展脱贫攻坚成果同乡村振兴有效衔接的实施意见》中明确提出,要建立健全巩固拓展脱贫攻坚成果长效机制,聚力做好巩固拓展脱贫攻坚成果同乡村振兴有效衔接重点工作,推动脱贫地区乡村特色产业提质发展,建设乡村振兴示范区,形成一批各具特色的乡村振兴模式,树立乡村振兴的典型和样板[4];《山西省人民政府关于新时代支持山西太行革命老区振兴发展的实施意见》中也提到,要保持5年脱贫攻坚过渡期内主要帮扶政策总体稳定,加强对脱贫不稳定户、边缘易致贫户以及因病因灾因意外事故等刚性支出较大或收入大幅缩减导致基本生活出现严重困难户的动态监测,巩固"两不愁三保障"等脱贫攻坚成果[5];《重庆市人民政府关于新时代推动革命老区振兴发展的实施意见》提到,要实现巩固拓展脱贫攻坚成果同乡村振兴有效衔接,激发内生动力,发挥比较优势,夯实发展基础,努力走出一条新时代振兴发展新路,把革命老区建设得更好,确保革命老区在社会主义现代化建设新征程上开好局、起好

---

[1] 国务院关于新时代支持革命老区振兴发展的意见,见 http://www.gov.cn/gongbao/content/2021/content_5591404.htm。

[2] 中共中央 国务院关于实现巩固拓展脱贫攻坚成果同乡村振兴有效衔接的意见,见 http://www.gov.cn/zhengce/2021-03/22/content_5594969.htm。

[3] 赣州革命老区高质量发展示范区建设方案,见 https://www.ndrc.gov.cn/xwdt/tzgg/202204/t20220413_1321983.html?code=&state=123。

[4] 中共湖南省委 湖南省人民政府关于实现巩固拓展脱贫攻坚成果同乡村振兴有效衔接的实施意见,见 http://www.hunan.gov.cn/hnszf/hnyw/sy/hnyw1/202106/t20210603_19418481.html。

[5] 山西省人民政府关于新时代支持山西太行革命老区振兴发展的实施意见,见 http://www.shanxi.gov.cn/zfxxgk/zfxxgkzl/fdzdgknr/lzyj/szfwj/202205/t20220513_5976532.shtml。

步[①];《甘肃省人民政府关于新时代支持革命老区振兴发展的实施意见》也指出,要严格落实"四个不摘"要求,一定时期内保持脱贫攻坚政策总体稳定,完善防止返贫监测和帮扶机制,做到早发现、早干预、早帮扶,坚决防止规模性返贫,巩固拓展"两不愁三保障"成果[②]。

(四)高度重视社会公共服务和生态文明建设

在社会领域,要求大力发展教育、医疗、文化、体育、社会保障等社会公共事业,不断提升公共服务供给的数量与质量。在生态领域,革命老区的建设不单纯围绕经济增长,而是将"绿水青山就是金山银山"的理念纳入振兴发展的全过程[③]。

1. 国家政策

《国务院关于支持赣南等原中央苏区振兴发展的若干意见》中明确指出,要坚持以人为本,促进经济建设与社会发展相协调,大力发展各项社会事业,不断提高基本公共服务水平;牢固树立绿色发展理念,大力推进生态文明建设,正确处理经济发展与生态保护的关系,坚持在发展中保护、在保护中发展,促进经济社会发展与资源环境相协调[④]。《关于加大脱贫攻坚力度支持革命老区开发建设的指导意见》中也提到,要全力推进民生改善,大幅提升基本公共服务水平,加强基层社会保障公共服务平台建设;完善资源开发与生态补偿政策,支持将符合条件的贫困老区纳入重点生态功能区补偿范围[⑤]。《国务院关于新时代支持革命老区振兴发展的意见》中指出,要健全基本公共服务体系,建立健全本地区基本公共服务标准,改善人民生活品质,提高社会治理水平;促进人与自然和谐共生,促进绿色转型发展,增强革命老区人民群众获得感、幸福感、安全感[⑥]。《中共中央 国务院关于实现巩固拓展脱贫攻坚成果同乡村振兴有效衔接的意见》中提到,要进一步提升脱贫

---

① 重庆市人民政府关于新时代推动革命老区振兴发展的实施意见,见 http://cq.gov.cn/zwgk/zfxxg-kml/szfwj/qtgw/202111/t20211110_9943560.html。

② 甘肃省人民政府关于新时代支持革命老区振兴发展的实施意见,见 http://www.gansu.gov.cn/gsszf/c100054/202107/1650364.shtml。

③ 龚斌磊,张启正,袁菱苒,等.革命老区振兴发展的政策创新与效果评估[J].管理世界,2022,38(08):26-43.

④ 国务院关于支持赣南等原中央苏区振兴发展的若干意见,见 http://www.gov.cn/zwgk/2012-07/02/content_2174947.htm。

⑤ 关于加大脱贫攻坚力度支持革命老区开发建设的指导意见,见 http://www.gov.cn/xinwen/2016-02/01/content_5038157.htm。

⑥ 国务院关于新时代支持革命老区振兴发展的意见,见 http://www.gov.cn/gongbao/content/2021/content_5591404.htm。

地区公共服务水平,继续加强脱贫地区村级综合服务设施建设,使农村基础设施和基本公共服务水平进一步提升,生态环境持续改善,美丽宜居乡村建设扎实推进,乡风文明建设取得显著进展①。

2. 省级政策

《浙江省人民政府关于新时代支持浙西南等革命老区振兴发展的实施意见》中指出,要推动基础设施和基本公共服务进一步改善;积极推动革命老区生态环境保护修复,推进山水林田湖草一体化保护和修复,实施河湖水库健康评价和生态修复,探索生态产品价值实现机制②。《陕西省人民政府关于印发新时代支持革命老区振兴发展若干措施的通知》也提出,要提升公共服务质量,支持革命老区依据国家基本公共服务标准,建立健全本地区基本公共服务标准,保障群众基本生活;推进绿色转型发展,开展生态产品价值实现机制试点,参与创建国家生态文明试验区③。山东省人民政府印发的《关于新时代支持沂蒙革命老区振兴发展的实施方案》中提到,要加强公共服务保障,切实做到基本公共服务全覆盖、均衡化,扎实推动共同富裕;加强生态保护和修复,支持临沂建设科学绿化示范片区,深入推进植树造林④。《海南省人民政府关于新时代支持琼崖革命老区振兴发展的实施意见》中指出,有力有序有效实施老区公共服务的补短板强弱项任务,支持老区建立健全均等可及的基本公共服务体系。坚持绿水青山就是金山银山,统筹推进老区山水林田湖草一体化保护和修复,加快建设海南热带雨林国家公园⑤。

(五)注重多领域政策支持和开放合作

为保障政策得以有效落实,国家在财税、金融、投资、土地等领域给革命老区提供了大量支持政策。同时,还注重对内对外开放水平的不断提高,强调通过区域内部合作的持续深化,以及与其他经济集聚区域之间的要素联系与产业合作,

---

①中共中央 国务院关于实现巩固拓展脱贫攻坚成果同乡村振兴有效衔接的意见,见http://www.gov.cn/zhengce/2021-03/22/content_5594969.htm。

②浙江省人民政府关于新时代支持浙西南等革命老区振兴发展的实施意见,见https://www.zj.gov.cn/art/2021/8/6/art_1229019364_2316852.html。

③陕西省人民政府关于印发新时代支持革命老区振兴发展若干措施的通知,见http://www.shaanxi.gov.cn/zfxxgk/fdzdgknr/zcwj/nszfwj/szf/202208/t20220808_2238123.html。

④关于新时代支持沂蒙革命老区振兴发展的实施方案,见http://fgw.taian.gov.cn/art/2021/11/5/art_166280_10288859.html。

⑤海南省人民政府关于新时代支持琼崖革命老区振兴发展的实施意见,见https://www.hainan.gov.cn/hainan/szfwj/202110/5178d3553f994a71ac9cb1a6c99d886c.shtml。

推动本区域跨越式发展①。

1. 国家政策

《国务院关于支持赣南等原中央苏区振兴发展的若干意见》中明确指出,应对赣南地区给予特别的政策支持,如:进一步加大中央财政均衡性转移支付力度,加大中央预算内投资和专项建设资金投入;鼓励政策性银行在国家许可的业务范围内,加大对赣南等原中央苏区的信贷支持力度;在安排土地利用年度计划、城乡建设用地增减挂钩周转指标等方面,加大对赣南等原中央苏区的倾斜;等等。强调推动开放合作,强化赣州与珠三角、厦漳泉等沿海地区的经贸联系,支持省级出口基地升级为国家级外贸转型升级专业型示范基地②。《关于加大脱贫攻坚力度支持革命老区开发建设的指导意见》中也提到,加强规划引导和重大项目建设,持续加大资金投入,中央财政一般性转移支付资金、各类涉及民生的专项转移支付资金进一步向贫困老区倾斜,支持将符合条件的贫困老区纳入重点生态功能区补偿范围,提高优抚对象优待抚恤标准,推进贫困老区与发达地区干部交流,大力实施革命老区人才支持计划③。《国务院关于新时代支持革命老区振兴发展的意见》中指出,要加大财政金融支持力度,优化土地资源配置,支持探索革命老区乡村产业发展用地政策。要将支持革命老区振兴发展纳入国家重大区域战略和经济区、城市群、都市圈相关规划并放在突出重要位置,加强革命老区与中心城市、城市群合作,共同探索生态、交通、产业、园区等多领域合作机制④。

2. 省级政策

《河南省人民政府关于新时代支持革命老区振兴发展的实施意见》中提到,加强财政金融支持,持续开展金融支持大别山革命老区振兴发展专题政金企对接活动,优化土地资源配置,支持探索革命老区乡村产业发展用地政策。加强省际间合作交流,积极推动革命老区开展省际合作,加快提高开放经济水平,持续深化与国家战略对接,支持大别山革命老区重点对接长江经济带发展、太行革命老区重点对接黄河流域生态保护和高质量发展,以提升市场主体满意度为导向,持续优

---

① 龚斌磊,张启正,袁菱苒,等.革命老区振兴发展的政策创新与效果评估[J].管理世界,2022,38(08):26-43.

② 国务院关于支持赣南等原中央苏区振兴发展的若干意见,见 http://www.gov.cn/zwgk/2012-07/02/content_2174947.htm。

③ 关于加大脱贫攻坚力度支持革命老区开发建设的指导意见,见 http://www.gov.cn/xinwen/2016-02/01/content_5038157.htm。

④ 国务院关于新时代支持革命老区振兴发展的意见,见 http://www.gov.cn/gongbao/content/2021/content_5591404.htm。

化营商环境①。《中共福建省委 福建省人民政府关于实现巩固拓展脱贫攻坚成果同乡村振兴有效衔接的实施意见》也提到,要做好财政投入政策衔接,过渡期内在保持财政支持政策总体稳定的前提下,合理安排财政投入规模,做好金融支持政策衔接,继续发挥再贷款作用,做好人才智力支持政策衔接,建立健全引导各类人才服务乡村振兴长效机制。要深化产业合作,推动产业梯度转移,引导服装、食品加工等优势企业入驻闽宁产业园区,持续开展东西部劳务协作,促进中西部省份脱贫劳动力来闽稳岗就业②。《中共江西省委 江西省人民政府关于新时代进一步推动江西革命老区振兴发展的实施意见》中提出,加大财政金融支持力度,落实赣州执行西部大开发政策,落实中央预算内投资。对赣南等原中央苏区参照执行西部地区政策,强化土地资源保障,积极探索革命老区乡村产业发展用地政策。抓住国家将支持革命老区振兴发展重大事项纳入国家重大区域战略和经济区、城市群、都市圈相关规划并放在突出重要位置的有利时机,加强与中心城市、城市群合作,完善科技合作机制,促进与东部地区科技合作③。

(六)注重对口政策支援帮扶

1. 国家政策

《国务院办公厅关于印发新时代中央国家机关及有关单位对口支援赣南等原中央苏区工作方案的通知》中提到,对口支援赣南等原中央苏区工作,对口支援单位包括63个中央国家机关及有关单位,受援地包括江西省赣州市、吉安市、抚州市和福建省龙岩市、三明市所辖共43个县(市、区)。国家发展改革委、中央组织部要加强统筹协调,会同各对口支援单位和受援地明确工作总体目标和重点任务,扎实推进落实对口支援各项工作任务④。《中共中央 国务院关于实现巩固拓展脱贫攻坚成果同乡村振兴有效衔接的意见》中提到,坚持和完善东西部协作和对口支援、社会力量参与帮扶机制。继续坚持并完善东西部协作机制,优化协作帮扶方式,在继续给予资金支持、援建项目基础上,进一步加强产业合作、劳务协作、人才支

---

① 河南省人民政府关于新时代支持革命老区振兴发展的实施意见,见 https://www.henan.gov.cn/2021/09-10/2310627.html。

② 中共福建省委 福建省人民政府关于实现巩固拓展脱贫攻坚成果同乡村振兴有效衔接的实施意见,见 http://www.workercn.cn/34198/202110/04/211004132648654.shtml。

③ 中共江西省委 江西省人民政府关于新时代进一步推动江西革命老区振兴发展的实施意见,见 http://jiangxi.gov.cn/art/2021/5/27/art_396_3377098.html。

④ 国务院办公厅关于印发新时代中央国家机关及有关单位对口支援赣南等原中央苏区工作方案的通知,见 http://www.gov.cn/zhengce/content/2021-04/30/content_5604143.htm。

援,推进产业梯度转移,鼓励东西部共建产业园区①。《关于加大脱贫攻坚力度支持革命老区开发建设的指导意见》中也提到,促进干部人才交流和对口帮扶,推进贫困老区与发达地区干部交流,加快建立省级政府机关、企事业单位或省内发达县市对口帮扶本省贫困老区的工作机制②。《国务院关于新时代支持革命老区振兴发展的意见》中指出,研究建立发达省市与革命老区重点城市对口合作机制,支持革命老区重点城市与中央国家机关及有关单位、重点高校、经济发达地区开展干部双向挂职交流,加大对口支援革命老区重点高校工作力度,鼓励"双一流"建设高校、中国特色高水平高职学校与革命老区开展合作共建,鼓励国内一流医院与革命老区重点医院开展对口帮扶,合作共建医联体③。

2.省级政策

《江西省推动湘赣边区域合作示范区建设行动方案》提到,要落实中央国家机关及有关单位对口支援赣南等原中央苏区工作方案,争取中央国家机关、企事业单位与示范区相关县(市、区)开展干部双向挂职。建立省直部门和企事业单位对口支援示范区14个县(市、区)的机制,加强人才、技术、产业、项目对口支援④。《四川省川陕革命老区振兴发展规划实施方案》中提到,争取国家建立发达省份同老区对口帮扶机制,对口帮扶省份组织经济强县与老区贫困县建立结对帮扶关系。研究建立省内发达市、县以及省直机关、企事业单位与老区贫困县结对帮扶的工作机制,鼓励省内外三级甲等医院(含部队)与老区贫困县建立对口帮扶关系⑤。《山西省人民政府关于新时代支持山西太行革命老区振兴发展的实施意见》中也提到,鼓励山西大学、太原理工大学等省属高校和职业院校与革命老区建立对口帮扶机制,支持组建专业化技术转移机构,加强科研成果转化和仪器设备共享;探索与河北、河南建立省际会商协调机制、重点城市对口合作机制,加强信息互通、

---

①中共中央 国务院关于实现巩固拓展脱贫攻坚成果同乡村振兴有效衔接的意见,见http://www.gov.cn/zhengce/2021-03/22/content_5594969.htm。

②关于加大脱贫攻坚力度支持革命老区开发建设的指导意见,见http://www.gov.cn/xinwen/2016-02/01/content_5038157.htm。

③国务院关于新时代支持革命老区振兴发展的意见,见https://www.gov.cn/zhengce/content/2021-02/20/content_5587874.htm。

④江西省推动湘赣边区域合作示范区建设行动方案,见http://www.jiangxi.gov.cn/art/2022/5/28/art_4969_3975632.html。

⑤四川省川陕革命老区振兴发展规划实施方案,见https://www.sc.gov.cn/10462/c103046/2017/6/23/5da5842b12c84556a76d145b07834873.shtml。

资源共享、产业互助、项目共建①。《陕西省人民政府关于印发新时代支持革命老区振兴发展若干措施的通知》也提出,支持革命老区重点高校、重点学科和重点实验室建设,争取国家加大对口支援革命老区重点高校工作力度,支持川陕革命老区深化与天津、江苏、四川的对口协作和合作联动,加强在产业发展、革命文物保护利用、生态保护等方面的协作②。

四、政策启示

根据上述对已经发布的国家和省级政策文件的分析梳理,发现政策体系在有效推进革命老区传统村落振兴发展上取得了很大成效,未来可继续在增强内生动力、实行差别化发展政策和建立长效机制上推动老区高质量发展。

第一,推动革命老区经济增长转变为增强其内生发展能力。国家通过大量地投入财政支出、扶贫资金、重大项目等"输血式"政策支持方式,解决了制约老区发展的瓶颈问题。但是,高强度的财政支出强化政府作用,使得革命老区依赖于投资驱动经济增长。革命老区的"造血机制"是解决老区贫困落后问题的根本,急功近利只会使得贫困地区丧失可持续发展的能力。对革命老区的支持方式要从项目和资金为主的支援方式不断转向对其内生动力发展的政策支持。在革命老区要大力支持新产业、新模式和新业态发展,加大创新创业支持力度,进一步加快释放创新创业活力,为提高经济发展能力提供不竭动力。

第二,因地制宜实行差别化发展政策。革命老区振兴发展政策对革命老区整体经济社会发展均具有显著促进作用,但也存在典型的地区异质性。要明确国家重点扶持的老区标准,重点扶持的老区应重点选择在中西部地区;对不同类型老区实行差别化扶持,要区分出这些地区所面临的共性问题和特殊问题,予以分类指导、区别对待;因地制宜、因时制宜地对革命老区制定和实施差别化的政策,从而更加精准地破解制约各个革命老区发展的突出瓶颈,补齐发展短板。

第三,建立国家政策保障的长效机制。国家应该发展独立的、第三方的环境政策评估机构,实现官方评估和外部、独立评估的有机结合,以确保评估结果的科学性与客观性。通过有效的监督、评估,可以使有限的资金使用、项目运行更加透明,使资金、项目投入到最需要的地方,提高政策效益。

---

①山西省人民政府关于新时代支持山西太行革命老区振兴发展的实施意见,见http://www.shanxi.gov.cn/zfxxgk/zfxxgkzl/fdzdgknr/lzyj/szfwj/202205/t20220513_5976532.shtml。

②陕西省人民政府关于印发新时代支持革命老区振兴发展若干措施的通知,见http://www.shaanxi.gov.cn/zfxxgk/fdzdgknr/zcwj/nszfwj/szf/202208/t20220808_2238123.html。

第四章 革命老区传统村落振兴发展现状分析

中国革命老区分布极为广泛,革命老区内拥有大量的传统村落,这些村落的发展是乡村振兴战略落实推进的重要组成部分。本章从中国革命老区的分布、中国传统村落的分布、革命老区内中国传统村落的分布以及罗霄山区中国传统村落分布四个层次分别进行了阐述。在乡村振兴战略背景下,江西于都县潭头村、湖南花垣县十八洞村、安徽金寨县大湾村在探索乡村振兴方面取得了很好的成效,但同时我们也看到有更多的革命老区传统村落在振兴发展道路上仍存在诸多困境。

一、中国革命老区的分布格局

中国革命老根据地,简称革命老区或老区,是指土地革命战争时期和抗日战争时期,在中国共产党领导下创建的革命根据地,分布在全国28个省、自治区、直辖市的1300多个县(市、区),其中主要有17块革命根据地和18块抗日(民主)根据地。在战争年代,老区人民养育了中国共产党及其领导的人民军队,提供了坚持长期斗争所需要的人力、物力和财力,为壮大革命力量,取得最后胜利,付出了巨大牺牲,做出了极大贡献[①]。

1927年湘赣边界秋收起义后,毛泽东率领保留下来的部队在井冈山创建了中国革命战争史上的第一块根据地——井冈山革命根据地。到1930年,中国共产党领导人民军队先后共创建了17块革命根据地,主要涉及华东、华中、华南、西北和西南地区。其中,以瑞金为中心的中央革命根据地,包括福建、江西两省21个县,约250万人口,是土地革命战争时期全国最大的革命根据地,是全国苏维埃运动的

---

① 中国革命老区,见 http://dangshi.people.com.cn/GB/151935/164962/index.html。

中心区域,是中华苏维埃共和国党、政、军首脑机关所在地①。

抗日战争期间,在以毛泽东为核心的中共中央领导下,八路军、新四军和华南抗日游击队先后深入华北、华中和华南敌后,积极开展敌后游击战争,1937年秋,中国共产党在敌占区建立起第一个敌后抗日民主根据地——晋察冀抗日根据地。抗日根据地都是在艰苦卓绝的抗日斗争中创建和发展起来的,经历了曲折复杂的过程。到抗日战争后期,中国共产党领导广大敌后军民共建立了陕甘宁、晋察冀、晋绥、晋冀鲁豫、山东、苏北、苏中、苏南、淮北、淮南、皖江、广东、琼崖、鄂豫皖湘赣、河南、浙东、闽浙赣、东北等18块抗日(民主)根据地,面积达100多万平方千米,人口约1亿,遍布华北、华中、华东、华南和东北地区。其中,陕甘宁边区是中国共产党领导敌后抗战的中心,是八路军、新四军和其他人民抗日武装的指挥中枢和总后方②(见表4-1)。

表4-1　中国革命老根据地名称及涉及地区表

所属时期	根据地名称	涉及地区
土地革命战争时期	井冈山革命根据地	江西、湖南
	中央革命根据地	江西、福建、广东
	湘鄂西革命根据地	湖南、湖北
	鄂豫皖革命根据地	安徽、湖北、河南
	闽浙赣革命根据地	福建、浙江、江西
	湘鄂赣革命根据地	湖南、湖北、江西
	左右江革命根据地和滇黔桂边游击区	广西、云南、贵州
	海陆丰和东江革命根据地	广东
	琼崖革命根据地	海南
	湘赣革命根据地	湖南、江西
	闽东、闽南、闽中革命根据地	福建
	通海如泰革命根据地	江苏、上海
	湘鄂川黔革命根据地	湖南、湖北、四川、贵州
	川陕革命根据地	四川、陕西

---

①刘寅凯.中央苏区时期功勋荣誉表彰类造物溯源——以"红旗勋章""红星奖章"为例[J].江西理工大学学报,2021,42(03):64-71.

②韩延明.老区精神:中国革命星火燎原的璀璨路标[J].党史文汇,2022(06):23-27.

续表

所属时期	根据地名称	涉及地区
土地革命战争时期	鄂豫陕革命根据地	湖北、河南、陕西
	西北革命根据地	陕西、甘肃
	南方三年游击战争根据地	江西、福建、浙江、安徽、河南、湖北、湖南、广东
抗日战争时期	陕甘宁抗日根据地	陕西、甘肃、宁夏
	晋察冀抗日根据地	山西、内蒙古、河北
	晋冀鲁豫抗日根据地	山西、山东、河南、河北
	晋绥抗日根据地	山西、内蒙古
	山东抗日根据地	山东、江苏、安徽、河南
	苏北抗日根据地	江苏、安徽、山东、河南
	苏中抗日根据地	江苏
	苏南抗日根据地	江苏、上海、浙江、安徽
	淮北抗日根据地	河南、安徽、江苏、山东
	淮南抗日根据地	安徽、江苏
	皖江抗日根据地	安徽
	浙东抗日根据地	浙江、上海
	广东抗日根据地	广东
	琼崖抗日根据地	海南
	鄂豫皖湘赣抗日根据地	湖北、湖南、河南、安徽、江西
	河南抗日根据地	河南
	闽浙赣抗日游击区	福建、浙江、江西
	东北抗日游击区	黑龙江、吉林、辽宁

二、中国传统村落的分布格局

中国传统村落是先民们遗留下来的重要瑰宝,形成于中华民族五千年的历史长河之中,是农耕文明的精髓和中华民族的根基,蕴藏着丰富的历史文化信息与自然生态景观资源[①],承载着中华民族的历史记忆、生产生活智慧、文化艺术结晶

---

①古村落的生存困局[J].绿色视野,2014(10):23-25.

和民族地域特色,较完整地体现了一定时期的传统风貌,拥有较丰富的非物质文化遗产资源[①],是各民族创造力、生命力和智慧的物质见证,是我国乡村历史、文化、自然遗产的"活化石"和"博物馆",被称作"活着的博物馆",具有极高的历史价值、文化价值、科学价值、艺术价值、社会价值、经济价值和学术价值[②],是中华传统文化的重要载体和中华民族的精神家园。

长期以来,由于传统村落大多都集中在交通不便、经济落后的地区,得不到有效保护,面临着数量锐减、毁坏严重、污染威胁等问题。与此同时,随着我国城镇化进程的加快与深入,传统村落的空间形态支离破碎,良性发展受到巨大威胁,据统计,仅从2000年至2010年,十年间我国就减少了90万个自然村落。为了保护这些传承悠久且富含特色的传统村落,传承中华传统文化,国家相关部门也在不断地出台相关的政策,加大对传统村落的保护。

2012年4月,由住房和城乡建设部、文化部、国家文物局、财政部联合启动了中国传统村落的调查,发布了《关于开展传统村落调查的通知》,明确指出传统村落的定义:传统村落是指村落形成较早,拥有较丰富的传统资源,具有一定历史、文化、科学、艺术、社会、经济价值,应予以保护的村落。2012年12月17日,住房和城乡建设部、文化部、财政部三部门发通知公示第一批中国传统村落名录,全国31个省、自治区、直辖市共646个传统村落入选该名单,其中贵州省最多,有90个,云南省有62个,位列第二,山西省和福建省各有48个,并列第三。2013年8月26日,住房和城乡建设部等三部门发通知公示第二批中国传统村落名录,915个村落列入其中,其中云南省最多,有232个,其次是贵州省,有202个,江西省有56个,列第三位。2014年11月17日,住房和城乡建设部等七部门通知,公示第三批中国传统村落名录,全国共994个村落入选,其中云南省最多,有208个,贵州省和浙江省分别为134个、86个,分列第二、三位。2016年12月9日,住房和城乡建设部等七部门通知,公示第四批中国传统村落名录,全国共1598个村落入选,其中浙江省最多,有225个,湖南省和山西省分别为166个、150个,分列第二、三位。2019年6月6日,住房和城乡建设部等六部委通知,公示第五批中国传统村落名录,全国共有2666个村落被列入,其中湖南省有401个,数量居全国第一,山西省和福建省分别为271个、265个,分列第二、三位。2012—2019年,五次评选出的中国传统村落总

---

① 沈费伟,叶温馨.乡村振兴的制度化困境与可持续发展——基于政策制度与实践发展的互动视角[J].中国农村研究,2020(02):171-189.

② 陈倩婷,张琍,段亚鹏,等.江西省传统村落时空格局与演变研究[J].遥感学报,2021,25(12):2460-2471.

数量为6819个,涵盖全国除港澳台之外的所有省、自治区、直辖市的272个地级市、43个民族。从区际分布情况来看,华北地区有828个,占总数的12.14%;东北地区有55个,数量最少,不到总数的百分之一,只占0.81%;华东地区有2036个,数量最多,占总数的29.86%;华中地区有1069个,占总数的15.68%;华南地区有607个,占总数的8.90%;西南地区有1910个,占总数的28.01%;西北地区有314个,占总数的4.60%(见表4-2)。

表4-2 中国传统村落前五批各地区数量及排名情况

地区	第一批/个	第二批/个	第三批/个	第四批/个	第五批/个	总数/个	排名	分区数量及占比
北京	9	4	3	5	1	22	25	
天津	1	0	0	2	1	4	31	华北地区 828个/12.14%
河北	32	7	18	88	61	206	12	
山西	48	22	59	150	271	550	5	
内蒙古	3	5	16	20	2	46	21	
辽宁	0	0	8	9	13	30	24	
吉林	0	2	4	3	2	11	28	东北地区 55个/0.81%
黑龙江	2	1	2	1	8	14	27	
上海	5	0	0	0	0	5	30	
江苏	3	13	10	2	5	33	23	
浙江	43	47	86	225	235	636	4	华东地区 2036个/29.86%
安徽	25	40	46	52	237	400	7	
福建	48	25	52	104	265	494	6	
江西	33	56	36	50	168	343	8	
山东	10	6	21	38	50	125	15	
河南	16	46	37	25	81	205	14	
湖北	28	15	46	29	88	206	12	华中地区 1069个/15.68%
湖南	30	42	19	166	401	658	3	
广东	40	51	35	34	103	263	11	
广西	39	30	20	72	119	280	10	华南地区 607个/8.90%
海南	7	0	12	28	17	64	19	

续表

地区	第一批/个	第二批/个	第三批/个	第四批/个	第五批/个	总数/个	排名	分区数量及占比
重庆	14	2	47	11	36	110	18	西南地区 1910个/28.01%
四川	20	42	22	141	108	333	9	
贵州	90	202	134	119	179	724	1	
云南	62	232	208	113	93	708	2	
西藏	5	1	5	8	16	35	22	
陕西	5	8	17	41	42	113	17	西北地区 314个/4.60%
甘肃	7	6	2	21	18	54	20	
青海	13	7	21	38	44	123	16	
宁夏	4	0	0	1	1	6	29	
新疆	4	3	8	2	1	18	26	
共计	646	915	994	1598	2666	6819	—	—

三、革命老区内中国传统村落的分布

在2012—2019年先后共公布的五批中国传统村落名单中,有3485个传统村落位于革命老区各个省级区域内,占总数量的51.11%,除了西藏、青海和新疆,各地区都有传统村落分布(详见表4-3),其中传统村落数量在100个以上的地区共有12个:浙江、山西、福建、安徽、江西、湖北、河北、河南、广西、广东、四川、山东。从区际分布情况来看,华北地区有691个,占总数的19.83%;东北地区有15个,数量最少,不到总数的百分之一,只占0.43%;华东地区有1760个,数量最多,占总数的二分之一多,占比为50.50%;华中地区有460个,占总数的13.20%;华南地区有311个,占总数的8.92%;西南地区有205个,占总数的5.88%;西北地区有43个,占总数的1.24%。

表4-3 中国传统村落前五批位于革命老区内的各地区数量及排名情况

地区	第一批/个	第二批/个	第三批/个	第四批/个	第五批/个	总数/个	排名	分区数量及占比
北京	9	4	3	5	1	22	17	华北地区 691个/19.83%
天津	1	—	—	—	—	1	26	
河北	25	7	18	87	59	196	6	

续表

地区	第一批/个	第二批/个	第三批/个	第四批/个	第五批/个	总数/个	排名	分区数量及占比
山西	41	15	47	131	216	450	2	华北地区 691个/19.83%
内蒙古	2	2	8	8	2	22	17	
辽宁	—	—	2	—	1	3	23	东北地区 15个/0.43%
吉林	—	2	4	3	2	11	20	
黑龙江	—	—	—	—	1	1	26	
上海	2	—	—	—	—	2	24	华东地区 1760个/50.50%
江苏	—	4	2	—	5	11	20	
浙江	40	45	82	217	216	600	1	
安徽	18	38	34	42	207	339	4	
福建	39	23	43	92	231	428	3	
江西	23	43	33	45	134	278	5	
山东	5	6	20	29	42	102	12	
河南	13	35	35	21	61	165	8	华中地区 460个/13.20%
湖北	26	15	45	25	85	196	6	
湖南	13	17	5	64	—	99	13	
广东	32	43	32	24	—	131	10	华南地区 311个/8.92%
广西	35	27	20	67	—	149	9	
海南	3	—	11	17	—	31	16	
重庆	2	1	5	2	—	10	22	西南地区 205个/5.88%
四川	16	30	9	64	—	119	11	
贵州	4	9	19	30	—	62	14	
云南	1	3	6	4	—	14	19	
西藏	—	—	—	—	—	0	—	
陕西	3	4	12	21	—	40	15	西北地区 43个/1.24%
甘肃	—	—	—	1	—	1	26	
青海	—	—	—	—	—	0	—	
宁夏	2	—	—	—	—	2	24	
新疆	—	—	—	—	—	0	—	
共计	355	373	495	999	1263	3485	—	—

四、罗霄山区中国传统村落空间分布特征

罗霄山区是中国传统村落保护利用的典型集聚区,本章以《罗霄山片区区域发展与扶贫攻坚规划(2011—2020年)》的行政区划为准,把罗霄山区内2省24个县(市、区)作为研究区域,借助ArcGIS空间分析法和数据处理法,分析总结罗霄山区中国传统村落的空间分布特征及其影响因素,以挖掘湘赣两省红色精神内涵,发扬红色传统,促进老区振兴,保护和开发传统村落。

(一)罗霄山区传统村落概况

罗霄山区跨江西、湖南两省,是著名的革命老区,跨湘赣两省24个县(市、区),是罗霄山脉中南段、南岭和武夷山的交界区域。从自然环境上看,罗霄山区区域内以山地、丘陵为主要地貌。气候类型为亚热带湿润季风气候,无霜期长,降水丰富,年均降水量1414~1866毫米。罗霄山区是长江支流赣江和珠江支流东江的发源地,不仅作为水源补给区给湘江供水,还是我国南方重要的水源涵养区和生态屏障,森林覆盖率高,植物种类与矿产资源丰富[①]。

从交通区位上看,罗霄山区连接环长株潭城市群、海峡西岸经济区和鄱阳湖生态经济区,还邻近粤港澳及长江三角洲地区,直接面向广东、福建等东南沿海地区旅游客源市场。京广、昌赣高铁,以及大广、济广、厦蓉、泉南等20多条高速公路构成主要对外快速通道,井冈山机场、赣州黄金机场2个民航机场使区域嵌入全国航空网络,可进入性较强。

从人文历史上看,罗霄山区的历史文明久远悠长,拥有炎帝文化、中草药文化、中华茶文化等中华文明源头文化。各地域历经朝代更迭,人文历史积淀深厚,孕育了客家文化、花炮文化、陶瓷文化、理学文化等多元文化和丰富的非物质文化遗产。作为著名的革命老区,罗霄山区创造了光辉灿烂的红色文化,是全国特色鲜明、历史意义重大的红色文化共同体,但受历史、地理因素影响,罗霄山区经济发展不均衡,赣州市区及邻近区域经济发展水平相对较高,其余大部分县(市)发展水平相对落后。

本研究以罗霄山区内2省24个县(市、区)作为研究区域,以区域内被录入为中国传统村落的84个传统村落为研究对象(见表4-4),对罗霄山区中国传统村落的空间分布特征和影响因素进行研究,从空间层面探讨罗霄山区中国传统村落的

[①] 孙雪峰.基于GIS的罗霄山红色旅游资源调查与评价研究[J].当代旅游,2021,19(36):37-39.

旅游发展,为其区域内传统村落的保护和开发提供理论研究。其中,被列入第一批中国传统村落名录中的有5个,第二批13个,第三批7个,第四批14个,第五批45个(见表4-5)。

表4-4 罗霄山区中国传统村落名录

地级市	县(市、区)	数量/个	中国传统村落名单
萍乡市	莲花县	1	路口镇湖塘村
赣州市	赣县区	5	白鹭乡白鹭村、大埠乡大坑村、湖江乡夏府村、南塘镇大都村、南塘镇清溪村
	上犹县	2	安和乡陶朱村、双溪乡大石门村
	安远县	2	长沙乡筼筜村、镇岗乡老围村
	宁都县	3	大沽乡旸霁村、黄陂镇杨侬村、田埠乡东龙村
	于都县	7	车溪乡坝脑村、段屋乡寒信村、葛坳乡澄江村、岭背镇禾溪埠村石溪圳自然村、岭背镇谢屋村、马安乡上宝村、银坑镇平安村
	兴国县	5	城岗乡白石村、枫边乡山阳寨村、梅窖镇三僚村、社富乡东韶村、兴莲乡官田村
	会昌县	1	筠门岭镇羊角村
	寻乌县	2	澄江镇周田村、项山乡桥头村
	石城县	3	琴江镇大畲村、琴江镇沙塅河背自然村、小松镇丹溪村
	瑞金市	6	冈面乡上田村、九堡镇密溪村、瑞林镇下坝村、武阳镇粟田村黄田村、武阳镇武阳村、叶坪乡洋溪村
	南康区	2	唐江镇卢屋村、唐江镇幸屋村
	章贡区	0	
吉安市	遂川县	1	堆子前镇鄢溪村
	万安县	1	百嘉镇下源村
	永新县	1	石桥镇樟枧村
	井冈山市	4	鹅岭乡塘南村、茅坪乡茅坪村、拿山乡长路村长塘组、厦坪镇菖蒲古村
抚州市	乐安县	9	谷岗乡汤山村、湖坪乡湖坪村、罗陂乡罗陂村古村村、罗陂乡水溪村、罗陂乡右源村峡源村、南村乡炉桐村稠溪村、牛田镇流坑村、牛田镇水南村、万崇镇丰林村万坊村
株洲市	茶陵县	1	桃坑乡双元村
	炎陵县	1	鹿原镇西草坪村

续表

地级市	县(市、区)	数量/个	中国传统村落名单
郴州市	宜章县	9	白沙圩乡腊元村、迎春镇碛石村、长村乡千家岸村、杨梅山镇月梅村、黄沙镇沙坪村、天塘镇水尾村、天塘镇林家排村、莽山瑶族乡黄家塝村、关溪乡双溪村
郴州市	汝城县	17	马桥镇外沙村、土桥镇金山村、卢阳镇东溪村、卢阳镇津江村、文明镇沙洲村、马桥镇石泉村、永丰乡先锋村、土桥镇土桥村、土桥镇永安村、土桥镇永丰村、泉水镇星村村、暖水镇北水村、卢阳镇云善村、马桥镇高村村、井坡镇大村村、文明瑶族乡文市村、文明瑶族乡韩田村
郴州市	桂东县	1	沙田镇龙头村
郴州市	安仁县	0	
	总计	84	

表4-5 罗霄山区中国传统村落名录批次分布

批次	数量/个	中国传统村落名单
第一批	5	白鹭乡白鹭村、镇岗乡老围村、鹅岭乡塘南村、湖坪乡湖坪村、牛田镇流坑村
第二批	13	路口镇湖塘村、湖江乡夏府村、田埠乡东龙村、段屋乡寒信村、梅窖镇三僚村、兴莲乡官田村、九堡镇密溪村、堆子前镇鄢溪村、百嘉镇下源村、茅坪乡茅坪村、拿山乡长路村长塘组、厦坪镇菖蒲古村、马桥镇外沙村
第三批	7	大埠乡大坑村、葛坳乡澄江村、岭背镇谢屋村、马安乡上宝村、筠门岭镇羊角村、叶坪乡洋溪村、白沙圩乡腊元村
第四批	14	黄陂镇杨依村、岭背镇禾溪埠村石溪圳自然村、银坑镇平安村、枫边乡山阳寨村、琴江镇沙塅河背自然村、小松镇丹溪村、迎春镇碛石村、长村乡千家岸村、土桥镇金山村、卢阳镇东溪村、卢阳镇津江村、文明镇沙洲村、马桥镇石泉村、永丰乡先锋村
第五批	45	南塘镇大都村、南塘镇清溪村、安和乡陶朱村、双溪乡大石门村、长沙乡赀笃村、大沽乡旸霁村、车溪乡坝脑村、城岗乡白石村、社富乡东韶村、澄江镇周田村、项山乡桥头村、琴江镇大畲村、冈面乡上田村、瑞林镇下坝村、武阳镇粟田村黄田村、武阳镇武阳村、唐江镇卢屋村、唐江镇幸屋村、石桥镇樟枧村、谷岗乡汤山村、罗陂乡罗陂村古村村、罗陂乡水溪村、罗陂乡右源村峡源村、南村乡炉桐村稠溪村、牛田镇水南村、万崇镇丰林村万坊村、桃坑乡双元村、鹿原镇西草坪村、杨梅山镇月梅村、黄沙镇沙坪村、天塘镇水尾村、天塘镇林家排村、莽山瑶族乡黄家塝村、关溪乡双溪村、土桥镇土桥村、土桥镇永安村、土桥镇永丰村、泉水镇星村村、暖水镇北水村、卢阳镇云善村、马桥镇高村村、井坡镇大村村、文明瑶族乡文市村、文明瑶族乡韩田村、沙田镇龙头村

(二)数据来源与研究方法

1. 数据来源

本章所研究的对象——罗霄山区,共有84个中国传统村落,传统村落数据来源于住房和城乡建设部等部委联合公布的五批中国传统村落名录,村落坐标点通过谷歌地图和百度地图所获取,并将其导入ArcGIS 10.6软件工具中,分析罗霄山区中国传统村落的地理区位分布、区域核密度分布,以及海拔、坡度等地形,创建罗霄山区中国传统村落的空间属性数据库。本章所涉及的罗霄山区市域人均GDP、常住人口数、人口密度数等来自《江西省统计年鉴(2020)》和《湖南省统计年鉴(2020)》。

2. 研究方法

借助最近邻指数法、地理集中指数法和核密度估算法,运用ArcGIS空间分析技术,研究建立罗霄山区中国传统村落空间属性数据库,探索其在空间分布中的属性,从而得到数据支撑。

1)最邻近指数法

假设罗霄山区中国传统村落为不同的点,一个村落点抽象为空间上一个点,根据空间点状分布类型,罗霄山区中国传统村落可以分为随机、集聚和离散三种空间分布模式。采用最邻近指数法对罗霄山区中国传统村落空间分布进行识别,其结果表征罗霄山区中国传统村落在空间分布中的相互邻近程度。计算公式为:

$$R = r/r_i \tag{3-1}$$

式中:r为平均观测距离;r_i为预期平均距离;R为最邻近指数。当$R=1$时,罗霄山区中国传统村落的空间分布模式为随机分布;当$R<1$时,为集聚分布;当$R>1$时,为离散分布。

2)地理集中指数法

集中指数多应用于地理学、经济学和产业集聚等方面,是用来说明研究对象的集中情况和衡量研究对象集中程度的重要指标。借助地理集中指数来反映罗霄山区中国传统村落在空间分布上的集中程度,其计算公式为:

$$G = 100 \times \sqrt{\sum_{i=1}^{n}\left(\frac{X_i}{T}\right)^2} \tag{3-2}$$

式中:G为罗霄山区中国传统村落空间分布的地理集中指数;X_i为罗霄山区第i个市域内中国传统村落的数量;T为罗霄山区内中国传统村落总数;n为市域总数。G的取值在0~100,G值越大,说明罗霄山区中国传统村落分布越集中;G值越小,则村落分布越分散。

3)核密度分析

利用核密度分析计算罗霄山区中国传统村落在其周围邻域中的密度,以获得其空间密度分布特征。计算公式为:

$$f(x)=\frac{1}{nh}\sum_{i=1}^{n}K\left(\frac{x-X_i}{h}\right) \tag{3-3}$$

式中:K 为核密度函数;x 为罗霄山区中国传统村落的位置;X_i 为落在以 x 为圆心的罗霄山区中国传统村落村落点;h 为设定的带宽($h>0$);n 为阈值范围的点数。

(三)罗霄山区中国传统村落空间分布特征

1. 空间分布类型

根据假设,将罗霄山区内中国传统村落抽象为空间上的一个个点,点状分布在空间上有随机、集聚和离散三种模式。使用最邻近指数法对罗霄山区中国传统村落进行分析,运用 ArcGIS 10.6 进行公式运算,得出罗霄山区中国传统村落为集聚型分布。进而使用收集整理好的罗霄山区中国传统村落的空间属性数据库,对罗霄山区中国传统村落名录数据进行空间分布现状的数据处理,可以了解罗霄山区中国传统村落区域分布状况。

2. 空间分布均衡性

罗霄山区内各市域之间的地形环境、社会经济和人文因素等存在较大差异,本研究采用地理集中指数法来计算衡量中国传统村落在罗霄山区市域中的空间集中程度。

根据表4-6可知,罗霄山区中国传统村落总数 $T=84$,市域总数 $n=6$,计算得出罗霄山区中国传统村落的地理集中指数为 $G=57.19$。假设84个传统村落在罗霄山区6个市域内均衡分布,则每个市域的中国传统村落数量为14个,此时的地理集中指数 $G_0=14.00$。$G>G_0$,表明从市域的尺度来看,传统村落趋于集中分布。

表4-6 罗霄山区各市域中国传统村落数量统计

市域	数量/个	所占百分比/(%)	累计百分比/(%)
萍乡市	1	1.19	1.19
赣州市	38	45.24	46.43
吉安市	7	8.33	54.76
抚州市	9	10.71	65.47
株洲市	2	2.38	67.85

续表

市域	数量/个	所占百分比/(%)	累计百分比/(%)
郴州市	27	32.15	100

3. 区域分布密度

传统村落的形成分布概率和核密度指数高度相关,用核密度指数(空间密度分析法)来表示村落点位在整个区域内的分布情况。根据核密度计算公式,在 ArcGIS 10.6 软件中利用所收集整理出的村落点数据库,对罗霄山区 84 个中国传统村落的集聚程度进行分析,由此可以看出罗霄山区中国传统村落空间的分布核密度情况。核密度指数越高代表着传统村落分布越密集,罗霄山区中国传统村落在区域范围内形成了两个明显的集聚区,分别为郴州市汝城县和赣州市,呈现出由集聚中心向边缘扩散的分布格局。这两处高密度区分别对应着国家园林县城和红色革命文化区,绿色的自然环境和地域的客家文化底蕴使得罗霄山区区域内形成了丰富的特色传统村落资源,而汝城和赣州这两个具有较多数量传统村落的地区,地形以山地为主,四面环山,交通便利性不够强,致使村落经济也得不到很好的发展。也正是因为较为落后的地理和社会因素,这些村落与外界分隔开,罗霄山区中国传统村落的空间发展才能得到了较好的遗存和保护。除此之外,区域内中国传统村落的次级密度区还有郴州市宜章县、抚州市乐安县等地。

4. 空间分布影响因素

在分析完罗霄山区中国传统村落的空间分布特征基础上,我们得到了罗霄山区中国传统村落在空间上呈现"整体分散,局部聚集"的分布特征结论,并能够看出其在区域内形成了两个明显的集聚区。通过阅读大量的传统村落空间分布和影响因素文献,总结出传统村落空间分布受海拔、坡度、河流、气候、交通、文化和经济等因素综合影响,本章在已有研究成果的基础上,遵循数据可获取性和区域独特性等原则,仅就地形因素、社会经济和历史因素这 3 个方面与传统村落空间分布之间的关系进行分析。

1)地形因素

海拔高程影响传统村落的形成分布,不同的海拔会带来不一样的气候环境(包括降水量),而不同的海拔高程也代表着区域内不同的地形地貌,对其交通状况也有影响。海拔越高的区域,气候环境越恶劣,对村落的可进入性和交通建设的难易程度都有负向影响。根据罗霄山区中国传统村落点海拔数据分布情况,罗霄山区中国传统村落主要分布在低海拔地区,并且集中分布在以汝城为中心的汝城中部盆地和赣州丘陵两大区域。

坡度是地表单元陡缓的程度,即地表上某一点在水平方向上与其垂直方向上的夹角度数。区域坡度的大小影响着村落的选址,坡度越小,代表区域地形越平坦;坡度越大,地形越崎岖,越不适合人群居住。利用ArcGIS 10.6空间分析工具的表面分析中的坡度分析功能对罗霄山区中国传统村落进行坡度分析,将ArcGIS 10.6中的坡度提取结果按0~5°、6°~10°、11°~15°、16°~20°、>25°等五个类型进行分类,将坡度分析结果与罗霄山区中国传统村落区域分布进行整合,可以得出传统村落较多分布在低坡度范围内。

传统村落的选址和分布与河流密切相关。水不仅是人们生产生活的必需物,还是过去人们用来运输货物的重要载体。所以在过去的农耕时代,人们通过连接不同区域的河流脉系进行生产货物的流通和村落人文交往,村落选址的确定也以河流水系为重要判断因素。利用ArcGIS 10.6将罗霄山区主要河流与罗霄山区中国传统村落分布进行整合叠加,分析区域内传统村落分布与河流之间的联系,可以得出罗霄山区内中国传统村落对河流有较强的依附关系。

2)社会经济

区域经济的发展与传统村落的保护和延续有重要相互关系。本章从江西省和湖南省统计年鉴获取2020年各地市地区生产总值和常住人口数据,得出罗霄山区内各地市人均GDP(见表4-7)。从表4-7可以看出,经济相较更发达的地区(同省内),传统村落数量较少。目前罗霄山区保存完好的传统村落大多分布在赣州市和郴州市,这两个市的人均GDP水平在罗霄山区内同省城市中排名靠后,但这两个市域内传统村落的数量总和多达区域总数的77.39%。分析得知,罗霄山区中国传统村落在社会经济的影响下,空间上主要分布在经济相对较落后地区,其村落分布与地区经济发展水平存在一定的负向相关性。在经济发展较好的地区,由于受到较为强烈的现代城镇化冲击,大多村落建筑被破坏、推翻,再加上劳动人口的外流,传统村落的保护和发展都成了一大难题;而经济发展相对落后的地区,村落居民大多延续传统的农耕生产方式生活,村落内政策、交通和通信同步较慢,所受到的现代文化冲击相对而言也大大减少,即传统村落的分布从另一个角度来说也得到了较好的存留。

表4-7 罗霄山区各市经济、人口和传统村落分布概况

市域	人均GDP/元	常住人口/万人	人口密度/(人/平方千米)	村落数量/个
萍乡市	49637	194.13	507	1
赣州市	41860	870.80	221	38
吉安市	43729	495.97	196	7

续表

市域	人均GDP/元	常住人口/万人	人口密度/(人/平方千米)	村落数量/个
抚州市	38729	406.03	216	9
株洲市	77243	402.85	1348	2
郴州市	52758	475.46	1154	27

资料来源:数据来源于《江西省统计年鉴2020》和《湖南省统计年鉴2020》,并由作者进行整理。

3)历史因素

罗霄山区红色旅游资源单体数量共950个,由革命文物、红色文化遗存、红色文化展示场馆及纪念设施、相关重要自然及历史文化资源四方面构成。在类型上涵盖了8个主类、16个亚类,类型比较齐全,总体上呈现出自然与人文旅游资源相得益彰、"红、绿、古"资源相映生辉的特色,"红色研学+自驾游+康养旅游"项目开发潜力较大。高等级旅游资源占比较高,其中国家级文物保护单位129个,占比13.6%,省级文物保护单位239个,占比25.2%。红色旅游资源单体主要分布在赣州市、吉安市、郴州市三地,其中赣州市共323个,占比34.0%;吉安市173个,占比18.2%;郴州市129个,占比13.6%。红色旅游资源形成了以沿罗霄山脉带状伸展与局部聚集的结构,即形成了吉安市井冈山市和永新县核心聚集区与宜春市铜鼓县、萍乡市安源区、郴州市汝城县、赣州市瑞金市四大次级集聚区,便于推动区域性红色旅游资源整合和集中连片保护利用。除此之外,罗霄山区有着炎帝文化、花炮文化、客家文化、农耕文化、茶文化、红瓷文化、理学文化、非遗文化、红色文化、庐陵文化、中草药文化等多元丰富的文化遗存。

五、革命老区传统村落乡村振兴的主要模式

在乡村振兴战略背景下,各地革命老区坚持"以振兴促保护"的传统村落产业发展理念,依托村落的内生资源禀赋,着力探索资源要素变资产要素的路径,形成了回归农业产业、形成特色产业、依托旅游产业三种主要模式及其典型案例。

(一)回归农业产业

农业生产是乡村的基本职能,依托乡村自身的自然环境和资源,大力发展包括农业种植、林业、畜牧业、副业、水产养殖业等为主的传统产业。在乡村产业发展引导过程中,要有效利用现有的传统产业基础,转变农业生产方式、扩大农业种

植规模、创新农业组织方式,进一步夯实乡村的传统农业基础①。

经典案例:江西省赣州市于都县梓山镇潭头村乡村振兴的经验做法
——依托富硒蔬菜产业,成就脱贫致富典范

潭头村位于江西省赣州市于都县梓山镇,距于都县城10千米,北靠绵江河,323国道穿村而过,离宁安高速于都东出口2千米。全村共有18个村民小组,754户,2899人,总面积2.35平方千米,其中耕地面积1600亩,林地面积188亩,系"十三五"贫困村。村民们因地制宜,将蔬菜、旅游产业发展成为增收致富"新引擎",依托富硒蔬菜产业发展"龙头企业+合作社+农户"模式,潭头村有353户贫困户通过土地流转、入股分红、务工收入等方式实现了长期稳定增收。2020年潭头村成功入选中国扶贫交流示范基地和省级文明示范基地。

如何改变俗语中的落后面貌,让村民过上好日子?潭头村"两委"多次商议,大家一致认为,发展产业才是脱贫、增收、致富的硬道理。可在这个村庄,发展什么产业?能发展到什么程度?潭头村党总支书记刘连云带着大家分析村子的优势:离县城仅有10千米,开车只需要不到15分钟;土地平整,且集中连片,易于开发;土壤富含硒元素,平均含量为0.45毫克/千克,6000余亩富硒地为发展特色农产品种植提供了有力支撑。2017年,潭头村成立了专业种养合作社,发展蔬菜产业,又新增加了脐橙、油茶、大豆等。截至2022年,潭头村已拿到6个富硒产品认证,还注册了"潭头富硒大米"品牌,产业发展品质显著提升;还推出"330丝瓜"、潭头富硒大米、富硒马蹄、富硒葡萄等优质富硒产品②。

为把蔬菜产业做大、做强,潭头村先后引进赣州市金瑞盛生态农业发展有限公司和江苏启东、山东寿光的一批龙头企业,打造富硒蔬菜产业园,种植设施蔬菜1000余亩。通过"龙头企业+合作社+农户"的模式,村民通过土地流转得租金、劳务用工得薪金。一些头脑活、有技术的村民干脆反租大棚创业,每亩年收入4万元以上。村民收入从脱贫以前的人均不足3000元/年,增长到了现在人均1.7万元/年。离潭头村不远的冷链物流园,充分发挥收储、冷藏蔬菜大棚里采摘下来的茄子、辣椒、苦瓜、丝瓜、豆角等富硒蔬菜的功能,以备转运销售。新鲜农产品不易保

---

①如何构建乡村产业规划体系? 见https://www.sohu.com/a/315416671_219531。
②赵晓明.江西省于都县梓山镇潭头村 幸福生活是这样奋斗出来的[N].中国社会报,2022-02-18(003).

存,县里就把冷链基地直接建到田间地头,并引进中化农业、中粮等大型国企,从技术到销售到物流运输,为富硒产业提供一条龙服务。村里还借助电商直播销售富硒产品,广受欢迎。如今,潭头村生产的富硒蔬菜不仅销往江西本地、湖南、上海、浙江等地,还打开了国际市场,坐上中欧班列销往国外。

(二)形成特色产业

乡村特色产业一般属于乡村的主导产业,是实施"一村一品"、推进乡村经济发展的关键内容。针对乡村产业基础、发展条件、人力资源和就业水平等因素,整合乡村各类资源,从区域城乡统筹和乡村错位分工角度,明确乡村特色产业。在特色产业发展引导中,通过专业化生产、前后向延伸、规模化建设等措施,挖掘特色产业经济。

经典案例:湖南省湘西土家族苗族自治州花垣县双龙镇十八洞村乡村振兴的经验做法
——依托五大特色产业,打造乡村振兴示范

十八洞村位于湖南省湘西土家族苗族自治州花垣县双龙镇,是中国传统村落,位于双龙镇西南部,东与双龙村接壤,南与张刀村相接,西与排达坝村相邻,北与马鞍村相连。全村辖4个自然寨,6个村民小组,村域面积13.8平方千米。2013年,十八洞村人均纯收入仅1668元,全村225户939人中,有贫困户136户542人。2013年11月3日,习近平总书记来到十八洞村考察,在这里首次提出"精准扶贫"的重要思想。近年来,十八洞村因地制宜发展扶贫产业,成效显著。近十年过去了,十八洞村彻底变了样,基础设施、文化教育、产业发展、村容村貌、村民收入都发生了巨变,全村年人均纯收入超1.2万元,穷帽子早摘了。

自2013年以来,在各级党委和政府的关怀下,十八洞村村民充分激发内生动力,以产业发展为核心,积极培育"造血力",在脱贫攻坚过程中,创造了飞地经济、"四跟四走"、产业准入负面清单等产业扶贫的经验和模式。十八洞村把发展产业作为脱贫致富的关键,因地制宜发展扶贫产业,其主要发展了特色种植业、特色养殖业、劳务经济、苗绣手工艺、旅游服务业五大特色产业,产业发展兼顾"短中长",产品远销港澳地区。十八洞村在精准扶贫工作中,紧紧围绕五大主导产业因地制宜,合理布局,依托农民专业合作社,扎实推进产业开发式扶贫,取得了良好的效果[①]。

十八洞村采取"公司+合作社+农户"经营模式,增强了合作社与贫困户的利益联结机制。在村"两委"的带领下,采取"公司+农户+基地"模式经营,村里办起了养猪、养羊、养牛、猕猴桃、辣木树、油茶等种养类专业合作社。同时,发展一种产业,培育一家专业合作社,带动一片农户。例如,以"公司+合作社+农户"经营模式,组织留守妇女成立了苗绣合作社。按照"跳出十八洞,发展十八洞"的思路联手打造合作社基地,即由本村金梅猕猴桃开发专业合作社同花垣县苗汉子野生蔬菜开发专业合作社进行合作,在花垣县农业科技示范园流转了970亩土地,建设十八洞村猕猴桃辐射基地,用于发展猕猴桃产业。通过利益分红的形式,大大增加了农户的收入。2020年,十八洞村全村人均收入达到了18369元,村集体经济收入达到200万元。十八洞村特色产业扶贫模式为我国当前实施的乡村振兴战略提供了脱贫致富的典型范例。

(三)依托旅游产业

依托传统村落的人文历史、风俗民情、产业亮点,整合生态休闲、旅游观光资源,充分挖掘乡村文化价值、教育价值、历史价值,加快转变方式,打破休闲农庄、农家乐等传统乡村旅游套路,融合当地农业特色[②],丰富乡村旅游内涵,使农业景观成为旅游资源,兼顾旅游业和农业的功能拓展,让旅游发展带动农业发展。

经典案例:安徽省六安市金寨县花石乡大湾村乡村振兴的经验做法
　　　　——依托乡村旅游产业,成为脱贫攻坚楷模

大湾村位于安徽省金寨县花石乡,地处大别山腹地,总面积25.6平方千米,有37个居民组1032户3778人,2014年全村贫困发生率达29.12%,是金寨县重点贫困村之一。但是,大湾村又有着丰厚的旅游资源:山清水秀、景色迷人、得天独厚的绿色资源;独具特色的明清时期的

[①] 向丽,郑流云.十八洞村精准扶贫实践及经验研究[J].学理论,2018(11):27-29.
[②] 李宁.基于地域文化特性的生态农业景观旅游开发研究[J].农村经济与科技,2022,33(05):87-90.

古建筑[①]；大别山"28年红旗不倒"的红色风云传奇；为修建梅山、响洪甸两大水库而牺牲奉献的感人事迹；新时代精准扶贫路上的动人故事。这些丰富的资源，使大湾村发展旅游业大有可为。2016年4月24日，习近平总书记到大湾村视察，指出要全力做好脱贫攻坚工作，并与乡村干部共商脱贫之计。经过干群几年的同心奋进，2018年大湾村实现了高质量脱贫。2020年8月26日，大湾村入选第二批全国乡村旅游重点村名单，同年9月9日，被农业农村部办公厅公布为2020年中国美丽休闲乡村。2021年2月25日，大湾村被授予"全国脱贫攻坚楷模"荣誉称号。

2017年，村里成立旅游开发公司，把集体产权房屋改造成民宿，聘请外出人员刘辉洪回乡作为"管家"负责日常运营，为村集体年均增收10万元，也为发动群众发展民宿做了示范。"细雨农家""新云小院""情宿大湾"，这些都是大湾群众自行开办的民宿，且各有特色。同时，积极引导企业加入旅游开发，例如引进鸿源集团投资建设26栋精品民宿群，提升大湾村旅游的游客接待能力；引进社会资本投资开发大湾十里漂流，丰富旅游业态，辐射带动了沿线餐饮、住宿等服务业发展；引进市级龙头企业安徽蝠牌生态茶业股份有限公司，依托天马国家级自然保护区的秀美景观，融入茶文化元素，打造"基地＋休闲"型景点，推进茶产业与乡村旅游、文化、康养等产业深度融合，同时实现了茶农增收，带动茶农茶厂就业。通过丰富乡村旅游业态和产品，发展富有乡村特色的民宿和养生养老基地，打造乡村旅游精品线路，带动全村观光休闲、旅游、文化、康养收入实现新的突破。

随着乡村旅游业的逐渐兴起和县旅游的大力对外推介，城里人到乡下休闲度假渐成时尚，在政府的支持下，一些农户就根据自己条件，开发出了以农家乐为主的乡村休闲旅游产品。另外，民宿店主们通过线上线下相结合的模式，带动农户销售茶叶、黑毛猪肉、土鸡蛋等农副产品，实现销售新突破。大湾村的干部群众牢记习近平总书记的殷殷嘱托，积极用好扶贫政策，依靠发展"山上种茶、家中迎客、红绿结合"特色产业[②]，探索出一条具有大别山革命老区特色的旅游脱贫致富之路。

---

①代大梅,熊杨燕.乡村振兴战略背景下促进乡村旅游业发展的思考——以金寨县大湾村为例[J].山西农经,2021(22):93-95.

②杨琳.安徽六安：文旅融合激发乡村振兴新动能[J].中国经济周刊,2021(18):94-96.

通过以上典型案例可以看出,传统村落要依托优势资源培植特色产业,推进差异化发展,提升传统村落"造血"功能,产业发展才是传统村落振兴的持续动力。

总之,传统村落要实现振兴发展,就要充分激活传统村落内在的生存机制和活力,借助传统村落所具有的自然资源、乡土农业、村落民居、习俗文化等资源优势,深入挖掘传统村落"好山、好水、好资源"优势,以独特的自然资源为铺垫、以村落文化为载体、以乡村旅游为传媒,培育形成生产、生活、生态和文化良性互动的传统村落产业发展态势,努力构建传统村落自我生存、自我盈利、自我发展能力,才能让村庄依托自身自然条件、社会条件持续生存下去,从而实现健康、可持续发展。

六、革命老区传统村落乡村振兴的主要困境

自2012年以来,国务院先后批准了一批支持革命老区振兴发展的政策文件,部署实施了一批支持措施和重大项目,助力革命老区经济社会健康发展,脱贫攻坚战取得决定性成就[①]。但完成脱贫攻坚任务,并不意味着扶贫工作的结束,农村还可能出现返贫问题或新的贫困问题。2020年12月28日至29日在北京举行的中央农村工作会议上,习近平总书记强调,脱贫攻坚取得胜利后,要全面推进乡村振兴,这是"三农"工作重心的历史性转移。要坚决守住脱贫攻坚成果,做好巩固拓展脱贫攻坚成果同乡村振兴有效衔接,工作不留空档,政策不留空白。自2021年以来,《国务院关于新时代支持革命老区振兴发展的意见》《"十四五"支持革命老区巩固拓展脱贫攻坚成果衔接推进乡村振兴实施方案》等一系列助力革命老区乡村振兴的利好政策和规划方案陆续制定和公布实施,传统村落作为革命老区乡村振兴的重要主体,也必将迎来振兴发展。

革命老区传统村落大多数位于"老少边山穷特"地区,自然条件恶劣、经济发展迟滞、社会事业发展缓慢,农村基础设施建设落后,抵御自然灾害能力弱,产业基础薄弱且结构单一,农民增收渠道少。总之,革命老区传统村落在区位、交通、资源、人才、资金、劳动力等方面先天条件不足,自我造血功能低下,可能导致较高的返贫率。"十四五"时期,在顺利完成脱贫攻坚任务后,如何巩固拓展脱贫攻坚成果,助力革命老区振兴发展,是革命老区高质量发展面临的主要问题。全面实施乡村振兴战略的深度、广度、难度都不亚于脱贫攻坚,必须加强顶层设计,以更有

---

① 童章舜.革命老区振兴发展为什么如此重要[J].中国老区建设,2022(01):6-7.

力的举措、汇聚更强大的力量来推进[1]。对于革命老区传统村落来讲,虽然已经产生了三种乡村振兴的模式,但同时也应关注以下几个主要困境。

(一)人口大量外流导致的严重"空心化"困境

随着经济的日益发展和城镇化进程的加快,传统村落的大多数村民已经不愿意在老房子中继续居住,更愿意在城市购房,或在其他地区自行建房,村庄房屋或无人居住或居住其中的人无力维护,日益衰朽。由于青壮人口的流失和留守人口的老龄化、贫弱化,乡村文化失去了不断发展延续的活力和动力,呈现出"失血"的状态,这种现象进一步导致了传统村落的衰落[2]。随着时间的推移,乡村居民与村庄、原有文化的联系越来越微弱,最直接的表现就是房屋等建筑空置或废弃,原有的传统文化停滞。同时,村落的公共设施,如桥梁、河道、祠堂等也很少有人修缮,日益衰败。如果任由村落"空心化"发展下去,就会出现废墟化,村落原有的物质形态逐渐消弭,传统文化与村民之间的纽带完全断裂,村落曾经承载的文化生态系统严重失衡甚至消失。

在日益加剧的现代化进程中,传统村落几乎无一例外受到工业化、城镇化所带来的冲击,逐渐走向"空心化"。而要阻止"空心化"的趋势,就需要深入地挖掘包括物质与非物质文化遗产在内的村落传统文化的现代价值,找到其价值得以实现的可行途径,而这些途径的实现,无一例外地需要居民的积极参与,因为只有他们才是村落及其文化天然的继承者、传承者,也只有通过价值创造和价值变现,才能实现留住原住居民,甚至吸引外出居民回流,进而再现昔日繁盛。

(二)单一旅游产业导致的过度商业化困境

长期以来,传统村落因为大都具有物质形态和非物质文化遗产上的独特性,就具备了转化为商业资源的天然优势。在目前传统村落保护性开发中,很多地方把旅游化看作村落的唯一出路,把进入"传统村落名录"看作开发旅游的契机[3]。在谋求地方经济的繁荣时,旅游业就会成为地方政府振兴传统村落的首选产业。

在商业模式运作下,外来资本和开发企业都希望将传统村落的遗产迅速变现为资本和利润,而缺少全方位长期维护或培育的理念。该模式下,一方面,村落固有的独特的传统文化是缺位的,表现为区域景区化、生活表演化、文化元素符号化

---

[1] 黄志海,刘琼豪.习近平关于城乡融合发展重要论述的理论意涵与现实意蕴[J].经济与社会发展,2021,19(06):1-7.
[2] 王燕.民族传统村落保护的困境与突破[J].中国民族教育,2021(05):63-64.
[3] 冯骥才.中国传统村落何去何从[N].中国艺术报,2016,05(16).

等;另一方面,居民在原始村落开发中的角色是缺位的,结果导致传统村落的生活气息消失,村落成为本地文化空壳化的景区。更严重的情况是居民文化角色的错位,居民也会出于急功近利的商业目的,在商业化开发过程中,把自己由一个文化传承者变成了一个商人小贩,同开发商一样,追求尽快将文化遗产转化为文化资产。这种文化角色的错位,将使传统村落的商业化失去最为可贵的独特性。

值得关注的是传统村落除了具有旅游(经济)价值,还有历史、民俗、审美、文学等多重价值,保护传统村落不能以旅游(经济)价值为首位①。过度的商业化开发既会造成文化失真和碎片化,也会误导村民把村子看作赚钱工具,使传统村落因过度开发失去本真,陷入同质化、商业化的困境。

(三)开发保护矛盾导致的破坏性重建困境

随着传统村落开发的日益加大,开发与保护之间的对立、冲突也日益凸显。对传统村落的稀缺性认识尚为不足,村落空巢、房屋失修、自然侵蚀,以及新型城镇化、新农村、美丽乡村等过程中的大拆大建、无序新建和搬迁重建,旅游开发过程中的重开发、轻保护和保护性拆除,所有这些都使得传统村落受到了前所未有的冲击与破坏。

传统村落的开发的确对一些地方即将消失的文化遗产起了保护作用,如建筑等物质形态和歌舞、手工艺等非物质文化遗产,由于转化为旅游资源而重新被居民珍视,获得了居民的主动保护与传承。但是,传统村落的保护同样存在许多难点,有来自行政方面的困难与阻碍,也有技术上的难度。特别是一些传统村落由于长期缺乏保护,复原的难度很大,如何在修复的过程中保持原有的风貌又是一个技术上的难题。村落的"空心化"进一步导致村落的商业价值降低,没有居民的村落即使进行了修复也失去了原有的灵魂,从而加剧了政府破坏性重建的意愿,同时又加上长期缺乏维护,进行修复的难度又进一步提升。

传统村落的保护是一个长期而又缓慢的过程,需要各个方面形成合力,在资金、技术、行政方面进行长期的投入。但目前传统村落保护的过程中,不少地方政府更倾向于将传统村落进行重建,原有的古建筑进行开发的投入产出比很低,很多地区进行修复后不仅很难开发,每年还需要政府投入大笔的修护资金;另外,政府部门急功近利,建成的"千村一面"导致"建设性破坏"和"旅游性破坏",从而陷入了破坏性重建的困境。

---

① 金筱萍,陈珉希.乡村振兴视域下乡村文明的价值发现与重构[J].农村经济,2018(07):9-15.

第五章　恢复力视角下传统村落振兴发展评估[①][②]

作为传统村落高度集聚的古镇,是人与自然和谐依存的典范,是当今人们寻找民族文化根源和乡村生活记忆的依托。近年来,这类古镇渐渐成为中国现代旅游业中的热点旅游地,以丽江、周庄、乌镇、江湾等为代表的古镇旅游地是中国旅游产业快速发展的典型和缩影。然而,在旅游业快速发展的同时,这类古镇的保护和可持续发展问题受到人们的广泛关注,旅游业在促进古镇经济社会发展的同时,过度商业化和对生态环境的负面影响不可忽视。古镇的衰退甚至消亡与内外部因素的变化强度有直接关联,云南数个古镇因火灾事件而毁于一旦[③],婺源县的李坑事件则是因为长期缓慢积累的旅游利益分配导致的重大变化事件[④],更普遍的则是在旅游经济大潮下,主客之间的文化碰撞和冲突而导致的传统村落文化沦丧消亡[⑤][⑥]。无论是何种程度的变化速率,实际上都将古镇置于非常不利的处境。恢复力理论为我们提供了一种全新的解决思路,通过提早介入、及时进入等优先管治措施,可以有效地避免负面影响的扩张,甚至可能减缓负面效应的产生。

本章以江湾古镇为案例地,将恢复力引入古镇旅游地的保护与发展研究,用恢复力水平代表振兴发展水平,并根据古镇的特性选取关键变量,运用熵值法确定变量权重,构建古镇旅游地系统恢复力评价指标体系和评价模型,从而有效评

[①] 张玲.古镇旅游地恢复力评估研究[D].南昌:江西财经大学,2017.

[②] Hu H S, Qiao X Z, Yang Y, et al. Developing a resilience evaluation index for cultural heritage site: Case study of Jiangwan Town in China[J]. Asia Pacific Journal of Tourism Research, 2021, 26(1): 15-29.

[③] 魏英杰.古村落,自生自灭与过度开发都是破坏[N].广州日报,2015-1-27(F02).

[④] 郭华,甘巧林.乡村旅游社区居民社会排斥的多维度感知——江西婺源李坑村案例的质化研究[J].旅游学刊,2011,26(8):87-94.

[⑤] 邵瑞娟,陆林.旅游者侵扰研究进展及启示[J].资源开发与市场,2008,24(11):1034-1037.

[⑥] 张晓萍,刘德鹏.人类学视野中的旅游对目的地负面影响研究述评[J].青海民族研究,2010,21(1):14-19.

估古镇旅游地系统恢复力的等级,探索影响古镇恢复力的关键因子,提出提升恢复力的对策建议。

一、恢复力评价的系统构架

(一)恢复力概念内涵

Holling最早于1973年将"恢复力"概念引入生态学研究领域[1],Gallopin等学者将恢复力引入社会-生态系统研究[2],Gunderson和Holling将恢复力定义为系统经受外界环境干扰并可维持自身功能的能力[3]。沈苏彦将恢复力的概念引入生态旅游地的研究,认为生态旅游地是不可预测的、具有适应性循环能力的、多稳定的社会-生态系统[4][5]。目前,国内外关于旅游地恢复力的评估方法主要有概念性评估框架、定性评估、定量评估模型和评估替代物选取四种。在概念性评估框架中,Lew在综论Cote[6]、Walker[7]和Hopkins[8]等人对于旅游社区恢复力评估成果之后,给出了一个清晰而容易操作的SCR模型[9]。在定性评估方面,Strickland-Munro等根据恢复力联盟(Resilience Alliance)所提出的SES(社会-生态系统)概念性模型,

---

[1] Holling C S. Resilience and stability of ecological systems[J]. Annual Review of Ecology and Systematic,1973,4(1):1-23.

[2] Gallopin G C. Human dimensions of global change: Linking the global and the local processes [J]. International Social Science Journal,1991,43(4):707-718.

[3] Gunderson L H, Holling C S. Panarchy : Understanding transformations in human and natural systems [M]. Washington D C: Island Press,2002.

[4] 沈苏彦.生态旅游地恢复力研究[J].安徽农业科学,2010,38(34):19861-19862.

[5] 沈苏彦.国外弹性思维下旅游研究领域文献的可视化分析——基于CiteSpace的分析[J].旅游论坛,2013,6(2):84-87.

[6] Cote M, Nightingale A J. Resilience thinking meets social theory: Situating social change in socio-ecological systems(SES) research[J]. Progress in Human Geography,2012,36(4): 475-489.

[7] Walker B H, Carpenter S R, Rockstrom J, et al. Drivers, "slow" variables, "fast" variables, shocks, and resilience[J]. Ecology and Society,2012,17(3): 30.

[8] Hopkins D, Becken S. Socio-cultural resilience and tourism[M]// Lew A A, Halland C M, Williams A M. A Companion to Tourism. Oxford: Blackwell-Wiley,2014.

[9] Lew A A. Scale, change and resilience in community tourism planning[J]. Tourism Geographies,2014, 16(1): 14-22.

提出了用于旅游社区恢复力评价的四大步骤及其实施办法[1]。在定量评估模型方面，Petrosillo 等从环境维度、社会经济维度和综合维度视角，通过建立数学或经济模型定量测度和评估了旅游社会-生态系统的恢复力[2][3][4][5][6][7]；王群等通过盆地模型理论构建基于稳定性景观的恢复力评价体系，从脆弱性和应对能力两大层面，运用集对分析法测度千岛湖旅游地社会-生态系统恢复力[8]。评估替代物方法，是从生态系统服务价值评估中延伸扩展而来的思想及操作办法，Alejandro、Amy 等在当前恢复力评测中已经有初步尝试[9][10][11]。尽管有上述各种评测办法，Luthe 和 Wyss 仍然认为现在的旅游文献中缺乏恢复力评估，特别是以定量评估为基础的质性评价[12]。在此基础上，胡海胜和徐克帅基于 Citespace 软件，全面综述了旅游恢

---

[1] Strickland-Munro, J.K. Allison, H.E., Moore, S.A. Using resilience concepts to investigate the impacts of protected area tourism on communities[J]. Annals of Tourism Research, 2010, 37(2): 499-519.

[2] Petrosillo I, Zurlini G, Grato E, et al. Indicating fragility of socio-ecological tourism-based systems[J]. Ecological Indicators, 2006, 6(1): 104-113.

[3] Colin A, Robert I. Estimating environmental resiliency for the Grampians National Park, Victoria, Australia: A quantitative approach[J]. Tourism Management, 2002, 23(3): 295-309.

[4] Claudia T S, José A G, Berta M L, et al. Social-ecological factors influencing tourist satisfaction in three ecotourism lodges in the southeastern Peruvian Amazon[J]. Tourism Management, 2012, 33(3): 545-552.

[5] Timothy J T, Robert J J. Tourism sustainability, resiliency and dynamics: Towards a more comprehensive perspective[J]. Tourism and Hospitality Research, 2008, 8(1):14-24.

[6] Lacitignola D, Petrosillo I, Zurlini G. Time-dependent regimes of a tourism-based socio-ecological system: Period doubling route to chaos[J]. Ecological Complexity, 2010, 7(1): 44-54.

[7] Flaherty E. Assessing the distribution of social-ecological resilience and risk: Ireland as a case study of the uneven impact of famine[J]. Ecological Complexity, 2014, 19(9): 35-45.

[8] 王群，陆林，杨兴柱．千岛湖社会-生态系统恢复力测度与影响机理[J]．地理学报，2015, 70(5): 779-795.

[9] Alejandro J, Anna P, Irene L, et al. Reformulating the social-ecological system in a cultural rural mountain landscape in the Picos de Europa region (northern Spain)[J]. Landscape and Urban Planning, 2008, 88(1): 23-33.

[10] Alejandro J, Bárbara A W, María F S, et al. Changes in land uses and management in two nature reserves in Spain: Evaluating the social-ecological resilience of cultural landscapes[J]. Landscape and Urban Planning, 2010, 98(1): 26-35.

[11] Amy E F, Chris S R, Scott B M. Evaluating post—disaster ecosystem resilience using MODIS GPP data[J]. International Journal of Applied Earth Observation and Geoinformation, 2013, 21(3): 43-52.

[12] Luthe T, Wyss R. Assessing and planning resilience in tourism[J]. Tourism Management, 2014, 44(4): 161-163.

复力研究的进展,提出了旅游恢复力研究的新趋势[①]。

(二)恢复力评估的模型构建

在恢复力研究中,社会-生态系统恢复力的测度并没有形成普遍认同的评估模型。Zurlini等[②]提出在任意特定时空尺度上,社会-生态系统的脆弱性同时取决于系统的敏感性和自然、人类导致的压力,这种关系可以用一个简单的概念性模型来表示。

$$F = K + \alpha(U) \qquad (5\text{-}1)$$

式中:F 为系统脆弱性;K 为常数,代表 U 为零时系统的背景脆弱性(考虑到江湾镇处于一个相对封闭的受外部干扰较小的系统中,可以把公式中 K 忽略不计);U 代表外部压力;α 表示系统内的敏感因子。

由于恢复力与脆弱性的一体两面性,王俊[③]、张向龙[④]、陈娅玲[⑤]等在研究时将上述概念性模型调整为:

$$R = \frac{1}{\left(U \times \sum \alpha_j\right)} \qquad (5\text{-}2)$$

式中:R 为系统恢复力,其他参数含义则与公式(5-1)相同。

特定时空尺度上古镇旅游地社会-生态系统恢复力大小取决于社会文化亚系统、经济亚系统、生态亚系统等要素,其恢复力的大小可通过构建系统恢复力敏感因子体系加以表示。因此,根据古镇旅游地的特性,参考上述概念性模型和修正模型的思路,本章建立了基于指标权重值的恢复力评估模型:

$$R = \sum_{j=1}^{n} S_j \times W_j \qquad (5\text{-}3)$$

式中:$j=1,2,3,\cdots,n$;R 为系统恢复力;S_j 代表系统内部恢复力敏感因子特征值(为经过无量纲化处理的标准化数值);W_j 为该敏感因子所占权重。

---

① Hu H S, Xu K S. Visualizing the development of research on tourism resilience with mixed methods[J]. SAGE Open, 2022, 12(3).

② Zurlini G, Amadio V, Rossi O. A landscape approach to biodiversity and biological health planning: The map of Italian nature[J]. Ecohealth, 1999, 5(4): 294-311.

③ 王俊, 杨新军, 刘文兆. 半干旱区社会-生态系统干旱恢复力的定量化研究[J]. 地理科学进展, 2010, 29(11): 1385-1390.

④ 张向龙, 杨新军, 王俊, 等. 基于恢复力定量测度的社会-生态系统适应性循环研究——以榆中县北部山区为例[J]. 西北大学学报(自然科学版), 2013, 43(6): 952-956.

⑤ 陈娅玲, 杨新军. 西藏旅游社会-生态系统恢复力研究[J]. 西北大学学报(自然科学版), 2012, 42(5): 827-832.

(三)恢复力评估的等级界定

到目前为止,学术界对旅游地恢复力评价中的恢复力指数的评判标准和等级划分尚未出现。本章在总结前人关于脆弱性、生态恢复力等的评价等级划分研究[1][2][3][4][5][6]的基础上,结合古镇旅游地的实际情况,确定了如表5-1所示的等级标准。将恢复力指数从小到大分成五个等级,即极弱恢复力、弱恢复力、中等恢复力、强恢复力、极强恢复力。分值越高,表示古镇旅游地的恢复力越强。

表5-1 古镇旅游地恢复力评价等级分类

等级	恢复力指数	指标特征	分级含义
Ⅰ	[0,0.2]	极弱恢复力	主要指在扰沌已经发生的情况下,系统自我调节以降低损失的能力极弱,导致系统很难恢复到正常状态。表现为该地区的旅游资源价值逐渐降低,甚至失去旅游价值,产业结构失衡,环境污染极其严重,资源承载力小、抗干扰能力非常弱,极易受到外界因素的影响
Ⅱ	(0.2,0.4]	弱恢复力	主要指系统抵抗干扰、自我调节的能力较弱。表现为该地区产业结构失调,资源价值不高,资源承载力弱、抗干扰能力很差,环境受到较为严重的污染,外界各种不利因素都会对系统产生负面影响,且很难恢复
Ⅲ	(0.4,0.6]	中等恢复力	主要指系统抵抗干扰、自我调节的能力一般。表现为该地区产业结构轻微失调,资源受到一定程度的破坏,资源承载力一般、抗干扰能力较差,环境受到较为严重的污染,容易受外界各种因素的影响,恢复起来需要花费一定的时间

---

[1] 陈娅玲,杨新军.旅游社会-生态系统及其恢复力研究[J].干旱区资源与环境,2011,21(5):205-211.
[2] 林伟纯.民族地区旅游业恢复力综合评价研究——以甘南藏族自治州为例[D].兰州:兰州大学,2014.
[3] 肖继东,王智,师庆东,等.基于熵权法的土地覆被动态遥感监测与评价——以新疆伊犁地区和博州为例[J].中国沙漠,2011,31(5):1286-1292.
[4] 陈金华,郑虎.旅游型海岛资源环境脆弱性研究——以福建湄洲岛为例[J].资源与开发市场,2014,30(7):828-832.
[5] 高江波,赵志强,李双成.基于地理信息系统的青藏铁路穿越区生态系统恢复力评价[J].应用生态学报,2008,19(11):2473-2479.
[6] 陈娅玲.陕西秦岭地区旅游社会-生态系统脆弱性评价及适应性管理对策研究[D].西安:西北大学,2013.

续表

等级	恢复力指数	指标特征	分级含义
Ⅳ	(0.6,0.9]	强恢复力	主要指系统在面对扰沌时,抵抗干扰、自我调节的能力较强。表现为该地区产业结构较为合理,旅游资源价值较高,资源承载力强、抗干扰能力较强,环境受到轻微污染。不易受外界各种因素影响,除非极端气候或事件。一旦遭遇干扰,其恢复力较强,不至于造成重大的损失和影响
Ⅴ	(0.9,1.0]	极强恢复力	主要指系统抵抗干扰、自我调节的能力很强。表现为该地区产业结构合理,旅游资源价值高,资源承载力极强、抗干扰能力强,环境质量好,资源极其稳定,不受自然灾害和人为因素影响。系统受到干扰时,能在短时间内恢复

(四)恢复力评估指标体系构建

1. 恢复力评估指标池编制

旅游业是古镇社会-生态系统主要的外部干扰因素,直接影响到镇区生态系统生产力并间接影响经济系统的效益和社会系统的稳定性。因此,将旅游活动作为联结关键变量选择的主要依据,主要从社会文化、经济、生态三个层面来分析系统的变化特征。根据古镇旅游地的特点和恢复力的内涵及影响因素,结合恢复力和社会-生态系统相关知识体系和研究成果[1][2][3][4][5][6][7][8][9][10],初步选出用以评估古镇旅游地恢复力的影响因子,编制古镇旅游地恢复力评估指标池(见表5-2)。

---

[1] 郭永锐,张捷,张玉玲.旅游社区恢复力研究:源起、现状与展望[J].旅游学刊,2015,30(5):85-96.

[2] 刘婧,史培军,葛怡,等.灾害恢复力研究进展综述[J].地球科学进展,2006,21(2):211-218.

[3] 孙晶,王俊,杨新军.社会-生态系统恢复力研究综述[J].生态学报,2007,27(12):5371-5381.

[4] 郑菲,孙诚,李建平.从气候变化的新视角理解灾害风险、暴露度、脆弱性和恢复[J].气候变化研究进展,2012,8(2):79-83.

[5] 王琦妍.社会-生态系统概念性框架研究综述[J].中国人口·资源与环境,2011,21(3):440-443.

[6] 王群,陆林,杨兴柱.国外旅游地社会-生态系统恢复力研究进展与启示[J].自然资源学报,2014,29(5):894-908.

[7] 郭永锐,张捷,张玉玲.旅游社区恢复力研究:源起、现状与展望[J].旅游学刊,2015,30(5):85-96.

[8] 赵庆建,温作民.社会生态系统及其恢复力研究——基于复杂性理论的视角[J].南京林业大学学报(人文社会科学版).2013,(4):82-89.

[9] 梁增贤,解利剑.传统旅游城市经济系统脆弱性研究——以桂林市为例[J].旅游学刊,2011,26(5):40-46.

[10] 刘佳雪,沙润,周年兴.南京江心洲旅游景观健康评价[J].地理研究,2010,29(4):748-756.

表5-2　古镇旅游地恢复力评估指标池

系统层	亚系统(一级指标)	二级指标
社会-生态系统	社会文化亚系统	(1)当地居民恩格尔系数；(2)人口自然增长率；(3)人口密度；(4)外出务工人数占比；(5)旅游业从业人数；(6)第三产业就业人数占比；(7)人口素质(初中以上学历比例)；(8)培训次数；(9)资源冲突事件或意外事件；(10)刑事案件立案数；(11)旅游者密度；(12)景区密度；(13)典型特征古迹的数量；(14)拥有地方特色的传统节日数量；(15)现存历史建筑及环境占地面积；(16)现存历史建筑及环境占村镇总面积的比例；(17)非物质文化遗产传承人的数量与等级；(18)村镇价值特色和保护力度；(19)村镇基础设施建设；(20)村镇常住人口中原住居民比例；(21)常住人口中少数民族的比例
	经济亚系统	(1)农民人均纯收入；(2)人均GDP；(3)第三产业占GDP比重；(4)第三产业增加值占GDP增加值比重；(5)旅游收入增加值占GDP增加值比重；(6)旅游收入占GDP比重；(7)旅游投资额；(8)旅游从业者收入；(9)农业产值比重；(10)农户农业收入比；(11)人均旅游收入；(12)人均耕地面积；(13)农业劳动力数量；(14)社会固定资产投资额；(15)城镇化水平；(16)单位GDP能耗；(17)基尼指数；(18)旅游企业平均规模；(19)财政总收入；(20)生计多样性指数
	生态亚系统	(1)土地胁迫指数；(2)土地利用率；(3)生态用地占比；(4)植被覆盖率；(5)平均斑块面积；(6)斑块密度；(7)边缘密度；(8)生态环境质量指数；(9)生物多样性指数；(10)空气质量达标率；(11)水质达标率；(12)噪声污染程度；(13)污染负荷指数；(14)生态建设指数；(15)生活污水处理率；(16)生活垃圾无害化处理率；(17)节能环保支出；(18)降水量；(19)废水排放量；(20)耗电量

2.恢复力评估指标体系构建

在上述古镇旅游地恢复力评估指标池基础上，采用德尔菲法对评估指标进行筛选与确定。首先，选取了由旅游研究者、旅游从业经验丰富的业界专家以及江湾镇政府领导组成的13人专家小组，经过两轮问卷调查反馈，在表5-2指标池的基础上筛选出古镇旅游地恢复力评估的初步指标体系。其次，参照Bennett[①]社会-

---

[①] Bennett E M, Cumming G S, Peterson G D. A systems model approach to determining resilience surrogates for case Studies[J]. Ecosystems, 2005, 8(8): 945-957.

生态系统恢复力替代物模型,并将初步指标体系应用于案例地的数据预收集,对部分指标进行了更换优化。经过多轮次筛选,最终遴选出19个指标因子。其中,人口密度、外出务工人数占比、第三产业就业人数占比、旅游者密度、非物质文化遗产传承人的数量与等级、村镇价值特色和保护力度、刑事案件立案数等7个指标为社会文化亚系统的二级指标;人均GDP、农民人均纯收入、农业产值比重、旅游收入占GDP比重、人均耕地面积、社会固定资产投资额等6个指标为经济亚系统的二级指标;平均斑块面积、斑块密度、边缘密度、空气质量达标率、水质达标率、生活垃圾无害化处理率等6个指标为生态亚系统的二级指标。这些指标共同构建了古镇旅游地恢复力评估指标体系(见表5-3)。

表5-3 古镇旅游地恢复力评估指标体系

系统层	亚系统（一级指标）	二级指标	指标内涵及计算	指标方向
社会-生态系统	社会文化亚系统(A_1)	人口密度（A_{11}）	年末人口总数与区域面积之比,表示单位面积上承载的人口数。反映人口静态变化	负向
		外出务工人数占比（A_{12}）	外出务工人数与当地年末人口总数之比,反映地区本地就业水平。占比越低,说明本地区劳动力较为均衡	负向
		第三产业就业人数占比（A_{13}）	第三产业从业人员与当地年末人口总数之比,反映地区产业结构优化程度。占比越高,说明地区产业结构优化程度越高	正向
		旅游者密度（A_{14}）	区域某一时期旅游者数量与接待地人口数量之比,反映接待地旅游业现状水平下的旅游人口密度水平	适度
		非物质文化遗产传承人的数量与等级（A_{15}）	将古镇非物质文化遗产传承人情况进行量化,国家级非遗传承人3分/人,省级非遗传承人2分/人,市级非遗传承人1分/人,个人若获得两种及以上等级,则按照最高等级计算。得分越高,说明非物质文化遗产的保护和传承越好	正向

续表

系统层	亚系统（一级指标）	二级指标	指标内涵及计算	指标方向
社会-生态系统	社会文化亚系统(A_1)	村镇价值特色和保护力度(A_{16})	以中国传统村落、国家级历史文化名村、省级历史文化名村的数量和等级来衡量村镇价值特色和保护力度。国家级2分/个,省级1分/个,得分越高,说明价值越高、保护力度越大	正向
		刑事案件立案数(A_{17})	刑事案件立案数是社会治安的量化反映,立案数越低说明社会治安环境越好	负向
	经济亚系统(B_1)	人均GDP(B_{11})	地区年末生产总值与所在地区总人口数之比,客观反映区域社会的经济发展水平和发展程度,是反映区域宏观经济发展的重要指标	正向
		农民人均纯收入(B_{12})	农民每年总收入扣除各项支出后的剩余部分,通常是按当地农村常住居民收入平均后得到的。反映农村地区居民平均收入水平	正向
		农业产值比重(B_{13})	区域农业(农、林、牧、渔)产业总收入与地区生产总值之比,反映第一产业在地区经济发展中的贡献程度和地区经济结构的变化	适度
		旅游收入占GDP比重(B_{14})	区域旅游业发展的综合收入与地区生产总值之比,反映旅游业在地区经济发展中的贡献程度和地区经济结构的变化	适度
		人均耕地面积(B_{15})	一个地区每人拥有的耕地数量,计算公式:年末耕地面积总数/年末人口总数。人均耕地的多少对国民经济和农业发展具有重要影响,其主要受人口基数、退耕还林的影响,此外还受到工业、旅游业、基础设施占用等因素的影响	正向

续表

系统层	亚系统（一级指标）	二级指标	指标内涵及计算	指标方向
社会-生态系统	经济亚系统（B_1）	社会固定资产投资额（B_{16}）	因为社会物质、文化生活水平难以定量分析，故而用社会固定资产投资额进行替代，社会固定资产投资额反映了地区经济实力，衡量资本投资额度	正向
	生态亚系统（C_1）	平均斑块面积（C_{11}）	平均斑块面积（MPS），在斑块级别上等于某一类型斑块的总面积除以该类型的斑块数目；在景观级别上等于景观总面积除以各个类型的斑块总数	正向
		斑块密度（C_{12}）	斑块密度指景观中包括全部异质景观要素斑块的单位面积斑块数。计算公式：景观斑块总数/景观总面积	负向
		边缘密度（C_{13}）	景观边缘密度是指景观范围内单位面积上异质景观要素斑块间的边缘长度。边缘密度反映景观中异质斑块之间物质、能量、物种及其他信息交换的潜力及相互影响的强度	负向
		空气质量达标率（C_{14}）	空气质量达标率是指空气质量优良天数占全年监测总天数之比。计算公式：空气质量优良天数/全年监测总天数×100%	正向
		水质达标率（C_{15}）	水质达标率是指评价区域内水质监测断面中，达到Ⅲ类水质的监测次数占全部断面全年监测总次数的比例	正向
		生活垃圾无害化处理率（C_{16}）	指经无害化处理的城市及建制镇生活垃圾无害化处理量占生活垃圾产生量的百分比，反映生活垃圾无害化和资源化程度，同时也反映了城镇生活环境质量	正向

（五）指标权重确定

考虑到样本数据情况和指标情况，在此选取熵值法来确定古镇旅游地恢复力评估指标的权重。采用熵值法能深刻地反映指标信息熵值的效用价值，能准确反映古镇旅游地恢复力评估指标体系所含有的关键信息,可解决古镇旅游地恢复力评估指标体系信息量大、量化难的问题[1]。各层级指标权重值见表5-4。

表5-4 各指标的熵值、差异化系数和权重

亚系统（一级指标）	二级指标	熵值(e_j)	差异化系数(h_j)	指标权重(W_j)	二级指标权重排名	一级指标权重(W)	一级指标权重排名
社会文化亚系统(A_1)	A_{11}	0.9790	0.0210	0.0218	8	0.7549	1
	A_{12}	0.9691	0.0309	0.0320	3		
	A_{13}	0.9678	0.0322	0.0334	2		
	A_{14}	0.9844	0.0156	0.0162	16		
	A_{15}	0.9796	0.0204	0.0212	10		
	A_{16}	0.4074	0.5926	0.6142	1		
	A_{17}	0.9845	0.0155	0.0161	18		
经济亚系统(B_1)	B_{11}	0.9836	0.0164	0.0170	14	0.1228	2
	B_{12}	0.9842	0.0158	0.0164	15		
	B_{13}	0.9849	0.0151	0.0156	19		
	B_{14}	0.9779	0.0221	0.0230	6		
	B_{15}	0.9789	0.0211	0.0219	7		
	B_{16}	0.9721	0.0279	0.0290	4		
生态亚系统(C_1)	C_{11}	0.9799	0.0201	0.0209	11	0.1223	3
	C_{12}	0.9799	0.0201	0.0208	12		
	C_{13}	0.9795	0.0205	0.0212	9		
	C_{14}	0.9762	0.0238	0.0247	5		
	C_{15}	0.9821	0.0179	0.0185	13		
	C_{16}	0.9844	0.0156	0.0161	17		

二、恢复力评估案例地选取

(一)婺源县江湾镇基本情况

婺源县江湾镇地处赣、皖、浙三省交界,占地316平方千米,总人口3.22万人(2020年)。江湾镇是一个具有深厚徽州文化底蕴的千年古镇,至今仍然保存着许

---

[1] 王靖,张金锁.综合评价中确定权重向量的几种方法比较[J].河北工业大学学报,2001,30(2):52-57.

多古老的徽派建筑。江湾镇属于典型的山区乡镇,20世纪90年代中后期,江湾镇开始凭借古村落和徽派民居发展旅游业。经过20余年的发展,江湾镇打造了江湾5A级旅游景区、汪口4A级旅游景区、生态家园——晓起、篁岭4A级旅游景区、石门山峡谷等5个品牌景区,囊括了中国特色小镇、全国十佳旅游镇(村)等十多张"国字号"招牌。江湾镇成为婺源旅游的排头兵,是中国古镇旅游地发展的典范。但是,随着旅游的快速发展,随之而来的问题也不断涌现,旅游活动已经成为江湾镇社会、经济、生态系统发展的重要干扰因素。旅游干扰一方面能增强系统的恢复力,另一方面也对系统产生了巨大的压力。当地旅游地社会-生态系统是否具有足够大的恢复力?其恢复力受哪些因子影响?因此,以江湾镇作为具体研究对象,通过全面深入地了解和探索古镇旅游地恢复力的动因、趋势,揭示各亚系统状况及潜在风险,是实践发展和旅游研究的要求。

(二)恢复力评估指标的数据来源

资料数据主要来自《婺源统计年鉴》(2011—2015年)、《婺源县各乡镇地表水出境断面考核水质监测报告》(2011—2015年)、《各地区污染物排放总量情况》(2011—2014年)、《婺源县大气环境监测报告》(2011—2015年)、《婺源县创建国家生态县技术报告》、《婺源县江湾镇土地利用现状图》(2010—2014年)、《婺源县江湾镇土地利用规划图》(2010—2014年)、《婺源县城市总体规划(2009—2030年)》、《婺源县江湾镇总体规划(2008—2030年)》、《婺源县江湾镇旅游及镇区总体规划(2002—2020年)》、《江湾镇省级示范镇建设材料汇编(2010—2014年)》、《江湾镇环保材料汇编(2013—2014年)》、《江湾古村落保护规划》、《江湾镇政府工作报告》、《江湾镇社会经济统计报告》(2010—2014年)等。非物质文化遗产项目代表性传承人的数量与等级数据来源于中国非物质文化遗产网、江西省非物质文化遗产网、上饶市非物质文化遗产保护中心等。中国传统村落、国家级历史文化名村、省级历史文化名村的数量和等级数据来源于《中国传统村落名录》《中国历史文化名村名录》、江西省人民政府官方网站。另外,对江湾村、晓起村、栗木坑村、汪口村等进行实地调查,对相关旅游企业领导、村委会领导及村民等进行深度访谈,了解近年来当地生产、生活、民俗等方面的具体情况。

三、婺源县江湾镇恢复力评估分析

(一)恢复力计算及分析

1.系统恢复力指数

江湾镇社会-生态系统的恢复力是区域多个指标共同作用后的综合反映,根据恢复力评估模型,将各指标的标准值(S_j)与熵值法计算得到的权重(W_j)进行运算处理。因对数据进行无量纲处理时,将数据整体进行了平移,为了能清晰准确地对恢复力进行等级划分,将所得到的结果进行一分制换算,换算公式为:

$$F' = \frac{F}{F_{max} - F_{min}} \times 1 \qquad (5-4)$$

式中:F'为换算后的恢复力值;F为原恢复力值;F_{max}为换算前最大综合得分;F_{min}为换算前最小综合得分。按上述公式换算后得到最终系统恢复力指数,并分别计算出社会文化、经济、生态亚系统恢复力指数及变化趋势,具体结果如表5-5和图5-1所示。

表5-5 2010—2014年江湾古镇社会-生态系统恢复力指数

年份	社会文化亚系统恢复力	经济亚系统恢复力	生态亚系统恢复力	系统恢复力	系统恢复力状态
2010年	0.3957	0.0756	0.1142	0.5855	中等恢复力
2011年	0.3954	0.0848	0.1119	0.5921	中等恢复力
2012年	0.6513	0.0944	0.0996	0.8453	强恢复力
2013年	0.6713	0.0892	0.0791	0.8397	强恢复力
2014年	0.7315	0.0944	0.0692	0.8951	强恢复力

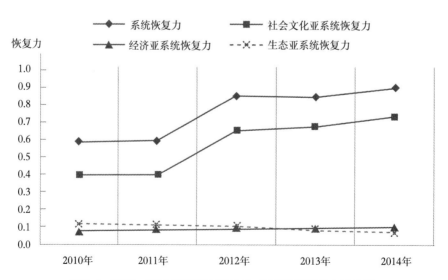

图5-1 2010—2014年江湾古镇社会-生态系统恢复力趋势图

2. 总体趋势分析

恢复力指数越大，旅游地恢复力就越强，系统抵抗干扰并维持其功能和控制的能力就越强。从图 5-1 可以看出，2010—2014 年江湾镇社会-生态系统恢复力基本呈稳步上升趋势。系统恢复力在 2010—2011 年增幅不明显，在 2012 年急剧增加，2013 年略有所下降，到 2014 年又缓步上升。从前述旅游地恢复力等级界定来看，2010 年和 2011 年江湾镇还处于中等恢复力状态，2012—2014 年跃升为强恢复力状态，甚至在 2014 年极为接近极强恢复力状态，说明江湾镇面对外部干扰、自我调节的能力在逐步提升。

系统总恢复力是 3 个亚系统共同作用的结果，在各亚系统中，社会文化亚系统恢复力指数总体呈上升趋势，尤其是在 2012 年增幅较大。经济亚系统恢复力指数总体呈上升趋势，但是每年增加幅度不大，甚至在 2013 年略有下降。生态亚系统恢复力指数总体呈下降趋势，尤其是 2012—2014 年下降幅度较大。

3. 各因子贡献率分析

不同年份系统的敏感因子对系统的贡献率也有所不同，这是因为系统内的因子随着当地社会-生态系统的发展发生角色地位的转化。从图 5-2 可以明显看出，2010—2014 年，社会文化亚系统指标贡献率远超于其他亚系统，并且呈逐年提升趋势。经济亚系统的指标对恢复力的贡献率比生态亚系统大，在 2010—2011 年呈上升趋势，2012—2014 年呈缓慢下降趋势。而生态亚系统的指标贡献率自 2010 年开始就一直处于下降状态，尤其是 2012 年生态亚系统的贡献率下降幅度较大。

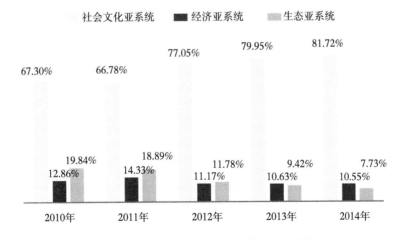

图 5-2　2010—2014 年各亚系统因子贡献率

从图 5-3 可以看出,系统内的敏感因子对恢复力的贡献度存在较大差异。2010 年系统内主要敏感因子有 A_{16} 村镇价值特色和保护力度(52.23%)、C_{14} 空气质量达标率(4.20%)、B_{15} 人均耕地面积(3.72%)、A_{11} 人口密度(3.71%)、C_{13} 边缘密度(3.61%)、C_{11} 平均斑块面积(3.55%);2011 年系统内主要敏感因子有 A_{16} 村镇价值特色和保护力度(51.87%)、C_{14} 空气质量达标率(3.82%)、C_{11} 平均斑块面积(3.37%)、C_{12} 斑块密度(3.37%)、C_{13} 边缘密度(3.26%)、C_{15} 水质达标率(3.12%)、A_{13} 第三产业就业人数占比(2.87%)。

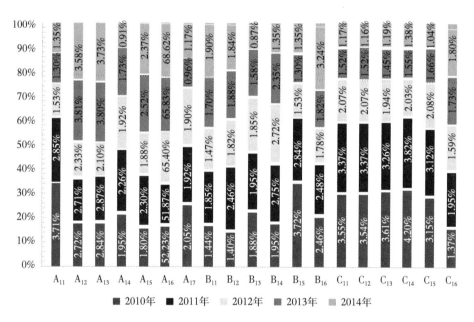

图 5-3　2010—2014 年社会-生态系统各因子贡献率

2012 年系统内主要敏感因子有 A_{16} 村镇价值特色和保护力度(65.40%)、B_{14} 旅游收入占 GDP 比重(2.72%)、A_{12} 外出务工人数占比(2.33%)、A_{13} 第三产业就业人数占比(2.10%)、C_{15} 水质达标率(2.08%)、C_{11} 平均斑块面积(2.07%)、C_{12} 斑块密度(2.07%)、C_{14} 空气质量达标率(2.03%);2013 年系统内主要敏感因子有 A_{16} 村镇价值特色和保护力度(65.83%)、A_{12} 外出务工人数占比(3.81%)、A_{13} 第三产业就业人数占比(3.80%)、A_{15} 非物质文化遗产传承人的数量与等级(2.52%)、B_{14} 旅游收入占 GDP 比重(2.35%);2014 年系统内主要敏感因子有 A_{16} 村镇价值特色和保护力度(68.62%)、A_{13} 第三产业就业人数占比(3.73%)、A_{12} 外出务工人数占比(3.58%)、B_{16} 社会固定资产投资额(3.24%)、A_{15} 非物质文化遗产传承人的数量与等级(2.37%)。

(二) 江湾镇恢复力影响因素分析

1. 社会文化影响因素持续提升

第一,传统谋生方式发生改变。系统敏感因子外出务工人数占比和第三产业就业人数占比的贡献率在逐年增加,且增加幅度较为明显,说明外出务工人数越来越少,第三产业就业人数越来越多。这也意味着当地以旅游业为主导的第三产业发展较好,解决了部分当地人的就业问题,使得外出务工的人数逐年减少。

第二,旅游容量由饱和到趋于合理。敏感因子旅游者密度的综合特征值和指标贡献率在2010—2012年稳步上升,随后有所下降,说明游客数量日益增加对旅游地恢复力的正向影响程度有限。

第三,文化传承及价值特色保护水平较高。敏感因子村镇价值特色和保护力度的综合特征值和指标贡献率远远高于其他指标,且呈持续增长态势,这与2012年汪口村和江湾村被认定为首批中国传统村落以及江湾镇对村镇建筑风貌、历史遗存等方面的保护工作有直接关系。

2. 经济发展因素持续改善

第一,旅游业发展态势较好。敏感因子旅游收入占GDP比重和旅游者密度的综合特征值和指标贡献率在2010—2012年都呈现稳步上升趋势,特别是2013年成功创建5A级旅游景区及随后汪口、篁岭成功创建4A级旅游景区,使江湾成为中国极具影响力的古镇旅游地。旅游收入占GDP比重和旅游者密度均属于适度指标,这种变化趋势说明江湾镇旅游收入和旅游者数量已经由快速增长过渡到稳定增长,旅游业发展趋于理性和可持续状态。

第二,产业结构变化十分明显。敏感因子农业产值比重和人均耕地面积的贡献率逐年递减,但数据显示外出务工人数越来越少,第三产业就业人数越来越多,说明当地产业结构发生变化,逐渐向第三产业倾斜,对第一产业的依赖性越来越低。

第三,生活水平不断提高。敏感因子人均GDP和固定资产投资额的贡献率不断提高,表明当地社会发展水平和发展程度逐年提升,经济实力明显增强,当地人民生活水平越来越高。

3. 生态环境因素愈加脆弱

敏感因子平均斑块面积、斑块密度、边缘密度、水质达标率、空气质量达标率的综合特征值和贡献率都在逐年降低,可以看出当地生态环境质量一直在下降,旅游业的发展对生态环境造成了较为严重的负面影响,主要源于旅游活动、旅游交通、旅游开发等造成的负面环境效应。2012年启动的江湾创5A级旅游景区涉及拆迁50余亩,另有江湾环线、梨园新区、篁岭新村等区内大型项目建设均占用了较大面积的土地资源,对生态亚系统内的斑块面积、密度等指标均有负面影响,一定程度上不利于生物多样性的保护。

(三)评估结论与讨论

1. 主要结论

本章以传统村落高度集聚的古镇旅游地为研究对象,在文献分析的基础上构建了古镇旅游地社会-生态系统恢复力评估指标体系。根据恢复力评估模型,以江湾古镇为实证对象,计算得到江湾镇社会-生态系统恢复力指数,反映了2010—2014年江湾镇抵抗干扰并维持其功能和控制的能力。结果表明:

(1)古镇旅游地恢复力评估体系对恢复力研究有一定的开创性价值。结合古镇旅游地的特点,借助恢复力和社会-生态系统相关知识体系及研究成果,构建了古镇旅游地恢复力评估体系,包含社会文化亚系统、经济亚系统、生态亚系统三个一级指标,人口密度、外出务工人数占比、第三产业就业人数占比、旅游者密度、村镇价值特色和保护力度等19个二级指标。通过熵值法赋权发现指标权重存在较大的差异,应加强对权重较大指标的关注,如村镇价值特色和保护力度、第三产业就业人数占比、外出务工人数占比、社会固定资产投资额、空气质量达标率、旅游收入占GDP比重、人均耕地面积等。

(2)江湾镇恢复力变化的总体趋势向好,但部分指标的年度变化值得关注。参照本章的评估体系和等级标准,2010年和2011年江湾镇处于中等恢复力状态,2012—2014年跃升为强恢复力状态,表明江湾镇面对外部干扰、自我调节的能力在逐步提升。虽然江湾镇的整体恢复力持续向好,但是生态亚系统的指标贡献率自2010年开始一直处于下降状态,尤其是2012年该指标贡献率急剧下降。另外,系统内的敏感因子除了村镇价值特色和保护力度这一指标贡献率较大且稳定上升以外,其他各指标的贡献率则明显偏小,且年度变化较大。

(3)根据江湾镇的实证研究结果,在未来的旅游发展中,有两个关注重点。一是要重点关注文化传承及价值特色保护水平这一对恢复力贡献率最大的指标,实施江湾镇旅游特色化发展道路,进一步突出文化的重要性,通过加强本土文化的保护和挖掘、文化的业态和活态展示、文化体验型项目和活动设计等手段来提高文化传承和价值特色保护水平,从而提升古镇恢复力;二是要重点关注生态亚系统内的各个指标,特别是导致生态环境污染和脆弱的水质、空气质量等指标,可以从控制旅游资源开发强度、做好旅游环境容量管理、加大环境治理力度等方面采取措施,防止生态环境的进一步恶化,进而促进江湾恢复力的提升和实现可持续发展。

2. 讨论

（1）恢复力的测度是一个涵盖多方面内容的繁杂工作，用景观生态学的相关方法解决生态指标定量问题，但熵值法权重计算侧重的是指标之间的纵向比较，缺乏横向比较，要寻找系统科学的计算恢复力的方法则过于困难和复杂。

（2）指标的选择虽然参考了相关学者文献中的指标构建，且遵循了整体性、代表性和科学性原则，但是仍然无法涵盖影响旅游地恢复力的所有因素，整个指标的选择过程具有一定的主观性，指标体系的构建的科学性和客观性还需要进一步提高。

（3）本研究在选用评估模型进行试算时，发现Zurlini提出的恢复力与脆弱性一体两面化模型并不适用于课题组所构建的指标体系，究其原因发现该模型对指标要求极为苛刻，指标应全部为脆弱性指标。

（4）本研究仅是从时间和客体角度对古镇旅游地进行恢复力测度。研究的尺度可以扩大成旅游市（县）或者缩小成古村落，未来可以尝试对江湾镇所在婺源县的各古镇或古村落旅游地社会-生态系统恢复力进行分别测度对比，探索在婺源县外部扰沌下各旅游地社会-生态系统及恢复力存在的差异性。此外，还可以进一步尝试从主体角度对江湾镇旅游地社会-生态系统的治理结构、利益主体感知进行测度，探索其系统适应和学习能力。

第六章　集体记忆视角下传统村落的文化振兴发展

文化是传统村落形成和发展的重要内容和载体,从文化视角来审视传统村落的历史、现状与未来,集体记忆是个很好的研究切入点。传统村落独有的村落环境及具有独特空间美学的建筑是村落中较具代表性的记忆空间,其作为反映传统村落文化记忆的载体,承载着历史变迁的记忆,是村庄不可缺失的要素之一。每一个传统村落都有最能代表自身文化特性的记忆性场所以及社会空间结构,然而伴随城市化的快速推进,许多传统村落迅速消失,农业文明和精神基因所依托的空间物质载体日趋消亡[1]。如何保护每个传统村落最为独特的集体记忆并推动村落的文化振兴发展?唤醒传统空间的型态保护与传承对寻找传统村落文化记忆是极其重要的。

一、集体记忆的概念内涵

(一)传统村落的集体记忆

集体记忆是一个特定社会群体的成员共享往事的过程和结果[2][3]。文化记忆是以文化科学为研究的对象,通过文本、文化符号、纪念性建筑和仪式等承载而传承的记忆,是机构化的记忆[4]。作为一个特殊的生命载体,社会记忆具有穿透历史

---

[1] 郑艳萍,王丹婷.传统村落文化记忆的传承演变与发展路径——以井冈山市长塘村为例[J].山西农经,2019(13):53-54,57.

[2] Maurice H. On Collective Memory[M]. Chicago: The University of Chicago Press,1992.

[3] 李志飞,聂心怡.文化旅游地集体记忆对游客地方依恋的作用机理——以乌镇、平遥古城和凤凰古城为例[J].地域研究与开发,2018,37(03):95-100.

[4] 扬·阿斯曼."文化记忆"理论的形成和建构[N].光明日报,2016-03-26(011).

与现实的能力[1],这对研究传统村落的历史记忆[2]、推进特色乡村文化保护发展都具有重要的意义和价值[3][4][5]。传统村落承载着不同历史时期、地域和民族的文化信息,是不可再生的文化遗产[6]。村落集体记忆更是承载着文化传统和乡愁情感,具有文化规约、社会认同、心理安慰与心灵净化的功能[7][8]。革命老区传统村落是叠加有红色记忆的村落文化遗产,红色革命标语、红色革命人物、红色传奇故事、红色地标建筑以及留下的红色革命精神,在村落历史上具有非常典型的意义和价值[9]。而随着城镇化、工业化的快速推进,传统村落正在面临巨大冲击,大规模的村落人口外出打工使得传统村落集体记忆的主体在不断流失,城镇化的推进和旅游性发展使得传统民俗节日、文化景观、乡土建筑面临消失威胁,传统村落的集体记忆传承与延续面临危机,亟须解决[10][11]。在城镇化快速发展的背景下,依据文化基因、乡愁记忆、记忆符号学等理论方法而开展的乡村振兴、乡村文化保护和乡村旅游持续发展等新研究方向值得关注[12][13][14][15]。

---

[1] 孙庆忠.社会记忆与村落的价值[J].广西民族大学学报(哲学社会科学版),2014,36(05):32-35.

[2] 刘馨秋,沈志忠.中国传统村落:历史记忆与传承发展——首届中国传统村落保护论坛会议综述[J].中国农史,2017,36(04):137-143.

[3] 樊友猛,谢彦君.记忆、展示与凝视:乡村文化遗产保护与旅游发展协同研究[J].旅游科学,2015,29(01):11-24,87.

[4] 路璐,李嫣红.留住乡愁:记忆理论视域下特色村镇保护与发展研究[J].中国农史,2018,37(01):122-130.

[5] 高长征,付晗,龚健."文化驱动"视角下传统村落共生发展路径研究——以河南浚县5个传统村落为例[J].地域研究与开发,2021,40(02):169-173,180.

[6] 方莉.传统村落急剧消失意味着什么?[N].光明日报,2014-01-09(005).

[7] 杨同卫,苏永刚.论城镇化过程中乡村记忆的保护与保存[J].山东社会科学,2014(01):68-71.

[8] 房静静.中国传统村落的记忆隐喻及嬗变[J].湖南社会科学,2020(1):1-8.

[9] 宋昭君.传统村落的红色记忆[N].中国文物报,2017-06-27(003).

[10] 庞娟.城镇化进程中乡土记忆与村落公共空间建构——以广西壮族村落为例[J].贵州民族研究,2016,37(07):60-63.

[11] 杨若凡,钱云.旅游影响下北京郊区传统村落空间集体记忆研究——以爨底下村、古北口村、灵水村、琉璃渠村为例[J].现代城市研究,2019(08):49-57,74.

[12] 黄震方,黄睿.城镇化与旅游发展背景下的乡村文化研究:学术争鸣与研究方向[J].地理研究,2018,37(02):233-249.

[13] 胡娟,龚胜生,魏幼红,等.山西古村镇类型及社会记忆符号系统研究[J].人文地理,2018,33(02):107-115.

[14] 高璟,吴必虎,赵之枫.基于文化地理学视角的传统村落旅游活化可持续路径模型建构[J].地域研究与开发,2020,39(04):73-78.

[15] 李文兵,吴蜜蜜,李欣,等.认知重构与传统村落社区旅游创新演化——以湖南张谷英村为例[J].地域研究与开发,2021,40(02):92-96,102.

(二)传统村落的标志性记忆

1.传统村落的文化记忆

传统村落的文化记忆是人们在社会历史发展过程中创造的各种物质财富和精神财富的总和,标志性的记忆场所作为村落中具体承载、记录、反映传统村落标志性记忆的特定场所,对于传统村落身份认同、文化展示及旅游价值发掘具有重大意义[1]。

传统村落的文化记忆体现了传统村落标志性记忆场所既是文化载体(空间维度)又是文化本体(社会维度)的属性,具体可表现为以下两大特征。一是标志性记忆场所的时空连续性。文化记忆的内容、形式和功能以物理空间为载体,连接过去与现在,连接人与物,实现文化认同和连续性传承,不仅在时间上体现出延续性、间断性,还突出了记忆与空间联系,从空间上表现出持久性和连续性[2]。二是标志性记忆场所的象征诠释性。从文化记忆和身份认同的角度来理解文化记忆及其空间意蕴,对传统村落标志性文化记忆场所的进一步分析和研究应注意与当地地理环境活动相关的"土地"和"人",传统村落文化记忆的空间不仅是具有区域性和文化性的物质空间,也是表达其文化完整性和典型性的象征空间。

2.传统村落文化记忆的框架体系

文化记忆的社会维度关注文化记忆的形成的社会框架与文化记忆情感表达的方式,参与农村发展的居民、企业、政府甚至游客等相关利益主体共同构成一个社会框架,这种互动关系极大地影响了传统村落文化记忆的萌芽、发展、成形,以及后续的存储、提取、延续和表达。通过这些标志性的记忆场所能够鼓励后代回忆、感受和理解附属于传统村落的文化记忆,当地居民、外来游客甚至其他参与者也能通过这些记忆场所了解本体与地方的关系、完成村落文化认同及身份建构(见图6-1)。

---

[1] 郑艳萍,王丹婷.传统村落文化记忆的传承演变与发展路径——以井冈山市长塘村为例[J].山西农经,2019(13):53-54,57.

[2] 吕龙,黄震方,陈晓艳.文化记忆视角下乡村旅游地的文化研究进展及框架构建[J].人文地理,2018,33(02):35-42.

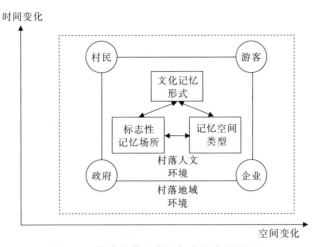

图 6-1 传统村落文化记忆空间内涵图示

基于吕龙等[①]"社会、空间、时间"三个维度上的乡村旅游地文化记忆及其空间研究框架,本研究提出识别传统村落文化记忆及标志性记忆场所的三大要素:文化的记忆主体、记忆客体和记忆表达。传统村落在千百年来生活、生产过程中形成了类型丰富多样的文化记忆,不同的文化记忆主体与不同的记忆客体相互交融、相互依存,这就构成了具有依赖性和复杂性的文化记忆空间体系(见图6-2)。

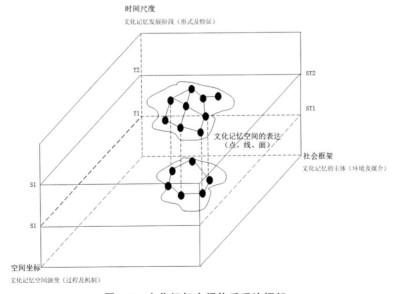

图 6-2 文化记忆空间体系理论框架

[①] 吕龙,黄震方,陈晓艳.文化记忆视角下乡村旅游地的文化研究进展及框架构建[J].人文地理,2018,33(2):35-42.

3. 标志性记忆场所类型划分

对传统村落文化记忆及其映射空间的提取是本章研究的重要部分。目前国内较为成熟的相关研究是刘沛林提出的"景观基因"[①]，他提出围绕传统村落的环境、空间布局、建筑等特征，结合文本记载、传统民俗、图腾标志等来挖掘村落的文化景观基因。在其基础上，传统村落标志性文化记忆场所的划分可按照文化记忆主体、文化记忆客体来梳理。文化记忆主体可分为硬记忆[②]和软记忆[③]；将展示的具体媒介——文化记忆客体归纳为七大类，即纪念性场地、标志性建筑、文化性游线、文本记载、传统节庆、特色民俗、地方名人。继而根据记忆客体承载的功能与文化内容，将传统村落文化记忆表达映射的空间类型分为生活生产类、功能象征类、社会表征类和精神意识类（见图6-3）。

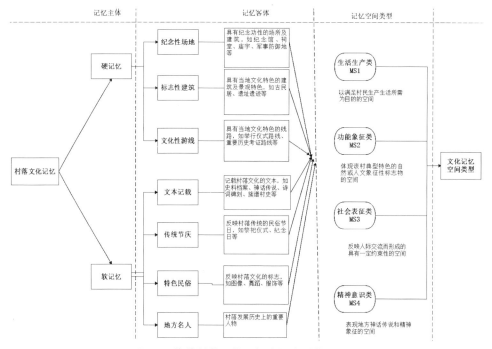

图6-3 传统村落文化记忆空间类型体系划分

[①] 刘沛林.中国传统聚落景观基因图谱的构建与应用研究[D].北京:北京大学,2011.

[②] 硬记忆:能够体现出具有物质性并可以被人们直接感知体验的乡村整体形态格局和具有代表性的自然、人文景观等空间。这类空间多由人们的经济社会活动、具有典型标志性的景观甚至是地方精神表达空间等构成，往往是乡村文化记忆中相对固定的要素，并占有一定的实际物质空间。

[③] 软记忆:能够承载并体现出乡村文化氛围、群体意识和地方精神等内容，是人们经过文化记录、加工，进行文化传承与展示的载体和形式。

二、革命老区传统村落的集体记忆特征

（一）《记住乡愁》系列纪录片中的革命老区传统村落

电视纪录片在探索历史真相、介入历史记忆的重塑和再现中发挥独特的作用，因此在近年来的传统村落保护中得到广泛应用[①]。《记住乡愁》作为当前规模较大的传统村落纪录片，在学术研究领域中也受到了广泛关注[②③④]。《记住乡愁》系列纪录片由中共中央宣传部、住房和城乡建设部等部门联合发起，中央电视台中文国际频道组织拍摄，自2015年第一季播出以来，截至2022年底共制作和播出了八季。系列纪录片自播出以来，收视率屡创新高，成为电视媒体与传统文化融合的优秀典范。2019年，《记住乡愁》第一季至第五季入选庆祝中华人民共和国成立70周年推荐展播纪录片、动画片目录。其中，前两季均以传统村落为载体，一集一村落，每季60集60村，两季合计120村；第三季、第四季以古镇为载体，一集一镇，每季60集60镇，两季合计120镇；第五季以历史文化街区为主题，一集一个街区，共计60个街区。

截至2019年7月，国家先后公布了五批中国传统村落名录，总计有6819个村落入选。革命老区是指土地革命战争时期和抗日战争时期，在中国共产党和毛泽东等老一辈无产阶级革命家领导下创建的革命根据地，分布全国28个省、自治区、直辖市的1300多个县（市、区）。经过逐一筛选，选出革命老区范围内的传统村落3475个，随后对《记住乡愁》中的传统村落进行检索，选出属于《记住乡愁》革命老区传统村落，包括福建省龙岩市连城县培田村、安徽省黄山市黟县屏山村共133个传统村落。考虑到第三季、第四季以古镇为载体，因此将部分同属于一个镇的村落归并到一个案例地，故最终以79集的79个案例地为研究对象（见表6-1）。这些村落地域分布广泛、类型丰富多样、历史渊源悠久、民族独特性较强，具有丰富的地方文化资源与历史人文记忆。

[①] 季芳芳.历史记忆的再现政治:电视纪录片的"古村落"叙事分析[J].现代传播（中国传媒大学学报），2015,37(11):119-123.
[②] 胡友笋,万媛.百集纪录片《记住乡愁》评析[J].中国电视,2015(09):74-76.
[③] 倪沫.纪录片《记住乡愁》对乡村图景的重构[J].电视研究,2016(11):53-56.
[④] 汪芳,孙瑞敏.传统村落的集体记忆研究——对纪录片《记住乡愁》进行内容分析为例[J].地理研究,2015,34(12):2368-2380.

表 6-1　入选《记住乡愁》革命老区传统村落名录

省级	市级	县级	数量/个	村落名(纪录片集数及片名)
北京		密云	1	古北口村(第四季第39集,尽忠职守)
河北	张家口	蔚县	1	西古堡村(第二季第31集,修心修事立村德)
	邯郸	武安	1	伯延村(第四季第5集,燕赵古风 实事求是)
山西	临汾	襄汾	1	丁村(第一季第12集,以和为贵)
	晋中	灵石	1	静升村(第一季第19集,无信不立)
		寿阳	4	下洲村、宗艾村、神武村尖山村、荣生村周家垴村(第四季第43集,吃亏是福)
	晋城	阳城	10	上庄村(第二季第18集,慎独修身);皇城村(第二季第59集,清白做人);上庄村、屯城村、中庄村、润城村、上伏村、北音村、王村、下庄村(第四季第29集,世上无难事 只怕有心人)
	吕梁	临县	7	李家山村、西湾村、寨则山村、寨则坪村、尧昌里村、白家山村、垣上村(第三季第26集,休戚与共)
	阳泉	平定	6	娘子关村、上董寨村、下董寨村、新关村、河北村、旧关村(第三季第45集,忠勇代代传)
黑龙江	佳木斯	同江	1	街津口村(第一季第9集,自尊自强)
江苏	苏州	昆山	1	歇马桥村(第三季第3集,天下兴亡 匹夫有责)
浙江	金华	兰溪	1	诸葛村(第一季第5集,宁静致远)
		浦江	1	嵩溪村(第二季第53集,美育世代传)
	杭州	建德	1	新叶村(第一季第17集,读可修身)
		桐庐	1	荻浦村(第一季第25集,百善孝为先)
		富阳	1	龙门村(第三季第47集,循祖训 奉义行)
	台州	仙居	1	李宅村(第一季第22集,修身齐家济天下)
	丽水	松阳	1	杨家堂村(第一季第23集,修仁心行义事)
		缙云	1	河阳村(第一季第34集,清白保平安)
		遂昌	1	独山村(第一季第45集,崇学向善)
	宁波	宁海	1	龙宫村(第一季第24集,义行天下)

续表

省级	市级	县级	数量/个	村落名（纪录片集数及片名）
浙江	温州	永嘉	2	芙蓉村（第一季第26集，耕读传家久）；芙蓉村（第三季第39集，义以为上）
	衢州	江山	1	大陈村（第一季第33集，孝风永彰）
		龙游	1	三门源村（第二季第4集，睦乡邻）
	绍兴	诸暨	1	斯宅村（第一季第54集，百行孝为首）
安徽	黄山	黟县	1	屏山村（第一季第2集，孝道传家）
		祁门	1	渚口村（第 季第42集，教养有道）
		歙县	1	许村（第二季第33集，义行传家）
	宣城	绩溪	1	仁里村（第二季第23集，仁爱为本）
		泾县	5	查济村、桃花潭村、厚岸村、宝峰村、龙潭村（第三季第41集，唐风诗韵话情义）
福建	龙岩	连城	1	培田村（第一季第1集，敬畏之心不可无）
		永定	1	洪坑村（第二季第42集，重教明理）
		漳平	3	东洋村、城内村、西洋村（第四季第38集，风雨同舟 守望相助）
	宁德	福安	1	廉村（第二季第2集，清正廉洁）
		周宁	1	浦源村（第二季第32集，和合共荣）
		蕉城	4	石桥村、外表村、邑坂村、凤桥村（第三季第9集，滴水穿石 坚韧不拔）
	泉州	晋江	2	塘东村（第二季第27集，忠义传家）；瑶前村（第三季第6集，闽南侨乡 善行天下）
		永春	1	西安村（第四季第30集，义行传家）
	福州	永泰	8	月洲村、中山村、溪口村、月阙村、道南村、芦洋村、漈头村、赤水村（第四季第3集，急公好义）
	漳州	南靖	4	璞山村、坎下村、磜头村、梅林村（第四季第36集，爱拼才会赢）
	南平	邵武	2	坎头村、和平村（第四季第44集，自立自强）
	三明	永安	2	洋峰村、张荆村（第四季第47集，心底无私天地宽）

续表

省级	市级	县级	数量/个	村落名(纪录片集数及片名)
江西	赣州	赣县	1	白鹭村(第一季第6集,积善成德)
	吉安	吉州	1	钓源村(第一季第10集,节义立家)
	上饶	婺源	5	江湾村、汪口村、晓起村、篁岭村(第三季第22集,积小善 成大德);汪口村(第二季第39集,诚信为本)
山东	临沂	沂南	1	常山庄村(第四季第46集,仁义敦厚)
	烟台	龙口	1	西河阳村(第四季第50集,扬帆出海 闯出新世界)
河南	新乡	辉县	1	郭亮村(第二季第1集,自强不息)
	平顶山	郏县	1	张店村(第二季第13集,重教启智)
	驻马店	确山	1	竹沟村(第三季第59集,勇于开拓 敢为人先)
湖北	咸宁	赤壁	1	羊楼洞村(第二季第14集,诚系百年)
	荆门	钟祥	1	荆台村(第三季第21集,急公好义)
	宜昌	秭归	1	香溪村(第三季第25集,舍小家 为大家)
		兴山	2	滩坪村、青华村(第四季第20集,能扛事 有担待)
	黄冈	红安	1	柏林寺村(第三季第43集,丹心一片家国情)
	恩施土家族苗族自治州	来凤	4	新安村、舍米湖村、冉家村、观音坪村(第四季第12集,青山绿水百福来)
湖南	张家界	永定	1	石堰坪村(第一季第4集,天道酬勤)
	岳阳	岳阳	1	张谷英村(第一季第13集,和睦有道)
	郴州	永兴	1	板梁村(第一季第15集,仁义兴家)
	湘西土家族苗族自治州	龙山	1	捞车村(第一季第53集,崇勤倡俭)
		永顺	1	双凤村(第二季第21集,心存自然)
广东	潮州	潮安	1	龙湖古寨(第一季第35集,感恩三春暖)
	深圳	龙岗	1	鹏城村(第一季第38集,忧天下 担道义)
	东莞		1	南社村(第一季第46集,孝敬有方)

续表

省级	市级	县级	数量/个	村落名(纪录片集数及片名)
广东	江门	恩平	1	歇马村(第二季第17集,古今励学 一脉相承)
	梅州	梅县	6	铜琶村、大黄村、梅教村、南下村、小黄村、圳头村(第三季第48集,客家古镇 桑梓情深)
		大埔	1	侯南村(第四季第54集,崇文尚学)
	广州	番禺	1	沙湾北村(第三季第54集,礼乐传家)
广西	贺州	富川	1	秀水村(第一季第41集,读书明理)
	柳州	三江	1	高定村(第二季第41集,和亲睦邻)
	桂林	阳朔	1	渔村(第三季第60集,和山睦水)
四川	雅安	雨城	1	五家村(第二季第15集,务勤俭 禁奢华)
	泸州	古蔺	1	平丰村(第四季第14集,同心同德)
陕西	汉中	宁强	1	青木川村(第三季第13集,平等待人 公平处事)

在研究方法上,采用内容分析法对纪录片中的文字和图片进行分析。首先,观看并记录研究范围内的79集纪录片,对片中出现的人物采访片段进行重点记录,并以纪录片旁白说明为辅助,共获得85144个文字;随后利用ROST CM6.0软件对解说词文本进行分词、词频分析、社会网络和语义网络分析、情感分析等。其次,运用自动截图软件HyperSnap进行每10秒一次的截图。纪录片每集播放时长约30分钟,除去开头部分和结尾部分主题曲播放约5分钟,每集约25分钟的播放内容,平均每集截得150张图片,除去部分无意义图片内容,共获得图片10005张。根据图片内容进行分类编码,并归类统计数据,细化内容,使得研究内容更加多样化。最后,对纪录片中出现的传统村落集体记忆主体的年龄、截图中所展现的客体要素类型在Excel软件中分类统计。

(二) 集体记忆的要素分析

传统村落集体记忆由"主体、客体、时间"三部分要素组成[①]。主体要素是传统村落集体记忆者本身;客体要素是在产生记忆过程中所涉及的对象,分为物质要素与非物质要素两种形式,物质要素是指有形的自然或者人工事物,包括自然环

---

① 汪芳,孙瑞敏.传统村落的集体记忆研究——对纪录片《记住乡愁》进行内容分析为例[J].地理研究,2015,34(12):2368-2380.

境、建筑物等,非物质要素是指人民群众在发展过程中创造出的文化形态或生活习俗,包括风俗文化、历史人物、传说故事、民间艺术等;时间要素则是记录事件的产生、发展、结果整个过程以及衡量事件时间长短的尺度,同时也是判断事件发生先后顺序的标杆。

1. 主体要素分析

生活在传统村落中的居民是集体记忆形成、传承和发展的最重要的主体,在纪录片中重点关注了当地居民的年龄信息及其情感诉求。

1) 年龄特征分析

在纪录片中共采集到200余位被采访者,其中有162位的年龄被明显标注(见表6-2),未标注者的年龄按外貌判断以中老年人居多。从各年龄段的人数分布来看,19岁以下和100岁以上的相对较少;其余各段均有10人以上,其中40~79岁的选择率更高,占总人数的60.49%。年龄分布格局说明了纪录片摄制组的选择倾向,既要有全面的代表性,同时也特别突出了村落记忆的保存与传承,中老年人的记忆资源是最多最全面的,他们也是代际传承的重要力量,这是村落口述史研究的重要对象;而年龄在29岁以下的人数占比接近10%,侧面反映出农村普遍"空心化"的社会现象,年轻人在传统村落的维系保护和记忆传承过程中的缺席令人担忧。此外,80岁以上的被采访者占总人数的20.37%,特别是100岁以上的人数达到4人,足以证明部分村落中的长寿资源值得关注。

表6-2 传统村落集体记忆主体年龄分布表

年龄段/岁	0~19	20~29	30~39	40~49	50~59	60~69	70~79	80~89	90~100	100以上
人数/人	4	12	15	22	24	25	27	16	13	4
比例/(%)	2.47	7.41	9.26	13.58	14.81	15.43	16.67	9.88	8.02	2.47

2) 主体感知分析

主体感知是集体记忆中最突出展现的部分。根据语义网络分析(见图6-4),被采访居民提及内容中关注较多的词有"家族""传统""文化""多年""传承"等,与"中国""历史""村民""村里""子孙"等高频词均有较多的交集,表明各案例村落中被采访者都有很强的村落历史文化感知,强调了村落内部的文化传承与外界之间的交流。在具体村落层面,不同村落所传达的主体感知有较大的差异,79个案例地中的主体感知可归纳为7个方面,即国是家、善作魂、勤为本、俭养德、诚立身、孝当先、和为贵,黑龙江省佳木斯市同江市街津口村、江西省赣州市白鹭村、湖南省张家界市石堰坪村、湖南省湘西土家族苗族自治州捞车村、山西省晋中市灵石县静升村、浙江省杭州市桐庐县荻浦村、山西省临汾市襄汾县丁村是上述7个方面的典型代表。

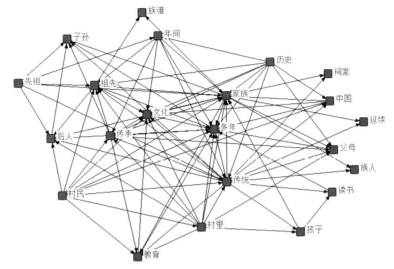

图 6-4 《记住乡愁》纪录片采访内容语义网络图

3) 情感特征分析

针对被采访者的讲述进行情感分析，利用纪录片中的解说词作为文本研究基础，通过 ROST CM6.0 软件对纪录片中被采访者的语句进行情感分析归类，可以发现其中包含的崇敬、开心、信任、感恩等正向情绪占94.89%，其中崇敬和开心的比例高居前列；懒惰、悔恨、惩罚、害怕等负向情绪仅占5.11%，懒惰情绪与村落经济发展有一定的相关性（见表6-3）。由此可见，地方居民有关传统村落的正向情绪占据重要地位，他们希望通过讲述、教育等方式把有关村落的故事、记忆传播和传承给他人和后人，这是保持和传承传统村落集体记忆的重要原因。

表 6-3 主体情绪代表性词汇占比表

情绪类型	词汇	次数/次	比例/(%)
正向情绪	崇敬	108	24.00
	开心	153	34.00
	信任	71	15.78
	感恩	95	21.11
负向情绪	害怕	2	0.44
	惩罚	3	0.67

续表

情绪类型	词汇	次数/次	比例/(%)
负向情绪	懒惰	12	2.67
	悔恨	6	1.33

2. 客体要素分析

根据汪芳和孙瑞敏[①]的八类客体要素分类办法,在对集体记忆进行类型划分和统计后,最终得到了八类客体要素的平均频次数据(见表6-4)。

表6-4 传统村落集体记忆信息要素统计

类型	平均频次/次	类型	平均频次/次
村落基本信息	13	生产生活场景	23
村落空间格局	15	民俗文化	21
民居与公共建筑	17	文献资料	10
公共空间与景观	19	保护与发展情况	6

从总体类型上来看,生产生活场景平均提及次数最高(23次),民俗文化以21次紧随其后,其后依次为公共空间与景观(19次)、民居与公共建筑(17次)、村落空间格局(15次)、村落基本信息(13次)、文献资料(10次)和保护与发展情况(6次),可见物质类要素的关注度比非物质类要素要稍高些,而对于保护与发展方面的关注度则明显偏低。

从具体物质类型在各案例点的差异上来看,村落基本信息中提及次数最多的是浙江省温州市永嘉县芙蓉村(21次),最少的是安徽省黄山市黟县屏山村(8次);村落空间格局中提及次数最多的是浙江省杭州市建德市新叶村(23次),最少的是山东省临沂市沂南县马牧池乡(9次);民居与公共建筑中提及次数最多的是湖南省张家界市永定区石堰坪村(26次),山东省临沂市沂南县马牧池乡、山东省烟台市龙口市诸由观镇、广东省梅州市大埔县百侯镇提及次数最少(均为10次);公共空间与景观中提及次数最多的是江西省赣州市赣县区白鹭村(27次),山东省烟台市龙口市诸由观镇、广东省梅州市大埔县百侯镇提及次数最少(均为8次);安徽省黄山市黟县屏山村、浙江省台州市仙居县李宅村和浙江省丽水市松阳县杨家堂村以29次成为生产生活场景类型中提及次数最多的三个村落,最少的是湖南省岳阳

---

① 汪芳,孙瑞敏.传统村落的集体记忆研究——对纪录片《记住乡愁》进行内容分析为例[J].地理研究,2015,34(12):2368-2380.

市岳阳县张谷英村和浙江省温州市永嘉县芙蓉村(14次)。

从具体非物质类型在各案例点的差异上来看,民俗文化类型中提及次数最多的是山西省阳泉市平定县娘子关镇(31次),江西省赣州市赣县区白鹭村、浙江省杭州市建德市新叶村和山西省临汾市襄汾县丁村均以9次成为提及次数最少的三个村落;文献资料类型中提及次数最多的是浙江省丽水市缙云县河阳村,而湖南省郴州市永兴县板梁村仅被提及2次。

保护与发展情况类型上,以政府政策与制度管理、村庄规划和保护管理大事记与相关的乡规民约为主要构成要素的内容显得非常不重视,平均仅有6次提及,最高的是提到11次的浙江省衢州市龙游县三门源村和江西省上饶市婺源县汪口村,黑龙江省佳木斯市同江市街津口村、山西省临汾市襄汾县丁村、湖南省郴州市永兴县板梁村、广东省东莞市茶山镇南社村四个村仅提及2次。因此,纪录片中显示的古村镇保护现状值得我们关注。

3. 时间要素分析

像旧照片一样,记忆会随着时间的推移而褪色,村落的集体记忆也同样如此。在观看纪录片和文本提取过程中,我们对被采访者所提到的不同时期的历史人物或事件进行了频次统计(见表6-5),发现村落初建时期以及近代更容易被纳入集体记忆范围,而这些时期都是极有特性和记忆点的时期,这也印证了心理学上的首因效应和近因效应。在79个案例地中,有62个都提到了村落先祖建村时期的故事,如在湖南省岳阳市张谷英村一集中,便在开头讲述了先祖张谷英在岳阳定居后,为后代子孙定下传世的族谱以及家训。湖南省张家界市石堰坪村一集中,提到先祖从江西进入湖南,一部分迁徙到武陵山区的大山中建屋垦荒,因为所处地方有大量石壁,所以取名石堰坪。

表6-5 革命老区传统村落集体记忆事件发生时间

时期	周代	三国	唐代	宋代	元代	明代	清代	抗日战争时期	当代
频次/次	24	5	12	11	6	29	51	32	351

(三)集体记忆的主要问题

基于《记住乡愁》系列纪录片的内容,根据上述对主体、客体和时间三要素的分析,革命老区传统村落集体记忆主要存在以下4个方面的问题。

1. 传统村落集体记忆主体呈现年龄差异

在纪录片年龄特征分析中发现,传统村落中的大部分记忆者都为中老年人,这虽然一定程度上与目前传统村落留守老人现状有关,但更重要的是因为中老年人在记忆中呈现出的恪守传统、保留仪式的主体诉求以及对村落历史文化的崇敬、愉快、开心、信任、光荣等正向情感特征。而负向情绪的主体则以年轻人群体为代表,他们对传承村落的传统文化的历史责任表现出懒惰、不情愿、害怕等负向情绪。由此看出,中老年人对于所在传统村落的认同感和归属感较高,相对地,年轻群体对传统村落的认同感在现代多元化文化的影响下普遍较低。

想要真正延续传统村落的历史血脉,年轻主体是不可或缺的主力军,如何唤醒和培养年轻主体对传统村落的主体认同感成为当务之急。正如纪录片《了不起的村落》的导演黎振亚所认为的,拍给年轻人的片子,应该由年轻人来做。随着时代的发展与科技的进步,村落中的部分年轻人渐渐在集体记忆传承中发挥着重要作用,他们拥有新的观念与想法,他们承担起历史责任,结合时代特征,将传统村落的文化魅力用当下潮流时尚的方式演绎出来,借助书籍撰写、纪录片拍摄、vlog网络传播等新技术手段,将村落历史文化传播出去,由此打造出了许多"网红"村、艺术村,让传统村落焕发新的生机。

2. 传统村落集体记忆客体要素易受到冲击

传统村落集体记忆的客体要素,即村落中的物质要素与非物质要素,是记忆的载体,但在时间发展过程中,会出现载体消失、记忆衰弱的现象。随着与外来事物的接触、碰撞,客体要素也会进行相应形式、内容上的转变,尤其是一些村落中的传统建筑等物质要素,在时间的流逝中已经处于消失的边缘。因此,要加大保护、重建力度,将传统记忆的物质载体保留下来,将非物质要素传扬出去,做到有迹可循,有处可想,使乡愁更浓。

3. 传统村落集体记忆具有首因效应与近因效应

受时间特性的影响,传统村落的集体记忆易出现首因效应与近因效应。村落的创始阶段、鼎盛阶段以及近现代阶段的人物、故事容易被人提起和记忆,而在村落上百年甚至几百年的发展中,还存在大部分日常生活的记忆与短暂出现过的事件、技艺等缺失记忆点,不容易被唤起,所能记住的有效时间会缩短。因此要通过新媒体技术手段,对其进行深度挖掘与展现,减少记忆缺失的可能性。

4. 革命老区传统村落红色元素体现较少

研究对象虽为革命老区范围内的传统村落,但在研究过程中发现传统村落中的红色文化记忆并不突出。村落中现存的红色标语、红色地标建筑等元素已经消失或者并没有在纪录片中得到展现,红色革命文化与精神并没有得到村落居民的高度重视,在人们的记忆视野中呈逐渐式微态势。

(四) 提升革命老区传统村落集体记忆认知的对策建议

针对纪录片中对于传统村落集体记忆的分析,建议各地从以下 4 个方面采取措施来提升所在村落的集体记忆认知。

1. 增强传统村落主体认同感

为应对传统村落主体认同感有缺位的问题,第一要增强传统村落居民的认同感与自信心,提高文化自觉与增强文化自信,文化被拥有者热爱才能体现和传扬其核心价值。对于传统村落集体记忆的主体,要重点关注乡贤群体,以乡贤引领带动村落文化发展。第二要动员高等院校、媒体、企业等社会各界有志之士,共同参与传统村落集体记忆的传承,扩大记忆主体范围,这也是推动全民文化记忆传承的办法之一。第三要推动城镇居民返乡活动,让新一代回归到传统村落中去,体验村落中的文化、民俗、传统技艺,打破记忆断层现象,让他们在言传身教中感受传统村落集体记忆,建立自身与传统村落中的内在精神联系。

2. 保护传统村落地方特色要素

记忆需要载体,在传统村落集体记忆的继承层面,客体要素是必不可少的。首先要采取措施延续传统村落的空间结构和历史建筑,结合原有特色,通过修复、重建等方式,恢复原有面貌和景观,同时采用新技术与材料,保证修复效果,展示传统村落的历史感与文化感,在此方面可以借鉴和推广浙江松阳模式。其次要注意在旅游推进过程中对传统村落集体记忆带来的影响,旅游的发展一方面给村民带来了经济收益,丰富了村民的精神生活;但另一方面,过度的旅游商业化则会对传统村落的集体记忆造成破坏,村落中的重要民俗活动有可能为了迎合旅游者的需求而演变成为商业产品,失去其历史文化意义。

3. 利用新媒体技术进行宣传推广

随着互联网的发展、新媒体技术的运用,传统村落集体记忆的延续与传播也有了新方式。在早期传统村落的发展过程中,人们通过文字、口述等形式展示村落中的文化记忆,而现在则可以通过拍摄纪录片等方式记录与展现。纪录片具有客观真实性,通过实地拍摄、人物采访以及情景重现等方式,展现传统村落的集体记忆。《记住乡愁》《了不起的村落》等全网型、"轻氧"型传播模式,对于历史事件的重现、集体记忆的探究、乡土记忆的保存都起着不可或缺的作用。

4. 促进村落红旅记忆元素的融合

革命老区传统村落拥有悠久的革命历史和革命传统,红色文化资源丰富,村落中遗存的红色标语、红色地标建筑、革命人物以及革命故事等,都是传统村落的重要记忆资源。但目前而言,红色记忆要素未被彰显,亟待促进红色记忆资源与村落旅游等相关产业的融合发展。传统村落可以利用现有的红色资源发展红色旅游,重点发展红色培训、红色研学、家风旅游等旅游新产品,将保护和开发红色资源与乡村旅游结合起来,打造传统村落新面貌,做到红色遗存随处可见,红色精神进入并彰显于村落记忆的物质和非物质要素体系内。

三、井冈山菖蒲村红色记忆的保护与传承[①]

(一)菖蒲村基本情况[②]

菖蒲村位于井冈山市厦坪镇东南,下辖8个村民小组、12个自然村。村民小组包括山田垅、南城陂、苍树下、青树下、围里、菖蒲洲、演湖、百谷庙;12个自然村包括山田垅、南城陂、苍树下、青树下、围里、菖蒲洲、演湖、百谷庙、槽下、砖屋、江家屋、庙下。菖蒲传统村落位于厦坪镇菖蒲中心村山田垅自然村与南城坡自然村,区位为东经114°15′16.53″,北纬24°41′28.99″,距厦坪镇中心3.5千米,距井冈山市区7千米,在井冈山市东南面,高速公路连接线出口处,泰井高速连接线穿境而过,对外交通联系便捷。

菖蒲传统村落包括山田垅自然村和南城陂自然村,以及两村北侧拿山河和南侧自然山体,山田垅自然村和南城陂自然村都以血缘关系为纽带,分别是以尹姓、王姓人口聚居为主的乡土聚落。菖蒲村面积共1.0平方千米,其中耕地面积380亩,水域面积80亩;截至2019年底有110余户农户,常住人口500余人,主要民族为汉族;产值较高的主要产业为金葡萄庄园、竹荪、农家乐;村集体年收入5万元,村民年均人收入12000元。据地方族谱记载,菖蒲村始建于明朝末期,迄今500余年历史。

村落景观环境较好,气候温和,雨量充沛,自然资源丰富,村级道路建设基本完备,村落北侧有拿山河,村内分布有池塘和水渠,外围为农田、果园和山林。村落生产经营以农业、林业、商业、服务业为主,经济基础较好,是进入井冈山风景名胜区的"必经之村"。村落特色主要体现在优美的自然环境、完整的村落格局、众多风貌建筑、渊远的宗族观念、深厚的文化传承和红色革命圣地六个方面。

村落保护范围内保存有民国时期建造的建筑及遗存共计8处,其中3处已登记为不可移动文物,3处推荐列入不可移动文物,2处推荐列入历史建筑,此外还有79处传统风貌建筑。村落保护范围内有历史环境要素计17处,包括河流、池塘、

---

①梁璐.革命老区传统村落红色记忆的保护与传承研究[D].南昌:江西财经大学,2020.
②相关资料由菖蒲村村委会提供。

历史场地、古树、巷道等;有2项已登记为江西省非物质文化遗产,均为传统手工技艺,一项为井冈山竹编技艺,一项为井冈山红米酒酿造技艺。地方民居以庐陵风格马头墙建筑为主,青砖黛瓦,造型简洁大方,风格统一,菖蒲村向来有"井冈山第一村"的称号。

2009年1月25日,农历除夕,时任中共中央总书记胡锦涛来到菖蒲村,与村民们一起话家常、炒栗子、磨豆腐、饮水酒。在此之后,菖蒲村旅游业得到快速发展,形成了以农家乐为主的乡村生态旅游产业,主要景观和服务设施有金葡萄庄园、尹氏宗祠、村内巷道、大樟树、菖蒲大食堂、菖蒲村展览室、游客服务中心、河道漂流、农家饭庄等。菖蒲村2013年入选第二批中国传统村落名录,2019年入选第一批全国乡村旅游重点村。除此之外,菖蒲村被列为江西省级新农村建设示范点和江西省吉安市农村综合创建示范点,还先后被评为"江西省4A级乡村旅游点""江西省优美村庄""江西省文明村镇""中国最有魅力休闲村庄""全国巾帼示范村"等。

(二) 红色记忆保护与传承的评估模型

1. 理论模型

基于集体记忆理论、社会交换理论和旅游可持续发展理论,本研究构建了记忆对象和红色记忆的基本理论模型(见图6-5),其中记忆对象即是传统村落内的物质景观和非物质遗产,红色记忆包含了记忆主体、记忆客体和记忆的传播媒介。因此,该模型的5个基本维度分别是物质景观、非物质遗产、记忆主体、记忆客体和传播媒介。基于上述理论模型的构建,提出以下假设:

H1:物质景观对红色记忆的保护与传承具有正向影响

  H1a:物质景观对记忆主体具有正向影响

  H1b:物质景观对记忆客体具有正向影响

  H1c:物质景观对记忆传播媒介具有正向影响

H2:非物质遗产对红色记忆的保护与传承具有正向影响

  H2a:非物质遗产对记忆主体具有正向影响

  H2b:非物质遗产对记忆客体具有正向影响

  H2c:非物质遗产对记忆传播媒介具有正向影响

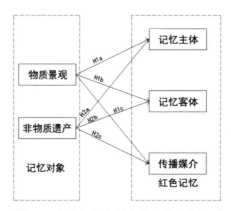

图 6-5 红色记忆保护与传承的评估模型

2. 问卷设计

本研究采用问卷调查的方式,获得菖蒲村当地游客的个人基本信息和游客对传统村落环境的感知信息,进一步了解游客对红色记忆的看法,旨在提高对传统村落红色记忆的保护与传承。

记忆的展现要靠一些物质元素,如固态的自然环境和村落的形态,这是保留记忆的具体场所;非物质文化遗产是保存记忆的重要载体,如人文风俗、民间艺术等,依据宋玉、黄剑锋列举的国内外乡村记忆地理研究的主要记忆要素,将记忆要素分为语言地理要素、行为地理要素、文本地理要素、景观地理要素五大类。[①]

《旅游资源分类、调查与评价》(GB/T 18972—2017)将旅游资源基本类型分为八大主类,分别是地文景观、水域景观、生物景观、天象与气候景观、建筑与设施、历史遗迹、旅游购品、人文活动。从中筛选出符合菖蒲村实际情况的六项,即地文景观、水域景观、生物景观、建筑与设施、历史遗迹、人文活动。

中国传统村落档案制作要求中将科学调查内容与要求分为七类,分别是村域环境调查、传统村落选址与格局调查、传统建筑调查、历史环境要素调查、非物质文化遗产调查、文献资料调查、保护与发展基础资料调查。从中筛选出符合菖蒲村实际情况的五项,分别是村域环境、传统建筑、历史环境要素、非物质文化遗产、文献资料。再根据中国非物质文化遗产分类,选取出符合菖蒲村实际情况的三项非物质文化遗产,分别是传统技艺、民俗、民间文学(文献资料)。

将以上指标归为记忆对象,并分为物质景观和非物质遗产两类。物质景观量表包含村域环境、传统建筑和历史环境要素三类,非物质遗产量表包含传统技艺、

[①] 宋玉,黄剑锋.国内外乡村记忆地理研究进展与展望[J].世界地理研究,2019,28(06):166-177.

民间文学、民俗三类;将红色记忆分为记忆主体、记忆客体、传播媒介三类。共9个维度,保留22个题项。

问卷的主体共分为两个部分:第一部分考察了游客对村落物质景观、非物质遗产的感知情况以及对红色记忆保护和传承的满意度;第二部分是受访游客的背景情况,主要包括性别、年龄、籍贯、学历、政治面貌、受教育程度、职业、收入、访问次数等个人属性问题。问卷的测量方法采用李克特五级量表,对于题项的回答选项分为五个层级,由低到高分别采用1~5分的分值,其中1代表完全不同意、2代表不同意、3代表中立、4代表同意、5代表完全同意,通过游客对数字的勾选来判断其对记忆对象和红色记忆的感知与倾向。

3. 数据采集

问卷设计完成后,在2019年10月12日—10月18日分不同时段先后邀请了共28人参与了此次问卷的预调查,参与者皆为游览过井冈山菖蒲村的同学、亲友以及部分游客。根据预调查中参与者对问卷题项的反馈,对问卷部分内容做了调整和修改,将被调查者个人信息从问卷的第一部分调整到第二部分,防止被调查者在问卷正式发放、填写时在个人信息部分花费过多的时间,而填写第二部分内容时失去耐心,导致问卷效果大打折扣;将文献资料指标与民间文学指标合并,归入非物质遗产维度中。

本次发放的调查问卷只针对以前去过或者刚游览结束的井冈山菖蒲村的游客,采用不记名形式,在发放问卷前都对游客说明了本次问卷所采集到的数据仅用于学术研究。问卷回收过程中遇到的无效问卷主要是没有完整填写或者填写时速度过快,并没有认真审题的问卷,此类问卷参考价值较低,在后期数据整理过程中予以剔除。此次问卷分为线上填写和线下填写两种,两种版本的问卷内容并无差别。

(1) 线上问卷在问卷星软件上编辑,于2019年11月1日—2020年1月30日通过百度贴吧、QQ群检索对去过井冈山菖蒲村的网友进行了发放,问卷星在填写网络问卷结束后有网站的赞助商提供的抽奖环节,能提高填写的积极性,线上调查得到响应的调查问卷有187份,其中有效问卷105份,有效率是56.15%。

(2) 线下问卷发放工作时间段为2019年11月3日—2019年11月20日,为了保证游客的记忆程度较深刻,问卷发放在菖蒲村现场进行,主要针对刚刚游览结束的游客,得到响应的调查问卷有209份,其中有效问卷178份,有效率是85.17%。

因此,线上线下一共回收的有效问卷是283份(见表6-6)。

表6-6 问卷发放与回收情况

种类	数量/份	样本回收概况		样本有效概况	
		回收样本数/份	回收率/(%)	有效样本数/份	有效率/(%)
线上问卷	187	187	100.00	105	56.15
线下问卷	209	209	100.00	178	85.17
总计	396	396	100.00	283	71.46

(三)红色记忆保护与传承的结果分析

1. 人口统计分析

被调查的菖蒲村旅游者中,男性旅游者人数为133人,占总数量的47.0%,女性旅游者人数为150人,占总数量的53.0%,总体上男女被调查者数量差别并不大。

被调查者年龄分布情况,25~34岁的最多,其次为15~24岁和35~44岁,共占比超过48.0%,而45~64岁、14岁及以下和65岁及以上的相对较少,均未超过9%。由此可以看出,来井冈山菖蒲村观光游览的被调查者主要以青壮年为主。

被调查者受教育程度情况,大学本科学历的为100人,占比超过35%,其次是大专学历的,有93人,占总数的32.9%;研究生学历的有41人,超过总数的14%;教育水平在高中及以下的有49人,占比17.3%。由此可以看出,被调查者的总体受教育水平较高。

被调查者政治面貌情况,群众及其他的人员占比最高,共占39.2%,共产党员和共青团员人数基本持平,占比分别为28.3%和28.6%,最后是民主党派人士,占比为3.9%。

月收入情况,月收入在3000元及以下和3001~5000元的旅游者最多,且基本持平,属于中低收入者,共有182人,占比超过64%;月收入为5001~8000元的旅游者有67人,占比超过23%;而月收入8001~12000元、12000元以上的旅游者分别为22人和12人,属于高收入者,在283个样本中占比较小。总体来看,中低收入的被调查者占大多数。

被调查者对传统村落的访问次数方面,访问过传统村落1~2次的人数最多,且大致持平,共占比63.3%;其次是0次的,有42人,占比14.8%;访问过传统村落3次及3次以上的人数相差不大,共占比21.9%。总体来看,超过85%的被调查者都曾经去过传统村落。被调查者基础信息具体见表6-7。

表 6-7 基础信息的统计分析

基本情况	描述指标	人数/人	百分比/(%)	基本情况	描述指标	人数/人	百分比/(%)
性别	男	133	47.0	学历	初中及以下	15	5.3
	女	150	53.0		高中/中职	34	12.0
年龄	14岁及以下	3	1.1		大专	93	32.9
	15~24岁	74	26.1		本科	100	35.3
	25~34岁	115	40.6		研究生	41	14.5
	35~44岁	62	21.9	政治面貌	共产党员	80	28.3
	45~64岁	24	8.5		共青团员	81	28.6
	65岁及以上	5	1.8		民主党派	11	3.9
月收入	3000元及以下	94	33.2		群众	99	35.0
	3001~5000元	88	31.1		其他	12	4.2
	5001~8000元	67	23.7	职业	公务员	24	8.5
	8001~12000元	22	7.8		企事业职员	81	28.6
	12000元以上	12	4.2		教师	34	12.0
传统村落访问次数	0次	42	14.8		学生	56	19.8
	1次	93	32.9		农民	17	6.0
	2次	86	30.4		退休人员	8	2.8
	3次	30	10.6		自由职业者	63	22.3
	3次以上	32	11.3				

2.被调查者对红色文化的态度分析

被调查者是否了解井冈山传统村落红色文化方面,勾选"一般"选项的人数最多,为118人,占比为41.7%;其次为"了解",人数为98人,占比为34.6%;之后从高到低分别是"略微了解""非常了解",且基本持平,分别为34人和25人;勾选人数最少选项的是"不了解",只有8人,占比为2.9%。由此可以看出,大部分被调查者对井冈山传统村落的红色文化是有一定程度的了解的。

被调查者认为红色精神是否淡化方面,36.7%的被调查者认为"开始淡化",认为"没什么感觉"和"不清楚"的被调查者共有138人,占比分别为22.3%和26.5%;认为红色精神没有淡化的被调查者为30人,占比为10.6%;勾选"非常淡化"选项的人数最少,为11人,占比不足4%。总体上看,被调查者坚定认为红色精神没有淡化的人数是偏少的,大多数被调查者还是认为红色精神正在淡化或者并不了解。

对于假如红色记忆消失,被调查者的看法:认为非常惋惜的人数最多,有105人,占比为37.1%;认为有点惋惜的人数排第二,有81人,占比为28.6%。对于假如红色记忆消失,表示会积极挽救的人数为46人,占比为16.3%;认为与我无关的人数最少,只有11人,占比不足4%;剩下的是选择"顺其自然"的,有40人,占比为14.1%。由此可以看出,大多数被调查者对于假如红色记忆消失,是会感到惋惜的。被调查者对红色文化的态度详见表6-8。

表6-8 被调查者对红色文化的态度

题项		计数	比例
是否了解井冈山传统村落红色文化	非常了解	25	8.8%
	了解	98	34.6%
	一般	118	41.7%
	略微了解	34	12.0%
	不了解	8	2.9%
认为红色精神是否淡化	非常淡化	11	3.9%
	开始淡化	104	36.7%
	没什么感觉	63	22.3%
	不清楚	75	26.5%
	没有淡化	30	10.6%
假如红色记忆消失的看法	与我无关	11	3.9%
	顺其自然	40	14.1%
	有点惋惜	81	28.6%
	非常惋惜	105	37.1%
	积极挽救	46	16.3%

3. 记忆对象和红色记忆的统计分析

在描述物质景观的8个题项中(见表6-9),平均值在3.64~3.75,处于中等偏上水平,说明被调查者对于村内物质景观的认知总体上较好。其中,对传统村落整体格局认可度较高,但反映红色文化历史的两个指标认可度相对略低。

表6-9 物质景观统计分析

题项	平均值	标准差	平均值标准误差	峰度	偏度
Wz1 村落整体格局保存良好,体现了村子的传统文化和生活方式	3.75	1.286	0.076	−0.361	−0.868
Wz2 村边溪流及村内池塘水渠保留了传统风貌	3.73	1.200	0.071	−0.313	−0.814
Wz3 植被种类丰富,覆盖良好,生态宜人	3.72	1.198	0.071	−0.401	−0.755
Wz4 传统建筑风貌完整,有很强的红色历史印迹	3.68	1.199	0.071	−0.254	−0.808
Wz5 村内历史巷道空间保留较好,仍能满足主要交通功能	3.73	1.310	0.078	−0.291	−0.915
Wz6 餐馆、民宿等具有当地红色文化特色	3.66	1.214	0.072	−0.239	−0.838
Wz7 村内樟树等古树名木保存较好	3.69	1.250	0.074	−0.596	−0.699
Wz8 村入口及宗祠周边场地设施齐全,能满足人们生产、生活、休憩、娱乐需要	3.64	1.293	0.077	−0.74	−0.645

在描述非物质遗产的4个题项中(见表6-10),平均值在3.64～3.76,处于中等偏上水平,说明被调查者对于村内非物质遗产的认知总体上较好。与物质景观形成对比的是,调查者对红色历史的认知度较高,红色故事挖掘与传播效果较为显著。

表6-10 非物质遗产统计分析

题项	平均值	标准差	平均值标准误差	峰度	偏度
Fw1 竹编及红米酒酿造技艺地域特色鲜明,传承形式良好	3.70	1.318	0.078	−0.675	−0.717
Fw2 族谱记录了家族兴衰、红色历史文脉,起到很好的延续作用	3.70	1.202	0.071	−0.383	−0.724
Fw3 流传下来的民间故事展现了村子的红色历史过往	3.76	1.235	0.073	−0.209	−0.869
Fw4 村内举办的民俗活动红色内容丰富	3.64	1.175	0.070	−0.318	−0.766

在记忆主体(见表6-11)和记忆客体(见表6-12)两大类指标中,被调查者的评价总体上略低于对现有物质和非物质景观遗产的认知,表明物质或非物质内容的转化传承与自身的内在需要仍有较大差距,这可能与传播媒介的使用有较大关系,因为反映媒介效果的两项指标得分仅为3.49和3.54(见表6-13)。事实也如此,以"菖蒲村"为关键词在百度上进行检索,仅查询到相关结果40.4万个,相比照的是"神山村"的百度检索量达到了320万个。

表6-11 记忆主体统计分析

题项	平均值	标准差	平均值标准误差	峰度	偏度
Zt1 当地居民很好地传承了红色记忆	3.71	1.227	0.073	−0.318	−0.802
Zt2 通过游览我加深了井冈山革命历史的红色记忆	3.65	1.215	0.072	−0.336	−0.76

表6-12 记忆客体统计分析

题项	平均值	标准差	平均值标准误差	峰度	偏度
Kt1 通过游览我了解了村落的空间格局和河流水系	3.59	1.305	0.078	−0.665	−0.68
Kt2 通过游览我对村落的历史性建筑印象深刻	3.66	1.243	0.074	−0.57	−0.698
Kt3 通过游览我对村内的休憩亭等公共设施配备感到满意	3.49	1.354	0.08	−1.016	−0.52
Kt4 我对村内竹编、酿酒等技艺的传承现状感到满意	3.54	1.28	0.076	−0.846	−0.55
Kt5 通过族谱和红色民间故事让我对村子的了解更加全面	3.64	1.239	0.074	−0.395	−0.76
Kt6 节日、庆典等民俗活动营造了红色文化氛围	3.61	1.301	0.077	−0.659	−0.697

表 6-13 传播媒介描述统计分析

题项	平均值	标准差	平均值标准误差	峰度	偏度
Mj1 诗词、民谣等传播方式体现了红色记忆的内涵	3.49	1.297	0.077	−0.808	−0.547
Mj2 网络、电视、手机等新兴媒体能快速传播红色文化	3.54	1.235	0.073	−0.757	−0.526

4.感知差异分析

由于生活环境、工作种类、年龄层次、政治面貌和受教育程度等不同,每个人面对同一个事物所表达出的观点和态度都是不同的,人们看待问题的角度是由自己所关注的问题、利益的需求和个人偏好决定的。被调查者在菖蒲村游览时,接触到的村内的环境,包括实体物质元素和非物质遗产所带来的感知效果,都会因个人属性的不同而有所差异。本研究以上文探索性因子分析所归纳出的5个维度为测量指标,分别对旅游者的性别、年龄层次、受教育程度、政治面貌、职业、月收入、访问次数这7个维度的个人属性情况进行感知的差异性分析,来判断不同社会群体对同一事物的感知情况是否不同。

1) 被调查者的性别不同对各变量有显著差异

为了判断男女不同性别的旅游者对物质景观、非物质遗产、记忆客体、记忆主体、传播媒介这5个变量的影响是否存在差异,接下来用独立样本t检验的方法统计出平均值、标准差和显著性,用以分析差异的情况。对于检验对象只有2组的数据,一般采用的是该方法,所以对被调查者性别影响的分析适用于此方法,计算结果如表6-14所示。从组间方差显著性来看,性别对5个变量差异性检验的显著性分别为0.002、0.000、0.001、0.000、0.000,均小于0.05,表明各组间存在明显差异,当地被调查者性别不同即男女两组人群对5个变量有显著的差异。

表 6-14 性别影响的方差分析表

变量		个案数/个	平均值	标准差	标准误差	F	显著性
物质景观 A	男	133	3.482	1.160	0.101	10.024	0.002
	女	150	3.892	1.016	0.083		
	总计	283	3.699	1.103	0.066		
非物质遗产 A	男	133	3.453	1.125	0.098	12.930	0.000
	女	150	3.913	1.029	0.084		
	总计	283	3.697	1.097	0.065		

续表

变量		个案数/个	平均值	标准差	标准误差	F	显著性
记忆客体A	男	133	3.436	1.160	0.101	11.858	0.001
	女	150	3.897	1.089	0.089		
	总计	283	3.680	1.144	0.068		
记忆主体A	男	133	3.290	1.153	0.100	19.198	0.000
	女	150	3.855	1.016	0.083		
	总计	283	3.590	1.117	0.066		
传播媒介A	男	133	3.180	1.191	0.103	22.188	0.000
	女	150	3.817	1.081	0.088		
	总计	283	3.518	1.176	0.070		

2）被调查者年龄不同对各变量有显著差异

本研究将被调查者的年龄主要分为14岁及以下、15～24岁、25～34岁、35～44岁、45～64岁以及65岁及以上共6个层次。通过单因素方差法，分析旅游者不同年龄段对物质景观、非物质遗产、记忆客体、记忆主体、传播媒介的影响是否存在显著差异，结果如表6-15所示。从组间方差显著性来看，年龄对5个变量差异性检验的显著性分别为0.001、0.000、0.000、0.000、0.000，均小于0.05，表明各组间存在明显差异，被调查者年龄段的不同对5个变量有显著差异。

表6-15　年龄影响的方差分析表

变量		个案数/个	平均值	标准差	标准误差	F	显著性
物质景观A	14岁及以下	3	2.333	1.010	0.583	4.543	0.001
	15～24岁	74	3.311	1.207	0.140		
	25～34岁	115	3.741	1.020	0.095		
	35～44岁	62	3.988	0.995	0.126		
	45～64岁	24	4.099	1.118	0.228		
	65岁及以上	5	3.800	0.505	0.226		
	总计	283	3.699	1.103	0.066		
非物质遗产A	14岁及以下	3	2.167	0.722	0.417	5.940	0.000
	15～24岁	74	3.284	1.227	0.143		
	25～34岁	115	3.711	0.955	0.089		

续表

变量		个案数/个	平均值	标准差	标准误差	F	显著性
非物质遗产A	35~44岁	62	4.048	1.024	0.130	5.940	0.000
	45~64岁	24	4.177	1.082	0.221		
	65岁及以上	5	3.750	0.468	0.209		
	总计	283	3.697	1.097	0.065		
记忆客体A	14岁及以下	3	2.833	1.443	0.833	6.040	0.000
	15~24岁	74	3.318	1.235	0.144		
	25~34岁	115	3.552	1.018	0.095		
	35~44岁	62	4.202	0.998	0.127		
	45~64岁	24	4.167	1.257	0.257		
	65岁及以上	5	3.700	0.758	0.339		
	总计	283	3.680	1.144	0.068		
记忆主体A	14岁及以下	3	1.943	0.677	0.391	4.836	0.000
	15~24岁	74	3.186	1.195	0.139		
	25~34岁	115	3.695	1.062	0.099		
	35~44岁	62	3.914	0.997	0.127		
	45~64岁	24	3.701	1.092	0.223		
	65岁及以上	5	3.566	0.694	0.310		
	总计	283	3.590	1.117	0.066		
传播媒介A	14岁及以下	3	2.500	0.866	0.500	7.326	0.000
	15~24岁	74	2.980	1.281	0.149		
	25~34岁	115	3.552	0.963	0.090		
	35~44岁	62	3.911	1.165	0.148		
	45~64岁	24	4.188	1.205	0.246		
	65岁及以上	5	3.200	0.570	0.255		
	总计	283	3.518	1.176	0.070		

3) 被调查者受教育程度不同对各变量无显著差异

本研究将被调查者的受教育程度分为初中及以下、高中(中职)、大专、本科、研究生5类。通过采用单因素方差分析比较多个样本差异,判断被调查者学历对物质景观、非物质遗产、记忆客体、记忆主体、传播媒介的影响是否存在显著差异,结果如表6-16所示。从组间方差显著性来看,学历对5个变量差异性检验的显著性分别为0.575、0.237、0.774、0.805、0.140,均大于0.05,表明各组间不存在明显差异,被调查者受教育程度的不同对5个变量没有显著差异。

表6-16 受教育程度影响的方差分析表

变量		个案数/个	平均值	标准差	标准误差	F	显著性
物质景观A	初中及以下	15	3.892	0.932	0.241	0.726	0.575
	高中(中职)	34	3.926	1.034	0.177		
	大专	93	3.681	1.098	0.114		
	本科	100	3.593	1.147	0.115		
	研究生	41	3.741	1.129	0.176		
	总计	283	3.699	1.103	0.066		
非物质遗产A	初中及以下	15	3.867	0.999	0.258	1.392	0.237
	高中(中职)	34	3.581	1.109	0.190		
	大专	93	3.513	1.218	0.126		
	本科	100	3.803	0.990	0.099		
	研究生	41	3.890	1.058	0.165		
	总计	283	3.697	1.097	0.065		
记忆客体A	初中及以下	15	3.967	0.935	0.241	0.448	0.774
	高中(中职)	34	3.529	1.066	0.183		
	大专	93	3.661	1.140	0.118		
	本科	100	3.670	1.138	0.114		
	研究生	41	3.768	1.319	0.206		
	总计	283	3.680	1.144	0.068		
记忆主体A	初中及以下	15	3.799	1.082	0.279	0.406	0.805
	高中(中职)	34	3.584	1.158	0.199		
	大专	93	3.580	1.101	0.114		
	本科	100	3.513	1.152	0.115		
	研究生	41	3.728	1.077	0.168		

续表

变量		个案数/个	平均值	标准差	标准误差	F	显著性
记忆主体A	总计	283	3.590	1.117	0.066	0.406	0.805
传播媒介A	初中及以下	15	4.167	0.772	0.199	1.747	0.140
	高中(中职)	34	3.676	1.029	0.176		
	大专	93	3.366	1.240	0.129		
	本科	100	3.485	1.156	0.116		
	研究生	41	3.573	1.258	0.196		
	总计	283	3.518	1.176	0.070		

4）被调查者政治面貌不同对各变量有显著差异

本研究将被调查者的政治面貌主要分为共产党员、共青团员、民主党派、群众、其他5个选项。通过采用单因素方差分析比较多个样本差异，判断被调查者政治面貌不同对物质景观、非物质遗产、记忆客体、记忆主体、传播媒介的影响是否存在显著的差异，结果如表6-17所示。从组间方差显著性来看，政治面貌对5个变量差异性检验的显著性均为0.000，小于0.05，表明各组间存在明显差异，被调查者政治面貌的不同对5个变量有显著差异。

表6-17　政治面貌的影响的方差分析表

变量		个案数/个	平均值	标准差	标准误差	F	显著性
物质景观A	共产党员	80	3.305	1.204	0.135	5.599	0.000
	共青团员	81	3.693	1.065	0.118		
	民主党派	11	4.250	—	—		
	群众	99	3.870	1.048	0.105		
	其他	12	4.458	0.658	0.190		
	总计	283	3.699	1.103	0.066		
非物质遗产A	共产党员	80	3.234	1.214	0.136	6.964	0.000
	共青团员	81	3.713	0.939	0.104		
	民主党派	11	4.250	—	—		
	群众	99	3.912	1.090	0.110		
	其他	12	4.396	0.695	0.201		

续表

变量		个案数/个	平均值	标准差	标准误差	F	显著性
非物质遗产A	总计	283	3.697	1.097	0.065	6.964	0.000
记忆客体A	共产党员	80	3.294	1.214	0.136	5.263	0.000
	共青团员	81	3.586	1.027	0.114		
	民主党派	11	4.000	—	—		
	群众	99	3.960	1.169	0.117		
	其他	12	4.292	0.891	0.257		
	总计	283	3.680	1.144	0.068		
记忆主体A	共产党员	80	3.141	1.180	0.132	6.094	0.000
	共青团员	81	3.642	1.088	0.121		
	民主党派	11	4.408	0.215	0.065		
	群众	99	3.786	1.066	0.107		
	其他	12	3.861	0.798	0.230		
	总计	283	3.590	1.117	0.066		
传播媒介A	共产党员	80	2.994	1.264	0.141	7.635	0.000
	共青团员	81	3.512	0.971	0.108		
	民主党派	11	4.000	—	—		
	群众	99	3.808	1.192	0.120		
	其他	12	4.208	0.964	0.278		
	总计	283	3.518	1.176	0.070		

5) 被调查者职业不同对各变量有显著差异

本研究将被调查者的职业按公务员、企事业职员、教师、学生、农民、退休人员、自由职业者7个选项来划分。通过采用单因素方差分析比较多个样本差异,判断被调查者职业不同对物质景观、非物质遗产、记忆客体、记忆主体、传播媒介的影响是否存在显著差异,结果如表6-18所示。从组间方差显著性来看,被调查者职业对5个变量差异性检验的显著性均为0.000,小于0.05,表明各组间存在明显差异,被调查者职业的不同对5个变量有显著差异。

表 6-18 职业影响的方差分析表

变量		个案数/个	平均值	标准差	标准误差	F	显著性
物质景观 A	公务员	24	3.193	1.262	0.258	4.387	0.000
	企事业职员	81	3.498	1.093	0.121		
	教师	34	3.761	1.145	0.196		
	学生	56	3.705	1.047	0.140		
	农民	17	4.162	0.621	0.151		
	退休人员	8	2.797	1.182	0.418		
	自由职业者	63	4.101	0.997	0.126		
	总计	283	3.699	1.103	0.066		
非物质遗产 A	公务员	24	3.177	1.261	0.257	6.690	0.000
	企事业职员	81	3.423	1.103	0.123		
	教师	34	3.816	0.930	0.159		
	学生	56	3.683	1.050	0.140		
	农民	17	4.397	0.566	0.137		
	退休人员	8	2.625	1.157	0.409		
	自由职业者	63	4.143	0.974	0.123		
	总计	283	3.697	1.097	0.065		
记忆客体 A	公务员	24	3.271	1.327	0.271	5.275	0.000
	企事业职员	81	3.506	1.100	0.122		
	教师	34	3.485	1.118	0.192		
	学生	56	3.482	1.053	0.141		
	农民	17	4.324	0.728	0.176		
	退休人员	8	3.188	1.462	0.517		
	自由职业者	63	4.230	1.050	0.132		
	总计	283	3.680	1.144	0.068		
记忆主体 A	公务员	24	3.020	1.290	0.263	4.331	0.000
	企事业职员	81	3.426	1.080	0.120		
	教师	34	3.372	1.223	0.210		
	学生	56	3.842	1.057	0.141		

续表

变量		个案数/个	平均值	标准差	标准误差	F	显著性
记忆主体A	农民	17	3.931	1.194	0.290	4.331	0.000
	退休人员	8	2.729	1.345	0.476		
	自由职业者	63	3.928	0.841	0.106		
	总计	283	3.590	1.117	0.066		
传播媒介A	公务员	24	3.000	1.251	0.255	9.035	0.000
	企事业职员	81	3.093	1.189	0.132		
	教师	34	3.662	0.998	0.171		
	学生	56	3.598	0.936	0.125		
	农民	17	4.294	0.614	0.149		
	退休人员	8	2.250	1.102	0.390		
	自由职业者	63	4.063	1.145	0.144		
	总计	283	3.518	1.176	0.070		

6）被调查者月收入不同对各变量有显著差异

本研究将被调查者的月收入3000元及以下、3001～5000元、5001～8000元、8001～12000元、12000元以上5个选项来划分。通过采用单因素方差分析比较多个样本差异，判断被调查者月收入不同对物质景观、非物质遗产、记忆客体、记忆主体、传播媒介的影响是否存在显著的差异，结果如表6-19所示。从组间方差显著性来看，被调查者月收入对5个变量差异性检验的显著性分别为0.002、0.000、0.000、0.007、0.000，均小于0.05，表明各组间存在明显差异，被调查者月收入的不同对5个变量有显著差异。

表6-19 月收入影响的方差分析表

变量		个案数/个	平均值	标准差	标准误差	F	显著性
物质景观A	3000元及以下	94	3.360	1.159	0.120	3.913	0.002
	3001～5000元	88	3.732	1.054	0.112		
	5001～8000元	67	3.912	1.028	0.126		
	8001～12000元	22	3.955	1.087	0.232		
	12000元以上	12	4.511	0.663	0.200		
	总计	283	3.699	1.103	0.066		

续表

变量		个案数/个	平均值	标准差	标准误差	F	显著性
非物质遗产A	3000元及以下	94	3.293	1.168	0.120	5.094	0.000
	3001~5000元	88	3.776	0.926	0.099		
	5001~8000元	67	3.907	1.103	0.135		
	8001~12000元	22	4.091	1.076	0.229		
	12000元以上	12	4.455	0.697	0.210		
	总计	283	3.697	1.097	0.065		
记忆客体A	3000元及以下	94	3.404	1.181	0.122	4.706	0.000
	3001~5000元	88	3.500	1.042	0.111		
	5001~8000元	67	4.030	1.058	0.129		
	8001~12000元	22	4.182	1.278	0.272		
	12000元以上	12	4.364	0.897	0.270		
	总计	283	3.680	1.144	0.068		
记忆主体A	3000元及以下	94	3.266	1.160	0.120	3.245	0.007
	3001~5000元	88	3.619	1.125	0.120		
	5001~8000元	67	3.927	1.012	0.124		
	8001~12000元	22	3.682	1.054	0.225		
	12000元以上	12	3.939	0.787	0.237		
	总计	283	3.590	1.117	0.066		
传播媒介A	3000元以下	94	2.995	1.206	0.124	7.729	0.000
	3001~5000元	88	3.608	0.948	0.101		
	5001~8000元	67	3.806	1.151	0.141		
	8001~12000元	22	4.136	1.246	0.266		
	12000元以上	12	4.318	0.929	0.280		
	总计	283	3.518	1.176	0.070		

7) 被调查者访问次数不同对各变量有显著差异

本研究将被调查者对传统村落的访问次数分为0次、1次、2次、3次、3次以上5个选项来划分。通过采用单因素方差分析比较多个样本差异,判断被调查者访问次数不同对物质景观、非物质遗产、记忆客体、记忆主体、传播媒介的影响是否存在显著的差异,结果如表6-20所示。从组间方差显著性来看,被调查者访问次数对5个变量差异性检验的显著性均小于0.05,表示各组间存在明显差异,被调查者对传统村落访问次数的不同对5个变量有显著差异。

表6-20 访问次数影响的方差分析表

变量		个案数/个	平均值	标准差	标准误差	F	显著性
物质景观A	0次	42	3.107	1.289	0.199	5.343	0.000
	1次	93	3.665	1.050	0.109		
	2次	86	3.743	1.018	0.110		
	3次	30	4.079	1.019	0.186		
	3次以上	32	4.102	1.001	0.177		
	总计	283	3.699	1.103	0.066		
非物质遗产A	0次	42	3.226	1.266	0.195	5.049	0.001
	1次	93	3.567	1.035	0.107		
	2次	86	3.753	1.051	0.113		
	3次	30	4.100	0.995	0.182		
	3次以上	32	4.164	0.979	0.173		
	总计	283	3.697	1.097	0.065		
记忆客体A	0次	42	3.381	1.310	0.202	5.226	0.000
	1次	93	3.473	1.082	0.112		
	2次	86	3.663	1.072	0.116		
	3次	30	4.267	0.944	0.172		
	3次以上	32	4.172	1.161	0.205		
	总计	283	3.680	1.144	0.068		
记忆主体A	0次	42	2.805	1.220	0.188	8.712	0.000
	1次	93	3.534	1.051	0.109		
	2次	86	3.794	1.133	0.122		
	3次	30	4.133	0.608	0.111		
	3次以上	32	3.724	0.989	0.175		
	总计	283	3.590	1.117	0.066		
传播媒介A	0次	42	2.798	1.312	0.202	8.589	0.000

续表

变量		个案数/个	平均值	标准差	标准误差	F	显著性
传播媒介A	1次	93	3.371	1.086	0.113	8.589	0.000
	2次	86	3.645	1.017	0.110		
	3次	30	3.983	1.156	0.211		
	3次以上	32	4.109	1.155	0.204		
	总计	283	3.518	1.176	0.070		

5. 相关性分析

在统计学中,分析各个变量间相关性强弱程度常用的方法是斯皮尔曼(Spearson)等级相关系数法,斯皮尔曼相关系数用来衡量各个变量之间的依赖性、相关性,通过具体的数字来测定各个变量之间的相关性强弱。从表6-21可以看出:所有变量两两之间呈显著的正相关,p值均小于0.01,相关系数r在0.288~0.730,说明物质景观、非物质遗产、记忆客体、记忆主体、传播媒介这5个变量两两之间相关性较强。

表6-21 斯皮尔曼相关系数

变量		物质景观	非物质遗产	记忆客体	记忆主体	传播媒介
物质景观	相关系数	1.000				
	显著性(双尾)					
	个案数/个	283				
非物质遗产	相关系数	0.671**	1.000			
	显著性(双尾)	0.000				
	个案数/个	283	283			
记忆客体	相关系数	0.514**	0.495**	1.000		
	显著性(双尾)	0.000	0.000			
	个案数/个	283	283	283		
记忆主体	相关系数	0.371**	0.337**	0.288**	1.000	
	显著性(双尾)	0.000	0.000	0.000		
	个案数/个	283	283	283	283	
传播媒介	相关系数	0.730**	0.621**	0.390**	0.314**	1.000
	显著性(双尾)	0.000	0.000	0.000	0.000	
	个案数/个	283	283	283	283	283

6. 结构方程模型分析

1) 测量模型检验

在进行结构方程模型分析之前,要对物质景观、非物质遗产、记忆主体、记忆客体、传播媒介等因子的测度指标进行信效度分析,根据因子分析的一般方法,对问卷量表的指标和假设模型进行探索性因子和验证性因子检验。

在通过探索性因子分析得出各个潜在变量后,有必要通过验证性因子分析研究通过问卷回收的样本数据与假设的模型指标是否契合,模型指标的维度是否能够准确测量问卷设置的指标。调查的样本数据与探索性因子分析得出的量表因子结构和理论假设的拟合度可通过验证性因子分析的拟合适配度指标反映出来。

本研究选用 CMIN、CMIN/DF、GFI、AGFI、NFI、IFI、TLI、CFI、RMSEA 的拟合指数来判断模型的适配度。这些评价指标的评价标准:MIN/DF 的合理标准是小于5,优秀标准是小于3;RMSEA 小于0.08,表示模型拟合较好;GFI、AGFI、NFI、IFI、TLI、CFI 均大于0.9,表示模型路径图与实际数据有良好的适配度。潜变量的组合信度(CR)与平均变异量(AVE)指标也被用来判断量表同一构面的收敛度,CR 大于0.7,AVE 大于0.5,说明收敛度较好。本研究构建红色记忆测量模型如图6-6所示。

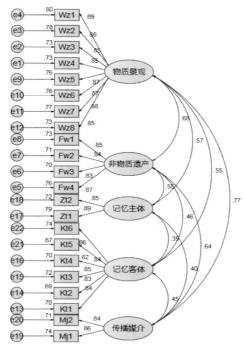

图6-6 红色记忆测量模型图

接下来选用 CMIN、CMIN/DF、GFI、AGFI、NFI、IFI、TLI、CFI、RMSEA 的拟合指数来进行红色记忆测量模型的拟合度检验。从表6-22中可以看出：CMIN/DF 的模型值为 0.945，符合小于3的标准；RMSEA 的模型值为 0.000，符合小于 0.05 的标准；GFI、AGFI、NFI、IFI、TLI、CFI 的模型值分别为 0.944、0.929、0.966、1.000、1.000、1.000，均大于 0.9。模型参数均达到合理的标准，表明红色记忆的样本数据与测量模型的拟合度达标，模型可以接受。

表6-22 红色记忆模型拟合度指标

参数	合理标准	优秀标准	模型值	参数判断	是否达标
CMIN			187.992		
CMIN/DF	<5	<3	0.945	优秀	是
GFI	>0.8	>0.9	0.944	优秀	是
AGFI	>0.8	>0.9	0.929	优秀	是
NFI	>0.8	>0.9	0.966	优秀	是
IFI	>0.8	>0.9	1.000	优秀	是
TLI	>0.8	>0.9	1.000	优秀	是
CFI	>0.8	>0.9	1.000	优秀	是
RMSEA	<0.08	<0.05	0.000	优秀	是

路径系数估计值检验是判别回归系数估计值是否等于0的方法。表格中的 p 值表示的是各个变量的显著性强弱程度，p 值<0.05 表示显著性水平可以接受，标记为*；p 值<0.01 表示具有较好的显著性水平，标记为**；p 值<0.001 表示有极高的显著性水平，标记为***[①]。如果检验结果达到显著水平，则表明回归系数不等于0。从表6-23中可以看出：所有变量的显著性均达到0.001的显著性水平，表明系数显著不等于0，说明红色记忆模型方程是值得信赖的。

表6-23 模型路径系数估计

变量	Estimate	S.E.	C.R.	p 值
Fw1非物质遗产	1.100	0.059	18.629	***
Fw2非物质遗产	0.992	0.054	18.264	***

---

① 邹晓菁,王菲菲,刘家好.综合信息计量视角下的期刊评价指标体系研究[J].情报科学,2018,36(02):118-124.

续表

变量	Estimate	S.E.	C.R.	p值
Fw3非物质遗产	1.007	0.056	17.907	***
Fw4非物质遗产	1.000			
Kt1记忆客体	1.000			
Kt2记忆客体	0.949	0.055	17.175	***
Kt3记忆客体	1.054	0.059	17.73	***
Kt4记忆客体	0.980	0.057	17.232	***
Kt5记忆客体	0.930	0.056	16.719	***
Kt6记忆客体	1.026	0.057	18.106	***
Mj1传播媒介	1.000			
Mj2传播媒介	0.930	0.062	15.011	***
Wz1物质景观	1.122	0.054	20.814	***
Wz2物质景观	1.033	0.051	20.285	***
Wz3物质景观	0.997	0.052	19.041	***
Wz4物质景观	1.000			
Wz5物质景观	1.117	0.056	19.936	***
Wz6物质景观	1.033	0.052	19.854	***
Wz7物质景观	1.067	0.053	19.977	***
Wz8物质景观	1.075	0.057	18.992	***
Zt1记忆主体	1.059	0.084	12.625	***
Zt2记忆主体	1.000			

从表6-24中可以看出:所有变量的因素负荷量在0.819~0.894,均大于0.5;潜在变量的组合信度CR值在0.964~0.978,均大于0.9;平均变异抽取量AVE值在0.814~0.854,均大于0.8。结果说明红色记忆量表的收敛效度良好,均符合结构模型的参数要求,表明该红色记忆测量模型内部质量良好。

表 6-24　红色记忆验证性因子分析表

变量	因素负荷量	R^2	测量误差	组合信度(CR)	平均变异量（AVE）
Fw1非物质遗产	0.853	0.728	0.147	0.970	0.828
Fw2非物质遗产	0.844	0.712	0.156		
Fw3非物质遗产	0.834	0.696	0.166		
Fw4非物质遗产	0.870	0.757	0.130		
Kt1记忆客体	0.836	0.699	0.164	0.964	0.814
Kt2记忆客体	0.833	0.694	0.167		
Kt3记忆客体	0.850	0.723	0.150		
Kt4记忆客体	0.835	0.697	0.165		
Kt5记忆客体	0.819	0.671	0.181		
Kt6记忆客体	0.861	0.741	0.139		
Mj1传播媒介	0.861	0.741	0.139	0.970	0.829
Mj2传播媒介	0.841	0.707	0.159		
Wz1物质景观	0.894	0.799	0.106	0.978	0.853
Wz2物质景观	0.882	0.778	0.118		
Wz3物质景观	0.853	0.728	0.147		
Wz4物质景观	0.855	0.731	0.145		
Wz5物质景观	0.874	0.764	0.126		
Wz6物质景观	0.872	0.760	0.128		
Wz7物质景观	0.875	0.766	0.125		
Wz8物质景观	0.852	0.726	0.148		
Zt1记忆主体	0.891	0.794	0.109	0.978	0.854
Zt2记忆主体	0.850	0.723	0.150		

从表6-25可以看出：模型变量与误差变量的测量残差变异量估计值均为正数，并且均在0.05水平显著，其变异量标准误估计值均很小，在0.031～0.149，表示不存在模型界定错误的问题。估计参数中没有出现负的误差变异量，且标准误误差值很小，说明关于本研究探讨的红色记忆测量模型的适配度表现良好。

表 6-25　模型残差

变量	Estimate	S.E.	C.R.	p 值
物质景观	1.047	0.117	8.926	***
非物质遗产	1.042	0.116	9.011	***
记忆主体	1.187	0.139	8.529	***
记忆客体	1.062	0.138	7.693	***
传播媒介	1.243	0.149	8.365	***
e1	0.386	0.036	10.682	***
e2	0.39	0.036	10.701	***
e3	0.319	0.031	10.331	***
e4	0.332	0.033	10.126	***
e5	0.334	0.039	8.578	***
e6	0.463	0.049	9.471	***
e7	0.415	0.045	9.271	***
e8	0.470	0.052	9.042	***
e9	0.404	0.039	10.449	***
e10	0.352	0.034	10.475	***
e11	0.365	0.035	10.436	***
e12	0.458	0.043	10.714	***
e13	0.511	0.051	9.988	***
e14	0.471	0.047	10.029	***
e15	0.507	0.052	9.757	***
e16	0.495	0.049	10.003	***
e17	0.308	0.083	3.726	***
e18	0.409	0.078	5.242	***
e19	0.434	0.069	6.262	***
e20	0.445	0.063	7.028	***
e21	0.503	0.049	10.22	***
e22	0.436	0.046	9.54	***

从表 6-26 中可以看出:模型的基本适配度指标均达到检验标准,检验结果数据没有负的误差变异量,因素负荷量数值均大于 0.8,且没有很大的标准误差,表示估计结果的基本适配度良好,没有违反模型辨认规则。

表 6-26 基本适配度情况检验表

项目	检验数据	模型是否适配
误差变异量	均为正数	是
因素负荷量	处于 0.819~0.894	是
标准误差	处于 0.031~0.149	是

2)结构方程模型检验

从表 6-27 中可以看出:CMIN/DF 的模型值为 0.691,符合小于 3 的标准;RMSEA 的模型值为 0.000,符合小于 0.05 的标准;GFI、AGFI、NFI、IFI、TLI、CFI 的模型值分别为 0.943、0.928、0.966、1.000、1.000、1.000,均大于 0.9。模型参数均达到合理的标准,表明红色记忆的样本数据与测量模型的拟合度达标,模型可以接受。

表 6-27 模型拟合度指标

参数	合理标准	优秀标准	模型值	参数判断	是否达标
CMIN			191.512		
CMIN/DF	<5	<3	0.691	优秀	是
GFI	>0.8	>0.9	0.943	优秀	是
AGFI	>0.8	>0.9	0.928	优秀	是
NFI	>0.8	>0.9	0.966	优秀	是
IFI	>0.8	>0.9	1.000	优秀	是
TLI	>0.8	>0.9	1.000	优秀	是
CFI	>0.8	>0.9	1.000	优秀	是
RMSEA	<0.08	<0.05	0.000	优秀	是

从表 6-28 中可以看出:物质景观对记忆客体、记忆主体、传播媒介均有显著的正向影响,显著性均小于 0.05,标准系数分别为 0.357、0.437 和 0.633;非物质遗产对记忆客体、记忆主体、传播媒介均有显著的正向影响,显著性均小于 0.05,标准系数分别为 0.301、0.163 和 0.206。

表 6-28　路径参数

假设	路径			非标准参数	S.E.	标准参数	C.R.	p 值
H1b	记忆客体	←	物质景观	0.357	0.081	0.357	4.404	***
H1a	记忆主体	←	物质景观	0.465	0.085	0.437	5.488	***
H1c	传播媒介	←	物质景观	0.691	0.08	0.633	8.648	***
H2b	记忆客体	←	非物质遗产	0.302	0.082	0.301	3.675	***
H2a	记忆主体	←	非物质遗产	0.174	0.084	0.163	2.075	0.038
H2c	传播媒介	←	非物质遗产	0.225	0.076	0.206	2.977	0.003

（四）菖蒲村红色记忆保护与传承存在的问题及提升对策

1. 问题剖析

通过对菖蒲村红色记忆的相关研究,发现旅游者对菖蒲村旅游的物质景观和非物质遗产的感知情况处于中等偏上水平,物质景观均值为 3.699,非物质遗产均值为 3.697,认同感并不强烈;体现红色记忆的记忆客体、记忆主体、传播媒介的均值分别为 3.680、3.590、3.518,说明旅游者在游览菖蒲村时虽然形成了红色记忆,但效果并不够显著,被调查者对井冈山传统村落红色文化的了解程度也并不高,大多数被调查者认为红色精神正在淡化或者对此并不了解。

被调查者对村内物质景观和非物质遗产的感知情况不强烈,其主要原因在于村落内传统建筑的原始风貌保护及修缮的力度不够,富有当地特色的民宿开发尚未完善,服务于被调查者的公共设施配备还有待加强,非物质文化遗产的传承、传承人的宣传及保护力度不够,村内开展的民俗活动较少,红色旅游氛围并不浓厚。这些原因导致了被调查者在游览菖蒲村过后产生的红色记忆并不显著,甚至会随着时间的流逝而消失,红色记忆并没有得到有效的保护和传承。

2. 对策建议

1) 重视村内物质景观的维护

村内旅游资源的开发要在保证村落整体格局完整的前提下进行,不能破坏原始格局,村内的传统文化和居民的生活方式要加以延续;贯穿整个村子的河流水系以及池塘水渠要定期打捞垃圾,保持水系的清澈卫生,尤其在夏季,池塘水面易滋生蚊虫,大大影响被调查者的游览体验,可以购置专门杀蚊虫的光谱杀虫灯,置于池塘水渠边,或者在池塘水渠边种植一些驱蚊的植物,如夜来香、驱蚊草等;多种植一些适合菖蒲村生长的植物,保证植物种类的多样性,这样既能提高植被覆盖率,也更具观赏性,使村民置身于优美的环境中;对保存下来的传统建筑要加大修缮和保护力度,由于这些建筑保存年代久远,不仅要对外观修缮,更要对内部的设施进行定期的维护,以满足村民居住的需求;村内的石板和石子巷道也要定期修缮维护,保持路面平整,禁止汽车碾压,雨天过后,要及时清除积水,路面上的青苔也要定时清理,防止打滑;村内有很多农家乐饭店,食物价格要合理,做到明码标价,菜品要有当地特色,饭店墙上可以挂一些井冈山革命斗争时期的图片、画作等,体现当地的红色文化;截至本次调研结束,村内只有一家开放经营的民宿,民宿的开发可以更多样性;村内有4棵百年以上古樟树,有着重要的生态、景观以及科研价值,古树的共同特点是树龄较高、树势衰老,因此古树的复壮工作刻不容缓,可以通过改善地下环境(改良土壤、设置通气管)、进行地面处理(在树下人流密集的地方铺设透气砖,防止土壤表面因人为践踏影响透气)、喷施营养剂(延缓树木衰老)等方法来延长古树寿命;村内有一片葡萄园,可以在葡萄丰收的季节增设供游客采摘葡萄的项目,既可以创收,又可以丰富游客的游览体验;调研时发现村入口及宗祠周边场地设施有一些已经损坏,要满足人们生产、生活、休憩、娱乐的需要就必须对这些设施进行定期保养维护。

2) 提高对村内非物质文化遗产的保护力度

菖蒲村的传统技艺有竹编技艺和红米酒酿造技艺,目前这两项传统技艺只有村内少部分老人还会,传承问题迫在眉睫,要加紧培养更多的年轻人来传承,将制作好的竹编工艺品和红米酒在菖蒲村售卖,既可以让前来旅游的游客更丰富地体验到村内的特色,又可以增加村民的收入;村内有一座尹氏宗祠,现已改造成农家乐饭店,课题组认为目前村内农家乐饭店的数量已不少,祠堂若能承担起菖蒲村非物质文化遗产宣传的角色,比开设饭店更有价值,可将族谱、村子流传下来的民间故事、革命时期的老物件列于其中展览,供游客参观,以加深游客对菖蒲村的印象;还可以多举办一些民俗活动,使村民和游客共同参与其中。

3) 加强红色记忆的构建与维护

本研究表明物质景观和非物质遗产对红色记忆的形成有显著的正向影响,因此,只有对菖蒲村物质景观和非物质遗产的保护落到实处,才有可能使游客和居民产生强烈的红色记忆,记忆主体和记忆客体是紧密相连的。而记忆主客体之间的桥梁是记忆的传播媒介,传统的传播媒介有诗词、民谣等,可以定期在村内举办围绕菖蒲村的诗词民谣创作比赛,参与者同样是村民和游客,并设置奖项,增加了趣味性;新兴的传播媒介有网络、电视、手机等新媒体,可以将菖蒲村的风土人情拍成宣传片,广为扩散。

第七章 赣州文旅融合助力乡村振兴发展

习近平总书记强调,要把红色资源利用好、把红色传统发扬好、把红色基因传承好。赣州享有"红色故都""江南宋城""客家摇篮""阳明圣地"等美誉,是苏区精神、长征精神的主要发源地[①]。近年来,赣州市认真学习贯彻习近平总书记视察江西重要讲话精神,立足红色资源优势,强化规划引领,深化区域合作,加大政策支持,打造业态精品,全力推动了红色旅游与文化产业的融合发展。本章探讨赣州红色旅游与文化产业的协同发展,以小密花乡、和君小镇和"浴血瑞京"三个典型景区为例,在深入探讨目前红色旅游与文化产业融合机理的基础上,分析发展现状、总结经验做法、剖析存在问题,据此提出进一步推进赣州红色旅游与文化产业协同发展的对策建议,为红色旅游与文化产业融合发展提供借鉴参考。

一、红色旅游与文化产业协同创新探索[②]

(一)红色旅游与文化产业的融合机理

文旅融合发展是通过文化升华旅游体验内容深度,通过旅游体验作为文化传播衍生发展的载体,从而实现文化和旅游两大产业的协同发展[③]。红色旅游与文化产业的融合机理,可从两者相互关系、融合的可行性和融合具体途径等方面来分析。

1. 相互关系

一是红色旅游产业与文化产业有共同的市场边界。旅游产业中存在部分企

[①]传承红色基因 赓续红色血脉[N].赣南日报,2021-10-22(002).
[②]邹勇文,陈东军,汪忠列,等.赣南原中央苏区红色旅游与文化产业协同发展创新探索[C]//郭建晖,蒋金法.江西文化产业发展报告(2022).南昌:江西人民出版社,2022.
[③]蔡蕾,邵悦,马云驰.文旅融合背景下龙江剧戏曲旅游产品营销创新研究[J].经济师,2021(3):156-157,162.

业开发利用红色革命文化资源服务于旅游,本质上就是文化产业[①];而在文化产业中有部分企业以红色文化促进旅游发展方式的转变,对当地的红色文化资源进行出版、影视、网络、VR模拟等多形式的深度开发,同时提供观看、体验和购买等服务,也发挥着一定程度的旅游功能[②]。在科学交叉发展、行业相互渗透的经济飞速发展时代中,两者之间越来越难以分割,呈现相辅相成的关系。文化产业是否发达影响着红色旅游业的兴衰程度;红色旅游产品文化含量的高低,同样影响着文化产业的开发程度。

二是红色旅游产业与文化产业相互依赖、相辅相成。从文化与旅游融合状态分析,大部分红色旅游景点都包含教育、体验等多种文化因素,被赋予了内涵丰富的特色红色文化,成为当地文化一道亮丽的风景。同时,红色旅游资源的深度挖掘、全面鉴赏与精神传承,都依靠文化的诠释与拓展。可见,红色旅游产品都是建立在文化的基础上才得以开发、生产和消费的,文化性质是一切旅游资源包括红色旅游的本质特征,而所有的旅游资源又反过来支撑着文化的传承与发展,为文化资源的开发提供了一个切实的载体。

2.可行性分析

第一,产业边界模糊化降低了产业融合的门槛。产业边界的模糊化为产业融合提供了有利的外部环境,使产业的互相渗透和融合日渐清晰,红色旅游的内部物质得以向文化产业渗透。例如,湖南省在红色旅游的开发过程中以改革创新的手段,促进红色产业融合发展,打破红色旅游与文化产业的壁垒,使其边界逐渐消失,形成红色旅游与文化产业融合发展的成功典范——"湘潭(韶山)模式"。

第二,市场需求拉动红色旅游与文化产业的融合发展。产业融合正在飞速发展,旅游、教育、文化等新兴产业与传统产业之间的融合趋势愈演愈烈,产业融合已经成为影响产业发展的关键所在。纵观整个红色旅游产业,广大游客旅游目的需求的变化与体验感受要求的升级,使得传统的"观光瞻仰游"向新型的"体验游"的发展趋势愈加明显。因此需要更加注重红色旅游与文化产业的融合,尽可能地增加旅游项目的体验性、趣味性与融合性,让游客充分体会其文化内涵的同时也起到传承红色文化的作用。

第三,技术创新推动红色旅游与文化产业的融合发展。技术创新是产业融合产生的原动力,是产业融合产生与发展的催化剂[③]。纵观国内红色旅游景点,大多

---

① 冯萍.红色旅游产业与文化产业融合发展研究[J].亚太教育,2016(2):222.
② 叶婷婷,奚少敏.论红色旅游与文化产业的融合发展——以广东省为例[J].佳木斯职业学院学报,2018(10):423-424.
③ 程瑶.桂林红色旅游与文化产业融合发展研究[D].桂林:广西师范大学,2017.

数都是在先进技术的支撑下不断发展壮大的。例如,江西省凭借技术创新,编印江西红色旅游自驾游手册、江西红色旅游地图和图画攻略等;赣州市运用现代高科技、光电效果在景区陈列馆设立"反围剿斗争"动漫体验互动项目,丰富了红色旅游体验,增强了景区吸引力和感染力。

3. 融合途径

根据《文化及相关产业分类》,文化产业核心层主要集中在新闻出版、文化艺术以及广播影视等行业[①];文化产业外围层包括互联网、旅行社服务、游览景区文化服务、室内娱乐、游乐园、文化产品租赁和拍卖、广告、节庆会展等服务行业;文化产业相关层是以文化产品的生产和销售为主的行业。相应地,红色旅游与文化产业的融合途径可从核心层、外围层和相关层等进行探索。

红色旅游与文化产业核心层融合比较具有代表性的主要集中在影视、演艺等领域。影视主要包含电视剧、电影、动漫等,红色旅游与电视剧、电影的融合主要是通过拍摄、播放红色题材的影视剧,借助于影视剧的热播,使得剧中的红色文化资源能够被更多的人知晓,进而吸引更多的游客前往旅游,如电影《庐山恋》、电视剧《红色摇篮》《小兵张嘎》等。红色旅游与动漫产业的融合,主要是将相关英雄人物和红色遗址转化为动画或者漫画中的人物形象和场景,从而扩大红色文化受众面,宣传红色旅游目的地,如兴国县打造的3D动画《长征先锋》和瑞金市创作的漫画《漫画红都》。演艺产业是基础性文化产业,红色旅游与演艺产业融合发展是改变红色旅游发展方式、创新红色旅游产品的重要手段之一。例如,"十三五"期间,延安在红色旅游发展过程中共创作大戏、小戏90余部,歌曲300余首,舞蹈和曲艺节目300多个,推出了《舞动延安》《延安颂》《延河湾》《兰花花》《山丹丹》《延安保育院》等一批精品文化剧目,既丰富了游客的旅游项目,也可使游客受到革命教育。

红色旅游与文化产业外围层融合比较多的是在网络、休闲娱乐、游戏、节庆等领域。例如,红色旅游文化节庆活动可以分为历史事件纪念活动与旅游展示和推介活动,通过节庆活动可以扩大事件影响力,提高事件知名度,推动红色旅游发展。目前,江西省的红色旅游博览会、井冈山杜鹃花会、中国红色旅游文化节和江西红色旅游推介会等节事活动已经成为江西省重要的红色旅游节事品牌。各地可深入挖掘当地红色历史文化,结合自身实际情况,倾力打造一项具有本土文化特色和地域风情的红色旅游文化节事活动。

红色旅游与文化产业相关层融合主要表现在文化产品的生产与销售。文

---

① 程瑶,李天雪.桂林红色旅游与文化产业融合发展研究[J].桂林师范高等专科学校学报,2016,30(4):1-4,16.

产品产业就是指通过对文化产品的生产和销售,一方面展现当地的旅游特色,另一方面实现经济效益,促进当地的旅游经济发展。毛主席故乡湖南韶山,在红色旅游和文化产品产业相结合方面,就是一个成功的范例①。在游客游览的过程中,导游会在为游客讲解红色景区知识的同时,向其介绍毛主席故居的纪念品,购买一尊"毛主席雕像"带回家被认为是一种最直接的表达对毛主席敬意的方式。凭借这一独有的方式,一方面能将自身的红色文化资源转化成为产品优势,给当地带来经济效益,另一方面又能够将本土的红色文化资源尽情展现给游客,实现经济效益和社会效益的共赢。

(二)赣州红色旅游与文化产业协同发展现状

1. 红色旅游发展现状分析

1) 红色旅游发展成效

"红色土地"赣州,是原中央苏区核心区域、中华苏维埃共和国临时中央政府所在地,也是中央红军长征出发地,南方三年游击战争的主战场。赣州市18个县(市、区)中有13个"全红县"、15个"老区县"②。赣州现有红色旅游A级景区9处,其中国家5A级旅游景区1处(瑞金市共和国摇篮旅游区),国家4A级旅游景区5处(宁都县翠微峰景区、兴国县苏区干部好作风纪念园、宁都县小布镇景区、于都县中央红军长征出发地纪念园、瑞金市"浴血瑞京"景区),国家3A级旅游景区3处(瑞金市中共中央政治局中央军委旧址、兴国县黄隆顺客栈四星望月文化景区、石城县阻击战纪念园),全国红色旅游经典景区2处(宁都县中央苏区反"围剿"旧址及纪念馆、大余县南方红军三年游击战争旧址及纪念馆)。2021年,赣州红色旅游发展取得显著成效,全年接待红色旅游6348.70万人次,同比2020年增长56.40%,同比2019年增长6.88%;红色旅游总收入613.50亿元,同比2020年增长70.40%,同比2019年增长8.63%。

2) 红色旅游发展特点

一是资源丰富但保护利用不足。赣州市红色资源丰富,全市拥有红色标语3350条、革命文物保护单位389处472个点。其中,全国重点文物保护单位12处67个点,省级文物保护单位113处140个点,国家级爱国主义教育基地5个,另有341处革命旧居旧址开辟为红色旅游景点③。丰富的革命文物资源为红色旅游奠定了良好基础,但也存在保护与利用不足的问题。在保护方面,尽管取得了一定

---

① 蒋洁草.桂林红色旅游和文化产业的结合发展路径探索[J].旅游纵览(下半月),2019(8):86-87.
② 叶辉圣.盘活红绿资源 推动老区振兴[N].中国旅游报,2022-07-05(001).
③ 叶辉圣.盘活红绿资源 推动老区振兴[N].中国旅游报,2022-07-05(001).

的经验与成就,但仍存在低等级革命文物保护状况不佳、基层革命文物保护机构不全等问题。在利用方面,大量红色资源的旅游利用停留在简单的展示层面,对故人故事、精神内涵的挖掘与阐释传播不够,活化利用水平不高。

二是区域突出但整体发展有限。瑞金集合众多优质红色资源,并凭借独到的区位优势及有力的政策支持,其红色旅游发展在赣州市域一枝独秀。近年来,瑞金连续创下国家历史文化名城、国家5A级旅游景区、国家级风景名胜区、国家级水利风景区等"国字号"品牌,入选全国十大红色旅游经典景区、中国县域旅游竞争力百强县市等。2017年,瑞金旅游接待人数首破千万人次。2019年,瑞金旅游收入首破百亿大关。其中,红色旅游人次占比达80%,红色旅游收入占比达86%。相比之下,赣州市红色旅游的整体发展水平有限,2019年红色旅游人次占比仅为45%,红色旅游收入占比仅为40%,其他各县如宁都、会昌、寻乌、石城、安远、大余、信丰等地的红色旅游发展则更显局限。赣州各县(市、区)未能充分利用各地丰富的红色资源,未来应"拧成一股绳,劲往一处使",形成红色旅游发展合力。

三是产品多样但品牌效应缺乏。2018年,赣州市针对红色资源点多面广、开发不足的现状,对红色旅游区开展了旅游资源普查。同时,加大对红色资源精神内涵、背后故事的挖掘,梳理红色文化脉络,形成丰富的红色旅游产品。结合各地红色文化特点,各县(市、区)策划了一批红色旅游项目,如依托赣粤省委旧址群打造的会昌"风景独好小镇"、依托官田兵工厂旧址群打造的兴国"军工小镇"、依托红军长征步道打造的于都"祁禄山红军小镇"、依托近现代革命历史打造的"方特东方欲晓乐园";推出系列红色主题文艺作品,如赣南采茶戏剧《一个人的长征》和《盘山魂》、瑞金大型原创音乐剧《闪闪的红星》、兴国山歌剧《苏区干部好作风》、信丰合唱情景音乐剧《赣南游击词》等;组织系列红色培训研学活动,如陕西大型研学专列团游于都、瑞金,"百趟红色旅游专列进苏区",党员干部来赣红色培训等。赣州市红色旅游产品丰富,但未能打造全国知名旅游产品与服务,红色旅游品牌效应有限。

2. 文化产业发展现状

1) 文化产业发展成效

赣州市区位优势得天独厚、对接承载条件优越,不仅是赣粤闽湘四省边际区域中心城市,也是内地连接东南沿海发达地区的前沿地带,区位优势明显;且赣粤高速、厦蓉高速、京九铁路、赣韶高速等形成了贯通东西南北的完善交通网络[①],辐射文化产业繁荣的珠三角城市群,促进赣州市与珠三角地区的互补合作。赣州市

---

① 罗丽萍,吴雄健.赣州市文化产业发展研究[J].青春岁月,2016(05):230,229.

文化资源丰富独特,拥有底蕴深厚的客家文化资源(如客家围屋、赣南采茶戏曲)、光辉灿烂的红色文化资源(如中华苏维埃共和国临时中央政府旧址群、寻乌调查旧址)、丰富多彩的旅游文化资源(如宋代城墙、三百山、陡水湖),为文化产业的繁荣发展奠定了资源基础。

基于优越的区位条件及良好的资源基础,赣州市文化产业取得亮眼成绩。2021年,全市规模以上文化及相关产业的营业收入381.3亿元,同比增长24.8%;全市已形成以文化创意、印刷包装、广播影视视听设备制造、玩具制造为主力军的产业结构,打造了1个国家级印刷包装产业基地、15个省级文化产业示范基地。

2) 文化产业发展特点

一是整体平稳增长但产业结构欠优。近年来,赣州市大力实施文化强市战略,积极推进文化产业发展。具体成绩为:2018年,赣州市拥有规模以上文化产业法人单位196个,到2021年增长为260个,年均增长率为9.88%;2018年资产总计211.74亿元,2021年为430.41亿元,年均增长率为26.68%;2018年营业收入为220.48亿元,2021年为381.33亿元,年均增长率为20.04%。赣州市文化产业整体表现为平稳增长状态(见图7-1)。但是具体到产业结构:2021年,文化核心领域的法人单位、资产总计、营业收入分别为137个、219.07亿元、49.80亿元,而文化相关领域的对应数据分别为123个、211.34亿元、331.53亿元。核心领域和相关领域的主要指标数据相近,说明文化核心领域发展较弱,不合理的文化产业结构制约文化产业高质量发展。

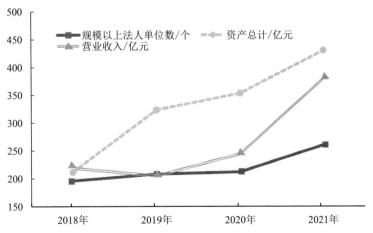

图 7-1 2018—2021 年赣州市文化产业主要指标

数据来源:赣州市统计局

二是区域特色显著但整体效益不佳。赣州各县(市、区)已确定其主导或优势文化产业,区域文化产业特色明显。其中,赣州中心城区重点发展文化创意板块,建成了赣坊1969文化创意产业园、宋城壹号文化创意产业园等文化创意产业园区;赣州经开区重点发展印刷包装板块,建设了赣州国家印刷包装产业基地,入驻企业31家,2020年园区总产值约达35.2亿元;安远、信丰、于都重点发展广播影视视听设备制造板块,培育了赣州得辉达科技有限公司、朝阳聚声泰(信丰)科技有限公司、江西天键电声有限公司等一批重点上市后备企业;龙南、瑞金重点发展玩具制造板块,壮大了勤业工业(龙南)有限公司、华隆玩具(龙南)有限公司、江西省佳惠宝实业有限公司等玩具制造骨干企业。但各县(市、区)产业经济效益未能形成显著优势,全市文化产业经济效益较差。2021年,赣州规模以上文化产业法人单位的营业收入低于吉安、南昌、九江,平均营业收入更低于新余(见表7-1)。

表7-1　2020—2021年规模以上文化产业法人单位主要指标

年份	2020年			2021年		
类别	法人单位数/个	营业收入/亿元	法人单位平均营业收入/(亿元/个)	法人单位数/个	营业收入/亿元	法人单位平均营业收入/(亿元/个)
全省	1957	2490.46	1.27	2097	2967.90	1.42
吉安	229	489.54	2.14	252	552.93	2.19
南昌	287	463.67	1.62	302	505.68	1.67
九江	219	381.09	1.74	222	445.29	2.01
上饶	262	355.11	1.36	270	363.59	1.35
赣州	247	247.02	1.00	260	381.33	1.47
宜春	229	146.91	0.64	235	178.71	0.76
萍乡	127	80.08	0.63	147	104.98	0.71
鹰潭	70	86.03	1.23	84	111.53	1.33
抚州	116	73.05	0.63	137	98.91	0.72
景德镇	107	79.04	0.74	119	104.72	0.88
新余	64	88.92	1.39	69	120.23	1.74
平均值	177.91	226.41	1.27	190.64	269.81	1.42

数据来源:江西省统计局《2021江西文化产业统计概览》。

三是新兴业态丰富但产业品牌较少。2020年,赣州市出台《关于推进文化和科技深度融合发展的若干措施》,积极推动文化与科技的融合创新发展。重点推进红色旅游云、智慧旅游、赣南文化云、线上文化娱乐开发等项目建设,目前已完成红色旅游云项目VR云平台系统及应用设计;在赣州方特东方欲晓乐园建设赣州智慧旅游展示平台,打造"虔州古韵""智慧旅游中心""梦回客家""伟大远征""秀美山水""礼伴赣州"六个板块,构建赣州智慧文旅大脑;赣南文化云上线运用,实现公共文化数字化"立体式"服务;推进纪念长征85周年红色献礼手游、森林小食堂等线上游戏开发运营,制作长征动漫IP《长征先锋》,形成丰富的数字文化、创意设计、动漫游戏等新兴业态。但上述新兴业态尚处初始发展阶段,市场影响力有限,未能形成知名产业品牌。

3. 红色旅游与文化产业协同发展现状

1) **红色旅游与文化产业协同发展成效**

赣州市在"十四五"开局之初就加强谋划并统筹推进旅游产业与其他产业的协同高质量发展,制定《赣州市旅游产业高质量发展三年行动计划(2021—2023年)》《赣州市全域旅游发展总体规划(2021—2035年)》《赣州市"十四五"文化和旅游发展规划》,着力引进一批具有引领性、带动性的文化和旅游项目[①],推动旅游产业与文化、工业、乡村振兴、教育等领域跨界融合,建立大平台,促进大消费,形成"一业兴百业旺"的生动局面。2021年,全市推进105个重点文化旅游项目建设,总投资1259.26亿元,全年完成投资278.85亿元。年内新开工16个项目,竣工19个项目。

赣州市围绕红色文化特色,结合文化产业的助推作用,积极推进红色旅游与文化产业的协同发展,力求借助两者产业融合效应,建设全国红色旅游"一线城市"。2021年,赣州市打造了全国首个红色文化主题乐园——方特东方欲晓;丰富红色旅游文化产业业态,研发制作VR漫游、互动体验内容进入红色旅游景区;深挖红色资源,创作红色主题文艺作品;各县(市、区)因地制宜,打造红色文化产业园区,如瑞金市红色文化创意产业园。赣州市红色旅游与文化产业协同效应渐现成效。

2) **红色旅游与文化产业融合形式**

赣州市在推进红色旅游与文化产业协同发展过程中,已探索多种融合形式,并取得一定成效,主要有如下融合形式。

一是"红色文化+创作表演"。基于红色文化,创作主题文艺作品,如赣南采

---

① 类卿.谱写文旅发展新篇 绘就幸福生活图景[N].中国旅游报,2022-01-18.

茶戏剧《一个人的长征》和《盘山魂》、特大型原创音乐剧《闪闪的红星》、兴国山歌剧《苏区干部好作风》、信丰合唱情景音乐剧《赣南游击词》等，丰富红色旅游体验。

二是"红色文化＋工艺美术品制造"。利用红色元素，开发主题文创产品，如"模范兴国""军工摇篮""苏区精神""革命理想高于天"等雕塑摆件，长征IP《长征先锋》动漫小品，"小红军""雩嘟嘟""寻乌调查"等文创产品，丰富红色旅游购品。

三是"红色文化＋休闲游览"。以红色旅游为主，辅助性开发其他产品业态，如推动红色旅游与生态旅游、休闲旅游、历史文化旅游、乡村旅游等多种业态融合发展[1]。在突出红色景区（产品）的同时，丰富产品业态，延长产品线，打造瑞金罗汉岩景区、于都屏山景区、石城通天寨景区等生态旅游产品，打造石城花海温泉、天沐温泉等温泉产品。于都潭头村、瑞金华屋村等全国乡村旅游重点村，推出瑞金"红军餐"、于都"新长征宴"等红色主题特色菜，形成对红色旅游的补充。

四是"红色文化＋教育培训"。基于红色文化资源，开展红色教育培训，如建设全国知名红色研学教育基地、干部党性教育基地和统一战线共识教育基地，串联市域内代表性红色旅游景点，推介若干条精品红色旅游线路；策划陕西大型研学专列团游于都、瑞金，"百趟红色旅游专列进苏区"等系列活动，积极引入团队来赣开展红色培训、研学活动，拓展红色旅游附加值。

五是"红色文化＋会议展览"。以会议展览模式助推红色旅游，如建成中央苏区历史博物馆、"百年征程江西红"展馆；开展"红土情深·嘉游赣"系列推广活动（广州）暨2021江西赣州旅游宣传推广及项目招商会、"红色故都·客家摇篮"2021江西赣州（深圳）旅游推介会等系列活动；推出长征文化旅游线路，与遵义、延安、桂林联合举办"红军长征论坛"，举办书画作品巡展、"艺术新长征"红色美术作品联展等；联合遵义市图书馆及其他长征沿线重要节点城市图书馆成立长征之路图书馆联盟。

（三）赣州红色旅游与文化产业协同发展经验及存在问题

1. 主要经验总结

第一，政策引导，二位一体，为协同发展提供"全方位"政策支持。在国家和江西省相关政策的指引下，为促进赣州红色旅游与文化产业协同发展，赣州市结合实际情况，出台了一系列的发展规划和管理办法，不断完善文旅融合的经济政策支持体系。如《赣州市旅游产业高质量发展三年行动计划（2021—2023年）》《赣州市"十四五"文化和旅游发展规划》等文件，修订完善《赣州市重点文化企业奖励办

---

[1] 刘晶.上海、广州、赣州红色革命遗址资源利用的经验启示[J].贵阳市委党校学报,2019(06):51-54.

法(试行)》和《赣州市文化产业项目扶持办法(试行)》。同时,为支持文旅融合,政府还加强公共文化服务体系建设。积极开展"文化进万家""文艺下基层"等活动,持续打造好"红色歌曲大家唱"群众文化活动示范点,开展"书香赣州"全民阅读活动。提升村(社区)综合性文化服务中心建设服务效能,促进与新时代文明实践中心共建融合。着力培养文化志愿者和乡土文化人才,扶持和发展一批具有广泛群众基础的民间文化艺术项目。深化国家级客家文化(赣南)生态保护实验区建设,推进非遗进景区、进校园。

第二,规划引领,合理布局,为协同发展提供"走出去、请进来"的发展机遇。赣州市严格按照《进一步加强全市红色文旅项目内容审核》通知精神,加强红色旅游整体规划、规范管理,确保红色方向不偏。一是建设区域性红色文化旅游中心和粤港澳大湾区生态康养旅游后花园。严格对标省域副中心城市和粤港澳大湾区桥头堡建设2021年重点项目清单中涉及赣州市文旅局牵头的11项任务,大力推进安远三百山创建国家5A级景区,大余丫山、会昌汉仙岩创建国家级旅游度假区,瑞金、龙南创建国家全域旅游示范区,阳明湖创建省级旅游度假区,加快"江南宋城"创5A级景区提升工程建设。实施"引客入赣"升级版项目,围绕粤港澳大湾区重点客源城市,加快推进"初心路""客家情""阳明游"赣州精品旅游线路建设。在粤港澳大湾区策划举办旅游招商及产品推介会、红色旅游巡回推介会,借助赣深高铁开通契机,积极融入大湾区旅游合作联盟,开展"沿着高速自驾游赣州"活动,将赣州打造成为粤港澳地区自驾旅游目的地。二是深化与长征沿线城市区域合作,共同推出长征文化旅游线路。重点推进长征国家文化公园赣州段建设,基本建成长征国家文化公园赣州段标志性项目。与遵义、延安、桂林连续举办三届"红军长征论坛",联合举办书画作品巡展、"艺术新长征"红色美术作品联展等,联合遵义市图书馆及其他长征沿线重要节点城市图书馆成立了长征之路图书馆联盟。策划了陕西大型研学专列团游于都、瑞金,"百趟红色旅游专列进苏区"等系列活动,并结合"引客入赣"项目实施,积极引入团队来赣开展红色培训、研学活动。

第三,加大融资,同向同行,为协同发展提供"1+1>2"的集聚环境。为打造文化和旅游产业协同发展的集聚环境,赣州市政府一是加大了对文化项目的谋划、储备和招商引资力度。将21个文化和旅游产业项目纳入市委市政府100个招商引资项目中,并牵头策划了100个重点文化旅游项目,邀请携程集团、功夫动漫等知名企业来赣实地考察,积极举办2021江西赣州(广州)旅游推广暨项目招商会,取得较好成效。2021年,赣州市签约文化和旅游产业项目26个,总投资额268.03亿元,其中50亿元以上项目2个。二是加大了对"文企贷"的宣传推广力度。2021年新入库文化企业22家,已放款3家,金额共计900万元。三是积极申报省扶持项目。赣州市认真组织申报,7个项目获得省级文化产业扶持资金资助,扶持金额达235万元;章贡区获评"2020年度江西省文化产业重点县(市、区)",赣州立德电子有限公司、朝阳聚声泰(信丰)科技有限公司获评"2020年度江西省文化企业20强提名企业",郁孤台历史文化街区被列为首批江西省特色文化街区培育单位。四是实施项目扶持。组织开展2020年重点文化企业和2021年优势文化产业项目评选工作,对7家重点企业和13个项目进行了奖励扶持。

第四,打造精品,提档升级,为协同发展提供新的IP。为加快文化和旅游产业的协同,赣州市把文化精品打造成文旅IP带动红色旅游发展。一是推出了串联红色旅游相关县市的"初心路"红色精品旅游线路。策划的"红色摇篮·革命赣南"精品线路入选全国"建党百年红色旅游百条精品线路"[①]。围绕建党100周年,相继组织开展了"红土情深•嘉游赣"系列推广活动(广州)暨2021江西赣州旅游宣传推广及项目招商会、"红色故都·客家摇篮"2021江西赣州(深圳)旅游推介会、"百趟红色旅游专列进苏区"等系列活动。二是打造红色文艺精品。围绕建党100周年、中华苏维埃共和国临时中央政府成立90周年、"苏区精神"提出10周年以及乡村振兴等主题,打造一批文艺精品,开展"红色旅游年"系列主题活动,进一步唱响"红色故都""共和国摇篮""长征出发地"红色文化旅游品牌,推动赣州成为全省文化文艺精品创作高地。大型赣南采茶戏《一个人的长征》在2021年全省文化强省大会上实现公演。另外,在中心城区打造文化旅游剧目《赣水苍茫》。三是推动现有文化产业园区提档升级,助推文旅产业融合。如加快推进省级文化产业园区赣坊1969文化创意产业园拓展空间,打造"一园三区",指导宋城壹号文化创意产业园、南康家居小镇、临港产业园等园区提升文化业态,力争向国家级、省级文化产业园区标准靠近。四是鼓励各县(市、区)因地制宜,打造特色文化产业园区,如建设上犹县观赏文化产业园、章贡区七里窑文化创意产业小镇、于都县服装文化产业园、瑞金市红色文化创意产业园。

2.存在问题分析

第一,旅游与红色文化公共服务协同不够。赣州的文化公共服务部门(如图书馆、博物馆、文化馆)在考虑红色旅游的"游""学"和"研"上显然不足。例如,没有挖掘图书馆、博物馆、科技馆、文化馆、美术馆等潜在旅游服务价值和功能,体育场馆、工人文化宫、青少年宫、妇女儿童活动中心、老年人活动中心、乡镇(街道)和村(社区)基层综合性文化服务中心、农家(职工)书屋、公共阅报栏(屏)、公共数字

[①]江西赣州:以红色精品赋能城市品牌[N].中国文化报,2022-03-19.

文化服务点等①本可间接用于旅游服务开发的公共文化设施也很少植入旅游的要素。同时,承担旅游公共服务的游客集散中心、游客咨询接待设施、旅游辅助设施(旅游厕所等)也很少考虑公共文化服务。游客集散中心一般依托旅游人流来设置,人流少的时候有的景区还出现"不开门、不见人"的现象。

第二,旅游景区里的红色文化内涵不足。赣州红色旅游景区里的文化产品品质有泛娱乐化的倾向,无法充分体现意识形态引领的重要作用,无法满足"以文化人,以文育人"、传承红色文化、培育和弘扬社会主义核心价值观的基本要求。"乐民"的娱乐化色彩比较浓厚,目前虽然也能充实基层群众闲暇生活,但在红色旅游景区导游胡编红色故事、游客随意着装红军服饰等现象时有发生,客观上顺应了社会泛娱乐化趋势,却忘记了红色旅游发展的初衷,造成红色文化"水土流失"。旅游景区的文化产品和服务没有针对性,而是"大水漫灌"式地向景区派送,文化产品的品质较为低端,如在网上可任意选购书籍、租售红军服装等。

第三,文化产业对旅游产业的带动不强。赣州的红色文化产业虽然在不断发展,但在影视、出版、动漫、红培等方面显然还有很大的发展空间。与其他地区如长沙、延安等地的红色文化产业相比,赣州的红色文化产业在经济总量中的占比较小,同时存在不少差距和问题,比如没有龙头企业、规模以上文化产业营业收入总量小、发展不均等。红色文化的消费者是红色旅游的潜在消费者,红色文化产业的发展能显著地带动旅游的开发,但赣州的红色文化产业在质与量上皆不足,迟滞了红色旅游的进一步发展。

(四)赣州红色旅游与文化产业协同发展对策建议

赣州红色旅游与文化产业的协同发展取得一定成效的同时也存在不足之处。总体而言,红色资源丰富、国家政策利好、社会需求释放,是促进赣州红色旅游与文化产业协同发展的重要优势。两者的协同发展还有广阔的提升空间,其经济社会效益还有巨大的释放潜力。基于红色旅游与文化产业的融合机理阐释,以及对发展现状、发展经验和存在问题的全面分析,本研究从项目引领、双业循环、空间联动三个方面对赣州红色旅游与文化产业的协同发展提出对策建议。

1. 项目引领,促进旅游与公共文化服务协同

(1)强化项目建设。强化红色旅游与文化产业的项目建设,基于各县(市、区)旅游与公共文化服务协同状况,确定核心项目与重点项目;充分发挥各县(市、区)核心项目与重点项目的引领作用,重点关注服务革命老区振兴发展、乡村振兴战

---

① 陈慰,巫志南.文化和旅游公共服务深度融合问题、战略及机制研究[J].文化艺术研究,2020,13(02):1-12.

略、长征国家文化公园建设等国家重大战略,以及城市旅游、旅游度假区、文化和旅游公共服务设施、重点景区基础设施、文化场馆、智慧旅游等重点领域;及时做好项目策划实施、储备调整、验收检查等工作,动态监测项目实施状况,确保项目建设对旅游与公共文化服务的协同促进作用。

(2)健全产业体系。优化配置国资企业,推动国企多元化参与相关项目;实施"龙头培育"计划,采取"一企一策"培育做强文化和旅游领军企业、骨干企业、品牌企业,发挥国资企业及龙头企业的引领作用,带动全市红色旅游与文化产业的规模化、集团化运营;支持市属国有企业投入文旅产业,鼓励赣州旅投集团以投资或参股的方式开发或经营文旅项目。实施文化产业数字化战略,壮大动漫创作、网络游戏、数字创意、网络视听、数字出版、数字娱乐、线上演播等产业,加快文娱演出、文博会展等传统业态线上线下融合①。

2. 双业循环,夯实红色旅游与文化产业基底

(1)提升旅游体验。做大做强红色旅游产业,提升红色旅游品质。突出新奇感,通过革新创意形式改变传统红色旅游说教式的方式,提供全新的红色旅游体验,提升红色旅游对年轻群体的吸引力;突出"情境感",借助全息投影、裸眼3D以及VR、AR等技术手段还原历史场景;突出"体验感",在中华苏维埃共和国临时中央政府所在地、中央红军长征出发地打造实景演艺,依托声、光、电数字多媒体视听技术与舞美、投影运用,融入沉浸式互动,活化历史故事;突出"共鸣感",强化游客与红色文化联系,唤醒游客红色记忆,引发游客爱国情怀的心灵共鸣。

(2)发展文化产业。培育壮大文化市场主体,优先发展文化新兴业态。充分发挥现有扶持政策的引导效力,抓好文化市场主体培育工作,在积极引进和建设文化传播渠道、文化辅助生产和中介服务、文化消费终端生产等方面,加快培育文化市场主体,健全文化产业体系。深化文化与科技融合创新,加快推进瑞金VR旅游开发——系列场景还原、于都VR旅游开发——"夜渡于都河"多媒体光影艺术秀、"等你出发"红色旅游智慧平台、手游开发、《长征先锋》动漫制作等项目建设。鼓励支持有条件的企业转型升级,发展数字文化、创意设计、媒体融合、动漫游戏、网络影视、演艺娱乐等新兴文化产业,丰富数字文旅产品供给。

3. 空间联动,打造红色旅游与文化产业集群

(1)改善基础设施,为产业集聚创造良好的运营环境。基于"1+2+N"红色旅游及文化产业发展格局,完善路网结构和配套设施,改善产业集聚区基础条件,

---

① 江西省人民政府关于印发江西省国民经济和社会发展第十四个五年规划和二〇三五年远景目标纲要的通知.江西省人民政府公报[N],2021-03-18.

促进红色旅游与文化产业集聚的形成和发展;完善基础教育和医疗保健设施,创造良好的工作和生活环境,吸引并留住旅游及文化相关人才,满足产业集聚的人才需求[1]。

(2)完善服务体系,为产业集聚搭建健全的平台支持。搭建多层次的融资服务平台,充分纳入国企资产、社会资本铸建产业发展资金池,为产业集聚提供多样化的金融支持;搭建以企业为主体、以市场为导向的"产学研"深度融合的技术创新平台[2],充分探索红色文化在各类文化行业的挖掘、融合;搭建物流服务平台和中介服务平台,为红色文旅企业提供高效的物流服务、成熟的物业管理、完善的法律咨询、优质的资产评估等服务,推动产业集聚区持续健康发展。以赣州国家印刷包装产业基地、省级文化产业园区赣坊1969文化创意产业园、赣州亚太文创产品设计中心等发展平台为经验典范,积极培育国家级文化产业示范园区和省级文化产业园区,建设一批省级以上文化产业基地或文创中心,营造浓厚的文化产业发展氛围,吸引各类资源要素向文化领域聚集,推进文化主体集群化发展。

(3)创新制度体系,为产业集聚提供有效的制度保障。完善文化和旅游产业链、市直单位联席会议制度,协调解决红色文旅发展的重大问题;完善制度建设,充分发挥政府规制、经济规则、合同等正式制度,以及道德规范、信用环境、社会风尚等非正式制度的约束作用,营造良好市场环境;赣州市及各县(市、区)政府要结合新经济的特征,针对企业过度竞争可能产生的"搭便车""假冒伪劣"等短视行为,通过"外引内联",引导企业进行必要的、合理的优化重组,有效避免企业"散、乱、差"、安全隐患多、科技含量低等问题,保障产业集聚健康发展和"红色"良好形象。

(4)强化政策引导,为产业集聚提供必要的财税支持。进一步强化《关于加快发展文化产业若干政策措施》《关于进一步加快红色旅游发展的实施意见》文件精神,发挥《赣州市全域旅游发展总体规划(2021—2035年)》《红色旅游区专项规划》《赣州市"十四五"文化和旅游发展规划》引领作用;加大在财税方面对红色旅游与文化产业发展的支持力度,在满足基础设施建设资金需求的同时,支持企业创新发展;制定高新技术指标和环境保护指标,结合配套的财税支持政策和社会舆论宣传,引导集群内企业向高新化、低碳化方向发展。

---

[1] 让产业真正成为强市之基和富民之源[N].本溪日报,2021-10-14(001).
[2] 张廷银.产业集聚形成与发展的五大要素[J].人民论坛,2020(10):74-75.

二、小密花乡农旅融合的实践探索

赣州市会昌县小密乡,凭借一条线上的14颗"明珠"和4.7万亩的最美乡村风光带,吸引了万众瞩目。其实曾经的小密乡只是万千中国乡村中平淡无奇、籍籍无名的一员,而今,乡村旅游在这片土地上生根发芽,乡村振兴在这片土地上含苞待放。如何在旅游资源相对贫瘠的土地上,培育出耀眼的旅游之花?本节内容以赣州市会昌县小密乡为例,深入探讨和总结其乡村旅游发展的经验做法,为全省农旅融合发展提供借鉴参考。

（一）赣州市农旅融合发展现状

近年来,赣州市积极响应国家号召,在发展乡村旅游、助推精准扶贫和乡村振兴的实践中打造了一批文化底蕴深厚、乡土特色浓郁、田园风光独特、环境整洁优美的旅游特色村,建设了一批特色鲜明的乡村旅游点[①]。

2019年,赣州市已有全国休闲农业与乡村旅游示范县4个,示范点3个,全国休闲农业和乡村旅游五星企业5个,省级乡村旅游点67个,各类休闲农业与乡村旅游点2000余家。旅游扶贫配合产业扶贫、金融扶贫等渠道,助力赣州市97.5%以上的贫困人口实现脱贫。2019年底,赣州市的贫困发生率已降至0.37%。能让"农村增美、农业增效、农民增收、乡村繁荣"的乡村旅游,已经成为赣州市巩固脱贫成效、助推乡村振兴的重要引擎。

（二）小密花乡农旅融合发展乡村旅游的经验探讨

1."政府主导＋规划先行"

为策应乡村振兴战略,推进全域旅游发展,赣州市和会昌县人民政府陆续编制了《赣州市乡村振兴战略规划(2019—2022年)》《会昌县全域旅游发展总体规划》《会昌县乡村振兴试验区发展规划》等文件,为小密乡的尝试与探索,明确了方向,勾勒了蓝图。政府决定依托小密乡的绿水青山、花果农田衍生发展旅游产业,"以花为媒"打造"花样风景",以"中国花谷·小密花乡"为主题,建设全省首个以花卉全产业链为核心的旅游景区[②],打造两小时农旅休闲产业经济圈,创建承接城市现代服务业向乡村转移示范区,实现农旅融合、协同推进,探索旅游助推乡村振兴的新模式。

---

①王玮.我市乡村旅游产品特色鲜明[N].赣南日报,2017-10-25.
②邹勇文,王益华.赣州:丰富业态促产业融合[N].中国旅游报,2020-09-18(03).

(1) 从"项目等地"到"地等项目"。为解决景区的用地问题,小密乡政府在"标准地＋承诺制"的制度改革下,于2018年下半年便开始了统一的农村土地流转,流转试验区土地3162亩,并投入850万元,建成高标准农田2554.97亩。对符合城乡规划、土地利用规划的区域,在投资强度、亩均税收、规划指标、能耗指标、环境指标等方面进行标准化,让土地在出让前便具备了九通一平的"硬条件",办好了招拍挂前的相关手续,实现了变"企业单个项目付费"为"政府统一打包买单"。土地带"标准"出让,企业按"标准"承诺,缩短了企业投资期限,也促使政府转变了治理方式。

(2) 从"引凤筑巢"到"筑巢引凤"。为搭建互动的旅游平台,小密乡政府在"精准定位、科学规划"的基础上,投资2亿元,先行完成了8.4千米特色农业景观大道、游客集散中心、村庄环境综合整治3个公共基础设施配套项目,为接下来的旅游平台建设夯实了基础。接着推出"五统一"政策,即统一规划,统一水、电、路基础设施配套,统一招商政策,统一流转土地,统一运营管理,方便企业快捷"拎包入驻",搭建了一个政企互动的"旅游＋乡村振兴"平台。政府以项目共建、资源共享、人气共创、风险共担的胆识吸引众多企业集聚投资,抱团发展。

(3) 从"政府包打天下"到"政府出资、农民出力、乡贤捐助"。为提升景区的生活生产环境,小密乡政府出资1215万元,由县工信局牵头,统一组织施工队伍对各个项目区的杆线进行统一搬迁,有效解决了杆线搬迁杂乱、重复搬迁的问题。由县水利局牵头,用水协会管理,实施灌溉用水工程项目,建立农业灌溉用水长效管理机制,将试验区1.8万群众生活用水列入城乡供水一体化,彻底解决了企业项目和群众生产生活的用水难题。政府出资、农民出力、乡贤捐助,试验区5个村相继完成了村庄人居环境整治、323国道沿线社会停车场整治及11条村路(8千米)的路面提升改造,全面提升了乡村振兴试验区村庄的总体环境。

2."政企合作＋创新招商"

若是坚持"无门槛、无要求、无服务"的理念,不仅无法招商成功,更有可能招徕与自身发展定位不符的企业,增加项目的风险;可若对企业"极尽蛊惑,绘制诱惑画皮",或可解决燃眉之急,但却无法持续发展,最终必然两败俱伤。那么,如何招徕符合产业定位的高质量旅游企业?如何招商引资才能实现乡村旅游项目繁荣、多方共赢?

(1) 以商招商,从"一棵树"到"一片林"。利用内培外引的方式,通过口碑营销,吸引其他高质量企业前来投资。小密乡与福建龙岩鲜切花投资商共享平台优势、共用信息资源,充分发挥既有企业的带动效应,推动试验区成功招商签约14个旅游项目。"营造招商氛围,以商招商"提高了试验区的招商速度;"创新招商思路,真情引商"增强了政府与企业之间的信任;"优化营商环境,着力留商"促进了政府与企业的长期合作和互利共赢。

(2)乡贤招商,"群凤还巢,百鸟归林"。"新乡贤"应新时代乡风文明建设的呼唤而生,他们倡导新文化、新思想,具有社会责任感和建设家乡的强烈意愿,是乡风文明建设的引领者①。得益于"赣商回归"工程,小密乡与"赣商赣才"叙乡情、谈招商、话发展,吸引了饮水思源的池政阳等会昌乡贤,引进深圳前海中镇特色科技(集团)有限公司回乡投资。深圳前海中镇特色科技(集团)有限公司牵头对项目进行了整体策划提升,截至2020年已投资11亿元开发建设万荟城·美食村、禅心小镇等项目,为搭建乡村旅游发展框架、布局旅游产业奠定了基础。

(3)项目引领,丰富旅游业态、延伸产业链条。成功的招商方式已为小密乡吸引了14个优质项目,签约投资金额达14.97亿元。在项目的引领下,小密花乡的业态不断丰富,游客的旅游体验感不断提升。万荟城·美食村为游客提供了极具赣州特色的美食;中华花卉科普博览园作为全国较大的汇集各省市代表性花卉的展览中心,为游客提供了花卉观光、休闲娱乐、智慧科普、亲子娱乐的基地;华夏杜鹃第一园作为全国规模较大、品种较全的杜鹃老桩博览园,为游客提供了参观、购买、学习花艺的平台;特色农业景观大道作为江西最长的农业特色景观大道,为游客提供了亲近田园、徜徉花海的廊道。

3."利益联结+多元主体"

如何让"好风景"发展为"好钱景"? 如何在发展乡村旅游的同时,让百姓的"钱包鼓起来,腰杆直起来"? 小密乡根据"政府引导、企业运作、群众参与、多方受益"的模式,构建利益联结机制,破解村级集体经济增收难题,利用乡村旅游,让农民实现家门口增收致富。

(1)为发展乡村旅游而建设管理的基础设施,成为农民增收致富的第一来源。小密乡建立5个村级集体经济合作社,用好用活产业扶贫资金,通过土地入股、鼓励创新创业等形式,变"输血性"救助为"造血性"帮扶,带动农民参与建设、参与经营、实现增收。景观大道沿线的7座驿站,以扶贫超市的形式与村集体经济合作社的利益进行联结;323国道沿线的土地,以村集体经济合作社招商引进产业项目的形式流转给企业,溢价部分收入归村集体经济所有;323国道沿线的停车场,以村委会统一管理的形式,增加村集体的经济收益。

(2)为激活乡村旅游业态而发展的产业项目,成为百姓就业创收的持续动力。

---

① 王琦琪.河东乡村劲吹文明新风——山西运城乡风文明建设纪实[J].炎黄地理,2020(06):56-59.

小密乡通过土地流转、务工就业、参与入股、租赁经营、返租倒包等方式,激发农民参与,促使农民增收致富。鲜切花卉生态观光园将60个温室大棚承包给了30户农户,由公司统一进行技术指导和销售;半迳村成立用工合作社,雇拥周边160多名村民,年均为本地务工者提供就业收入150多万元;冷杉小密花海影视基地采取"基地+农户"模式,企业免费为40余户农户的民房进行装修改造和设施购置,交由农户经营创收,吸纳当地农户成为基地的"编外"员工。

(3)乡村旅游不仅让当地居民的生活更加富裕,更激发了他们对工作的热情、对生活的热爱,增强了人们的幸福感。2019年6月,会昌县乡村振兴试验区"生活富裕"调查监测报告显示,通过乡村振兴发展试验区建设,试验区5个行政村的村容村貌明显改善,农民创业就业活力得到激发,农民生活水平显著提高。抽样调查的试验区中5个行政村共130户农户,人均可支配收入达22228元,比2018年增长19.4%,高出全县农村居民人均可支配收入一倍多。

(三)小密花乡乡村旅游发展的经验总结与展望

适宜种植花卉果蔬的自然气候;三省通衢、闽粤咽喉、东进海西的交通区位;政企民三方联动,会务、研学、文创三管齐下的产业架构,为小密乡创造了"天时、地利、人和"的优势。小密乡正在赣南的红土地上绘制着一幅旅游振兴乡村的美好画卷。

这是一幅规模宏大的画卷:小密花乡的规划面积达4.7万亩,规划涉及的11千米产业带涉及小密乡石背、杉背、半迳、莲塘、小密5个行政村,是江西最大的连片乡村旅游带。

这是一幅百花争艳的画卷:花卉风情尽在中华花卉科普博览园、华夏杜鹃第一园、鲜切花卉生态观光园、冷杉小密花海影视基地等;田园风光尽在小密农家大院、贝贝小南瓜产业基地、四季果蔬采摘园、龙之行有机农场等;万荟城·美食村、禅心小镇、龙辉七彩乐园等地更为游客寻觅美食、农耕研学、康养度假、娱乐购物等提供了丰富多样的选择。

这是一幅如火如荼的画卷:项目于2018年6月启动,共投资27.5亿元(其中政府配套项目2亿元)。在不到一年的时间里,已建设完成包括万荟城·美食村、中华花卉科普博览园、华夏杜鹃第一园等在内的6个项目,而一期的其他项目也陆续建成。二期规划建设禅心小镇等,三期规划建设花卉交易市场、酒店、4S综合体等项目组成的小密新区,迄今为止二期、三期已基本完成招商。

赣州市人民正以时不我待、只争朝夕的干劲,大力培育特色旅游品牌,加快打造乡村振兴和旅游产业的新高地。相信不久的将来,赣南将会成为旅游振兴乡村的先行者,而小密乡则是闪耀在这片红色土地上的璀璨明珠。"东方欲晓,莫道君行早。踏遍青山人未老,风景这边独好"。会昌县小密乡,利用"独好风景",凭借百折不挠的精神砥砺前行,为旅游助推乡村振兴探索出了一条发展新路径。

三、和君小镇教旅融合的实践探索

耕读传家、崇文重教是赣州教育的优良传统,以赣南客家文化、阳明文化、红色文化为基底的赣州教育,在历史发展的进程中,传承迭代、历久弥新。近年来,随着红色培训、研学旅行市场的壮大,赣州市旅游与教育的融合发展焕发出新的生机,融合领域持续拓展,融合形态不断丰富,品牌建设卓有成效。赣州市发展教育旅游的传统优良、氛围浓厚、资源独特、基础扎实,但面对激烈的市场竞争,教育旅游产品内涵的丰富、形式的创新、客群的拓展,都是亟待探索的新问题和新领域。和君小镇的出现,则阐释了旅游与教育融合的更多可能。

(一)赣州市教旅融合发展现状

为弘扬红色文化,传承红色基因,赣州市打造了一批主题鲜明的红色培训旅游地,形成了以长征精神洗礼、党性教育、干部培训为主导的红培产品体系。瑞金市依托"共和国摇篮""红色故都"资源,开发革命传统教育、爱国主义教育、理想信念教育等红培产品;于都县凭借"长征出发地"红色品牌,开发党性教育、长征精神教育等红培产品[①]。红培成为引爆新时代赣南红色旅游市场的"引线",是助推赣南建设红色文化传承创新区和全国著名红色旅游目的地的引擎动力。

为凸显文化特色,挖掘发展潜力,近年来赣州市积极探索培育研学旅行和红色培训产品,截至2020年6月,成功创建国家级研学旅行基地1个、省级研学旅行基地6个、县级研学旅行基地67个,开发了多条研学旅行线路。2018年,赣州市成立旅游协会研学分会,以研学智库建设助推行业发展。2020年3月,江西省投资规模最大的研学旅游综合体、全国红色研学旅行示范基地——"景行研学项目"在赣州市兴国县开工建设。

(二)和君小镇教旅融合发展的经验探讨

1."政府引智+精准招商+合力共建"

偏远乡村地区,发展中最大的制约因素是人才流失、信息闭塞、知识匮乏、观

---

① 文旅融合 产业引领——赣州市旅游产业高质量发展的探索与实践[N].赣南日报,2020-06-12.

念陈旧。会昌县委县政府主要领导对此深有感触,下决心立足长远、招才引智。原县委书记蔡小卫在北京找到会昌乡贤王明夫,力陈人才之重要,向其推介省里和市里的人才、招商政策,力劝王明夫回家乡投资建设和君小镇,兴教办学,汇聚人才、培养人才。2017年8月11日上午,会昌县县长余学明在北京与和君集团签约,正式落定投资逾30亿元的和君小镇项目。在业态和功能上,小镇是和君集团总部所在地,要"建设各类教育学堂、研发中心和高管修炼基地,引进和君咨询机构、商业智库和私募基金,定期举办世界商学高峰论坛,推行'产学研'一体化发展,带动周边村民开发民宿、发展乡村旅游,帮助当地百姓脱贫致富,实现安居乐业"。

2."规划先行＋保护并重＋文教旅共生"

和君小镇总体规划建设用地3000亩,计划总投资36亿元,打造以"文化、教育、旅游及关联产业"为内核,以"生态文明、宜居宜业、人才聚集、天人合一"为生产生活形态的特色小镇①。

小镇的开发建设分为三期:近期建设小镇主体功能区和生态旅游核心区,包括核心区的基础设施、教育设施、培训场地、研学场所,以及配套的旅游服务设施和景观体系等;中期进一步完善居住、休闲、旅游等服务配套功能;远期构建和君产业链,强化和君文化产业的战略体系。三期工程,计划用时10年,在贡水边的青山怀抱中,织绘出一个出尘入世、崇文乐业的文旅小镇。

这是一个内涵深厚的文化小镇。深耕文化领域多年的和君集团,形成了对传统文化兼收并蓄的企业文化。"穷则独善,达则兼济"的儒家理念,"上善若水""道法自然"的道家智慧,贯穿于和君对学子的期盼中,也融汇于和君小镇的规划建设中。

小镇的建筑布局呈现为一个巨大的"问号",寓意大学之道在于学问。小镇的九座居家院落分别以仁、义、智、信、勇、严、立功、立言、立德命名,六栋居家公寓楼的名字则来自儒家六部经典;以梅、兰、竹、菊命名的泉水溪巷充满了传统文化的美感;同学围屋的大堂吧,墙上镂着古拙的"三人行"……大到布局,小到细节,无一不彰显了坚守传统文化的深意。

小镇建设中,非常重视对红色文化和遗址的保护。梓坑村曾是留守苏区中央机关所在地,在开发过程中,不仅完整地保留了当年的红色遗址,还申请专项资金,维修完善中央总供给部、中央政府办事处、中央军区政治部等建筑,并将其作为研学学子接受红色精神洗礼的参观地。

---

① 从"三人行"到万人行——从三个项目建设看会昌如何推进乡村振兴[N].江西日报,2021-03-30.

小镇精选并植入的业态，兼具厚重的传统文化、淳朴的乡土文化与精致的时尚文化。主题民宿中，有以中医养生为主题的"岐黄馆"、以会昌藤艺为主题的"藤忆"、以古建筑文化为主题的"榫卯"；商业店铺中，有阳明书屋、栖云茶舍、如莲花坊这样的雅集，有乡恋土产、八巷小吃、田园餐吧等在地体验，也有匠心手作、乡愁酒馆、牧溪咖啡、和君文创等新锐业态。

这是一个体系完备的教育小镇。和君小镇拥有完备的教育产品组合，其课程体系涵盖了经济商业、职业技能技巧、法律、文史哲、科技知识、健康和养生等方面。此外，和君小镇还拥有多样化的培训客源市场，如企业战略研讨会、中高管培训和政府培训等。通过产品与市场的互动融合，和君小镇正在建立起立体化的教育培训体系，包括商学教育、红色培训、研学旅行等产品类型。

这是一个业态多元的旅游小镇。立足小镇的景观基底和生态环境，围绕小镇的"旅游+教育"模式，依托小镇的高端客群并进行拓展，和君正在逐步完善吃、住、行、游、购、娱、商、养、学、闲、情、奇等旅游要素。

依托和君楼、同学围屋的设施设备，发展培训进修、商务会展等营商产品；对诗书楼沿街商铺实施差异化定向招商，打造休闲购物场所；在耕读村、三度书院中，植入森林康养、禅修养生等康养业态；整合和君大学、童学堂、中央苏区革命遗址等资源，完善红培、研学等功能；以民宿群落、闲庭、同学围屋为依托，完善休闲度假、旅游观光等休闲功能；以和君大学、客家水街等丰富的主题文化业态为依托，植入修身养性的怡情产品；利用小镇周边的自然环境，建设自然教育基地、户外露营基地、山地运动基地，完善户外拓展、探索自然的探奇功能（见表7-2）。

表7-2 和君小镇旅游业态一览表

功能要素	业态打造	项目依托
商（营商）	培训、进修、会务、展览、基金、财富管理、企业研发设计、文创设计	和君楼、同学围屋、耕读村、儒商村、基金村
养（康养）	森林康养、中医养生、禅修养生	耕读村、三度书院、中药谷
学（研学）	红色文化教育、研学旅行、职业培训、企业文化培训	和君大学、和君中小学幼儿园校区、三度书院、童学堂、中央苏区革命遗址
闲（休闲）	休闲度假、旅游观光	"岐黄馆""藤忆""榫卯"等主题民宿群落、闲庭、同学围屋
情（怡情）	文化熏陶、修身养性	和君大学、客家水街、阳明书屋、栖云茶舍、如莲花坊
奇（探奇）	户外拓展、探索自然	自然教育基地、户外露营基地、山地运动基地

3."政府搭台＋企业出力＋群众参与"

和君小镇的开发建设,是企业、政府、社区多方携手共建的成果:企业积极作为,规划设计小镇发展蓝图,自筹资金约30亿元完善三期项目建设;政府资金帮扶6亿元用于配套设施完善,县政府向省发改委申请建设高速公路白鹅互通口并得到批复,乡政府积极推动居民拆迁安置以保障小镇建设顺利进行;当地居民积极配合拆迁安置,短时间内完成整体搬迁工作,响应小镇建设需求,实现就地就业。

在政府、企业、社区三位一体化的推动下,在2018年3月开工后2年多的时间内,和君小镇三期规划中的近期项目已基本落地,建筑面积约10万平方米,累计完成投资13.4亿元,小镇已初具雏形。

和君商学院从北京迁建到此,小镇已经建设完成和君大楼(办公总部大楼)、图书馆、耕读墅、学庐公寓、童学堂、同学围屋等建筑设施,亭轩楼阁、读书小道、小河溪流等景观设施也全部施工完成,和君职业大学教学园、三度书院等教育培训设施仍在紧锣密鼓建设之中,红色古建在省文保专项资金的支持下,也已经得到重建修复。现在的和君小镇,犹如初升的旭日,积聚能量,在赣州这片土地上大放光彩。

小镇采用居民整体搬迁的方案,由地方财政出资推动,建设了195套拆迁安置房,村民们搬进宽敞明亮的小洋楼,小区交通便利,基础设施齐备,居住水平较之前有了极大的改善。和君小镇的一期建设过程中,吸纳当地居民500人次,从事建设工作。这部分村民的月收入,少的有3000多元,多的能达到一万元。小镇实现常态化运营后,将为当地提供100个以上的长期就业岗位,能够极大地推动劳动力的就地转移。

(三)和君小镇多元旅游发展前景展望

未来,和君小镇将立足于赣南深厚的文化内涵,全方位推动文化、旅游与教育培训的深度融合,成长为具有示范意义的高端文旅小镇、新型旅游业态的世界窗口、新型文旅融合模式的先行者和探索者。

小镇的业态,将随着中期和远期项目的推进逐步完善,将旅游要素与和君文化、地域文化、中国传统文化强力融合,打造成为集文化旅游、教育培训、基地研学、生态宜居功能于一体的融合型特色小镇。

小镇的客源,不只有赣南游客、江西游客,还将利用北京和君集团的品牌影响力,以小镇形态的教育旅游体验吸引全国各地、全球各国的高端客群。

小镇的发展,不仅能带动当地村民共同富裕,让幼有所学、壮有所为、老有所依,还将齐聚全球精英学子,共商共创教育事业发展,实现"产学研"一体化的裂变升级。

在开拓者的引领下,在新的机制体制推动下,在个性化需求的号召下,赣州市将继续探索集文化传承、红色培训、研学旅行、技能培训、商学教育于一体的新型教育旅游体系,创造出一批走出课堂、走向户外、探索未知、亲近生活的现代化教育旅游产品。赣州市的教育旅游,正朝着多样化、高端化、现代化的方向转型升级,在红土地上焕发出强大的生机!

四、"浴血瑞京"演旅融合的实践探索

在瑞金,有一个建在废弃矿坑上的红色旅游景区,位于瑞金市沙洲坝镇洁源村。通过红色文化赋能于城市"伤疤",巧用实用土地政策,破解了旅游用地难题,激活了沉睡的土地价值,更将红色文化基因植入矿山,赋予了这片土地新的生命,演绎着激荡人心的红色传奇。它的名字,叫"浴血瑞京"。

(一)"浴血瑞京":废弃矿山上建起的文化旅游景区

1. 前身:矿产经济遗留历史欠账,废弃矿山成为城市"伤疤"

"浴血瑞京"景区开发之前,这里尘土飞扬、满目疮痍。荒山野岭上,散落着一个个大小不一的矿坑,常年被开凿的峭壁千疮百孔,底部是发绿的一团死水。这里,便是昌隆采石场和金源采石场所在地。

洁源村有着丰富的石灰石资源,两个采石场在这里开矿40多年,一直持续到2018年。在年久开采之下,山体植被尽损,地表裸露,采石场成了这个城市的一道"伤疤"。长期的开采对周边区域的自然生态和村落生活也造成了不良影响,晴时灰尘漫天,雨时坑洼洼,村民苦不堪言,与采石场的矛盾纠纷不断升级。长年来,采石场成为当地群众反映强烈的突出问题。

昌隆采石场和金源采石场,是过去瑞金市依赖资源发展矿产经济的一个缩影,也是过去一个发展时期内留下的历史遗留问题。

2018年,瑞金市委、市政府果断决策,秉承"绿水青山就是金山银山"的发展理念,结合"无废城市"建设试点工作要求,依法关停了两座矿山。同时,启动废弃矿区的生态修复和综合治理,清除这块丑陋的城市"伤疤"。

2. 蝶变:文旅开发助力矿山转型,废弃石场实现美丽蜕变

在采石场废弃矿区环境恢复和综合治理的过程中,瑞金市牢固树立绿色生态发展理念,不仅对矿山进行了"复绿",还把矿区生态修复与文化旅游产业开发相结合。通过大力招商引资,引进了北京盛典文化旅游发展有限公司,对原废弃石场矿坑进行开发式治理利用。

为了不破坏原有山体的地形地貌,综合采取山体修复、边坡加固、生态复绿、废石再利用等治理措施,对废弃矿山的生态环境进行了恢复建设。同时,因地制宜进行规划和场地利用,将原来废弃石场遗留的矿坑废石打造成了苏区时期战斗的场景,在开采后的峭壁残垣上建起了休憩长廊,将原来深达几十米的巨大矿坑改造成了一个可游可赏的景观湖泊,在当年废弃的石料加工基地上建设了大型实景演艺场地,将原本废弃的堆土场改建成景区停车场……

如今,昔日尘土飞扬的废弃石场,已经彻底变成了一道靓丽的景观;曾经满目疮痍的废弃矿山,已经变成了一个传承红色文化基因、发扬红色教育传统的文化旅游项目;当年丑陋的石料加工基地,已经完成了华丽的"转身"和"变形"。

(二)破茧之路:理顺用地机制,点亮夜间经济,带动周边发展

1. 先租后转,点状供地,破解旅游用地难题

随着我国旅游产业规模的持续壮大,旅游项目用地难、落地难的问题愈加突出。旅游用地的产权制度不明晰、流转机制不健全、政策法规不完善等成为阻碍旅游发展的瓶颈问题。如何破解旅游用地难题成为各地政府发展旅游产业面临的突出问题。

瑞金市在"浴血瑞京"项目的旅游用地供给上,没有采取传统的耗时长且成本高的"招拍挂"程序,而是创新应用"先租后让"的模式,让"浴血瑞京"项目得以快速落地。

2018年,在关停昌隆采石场、金源采石场后,瑞金市对两座废弃矿山进行依法征收,通过包干补偿,获取了废弃矿山的产权。在旅游开发时,通过先租赁的方式,让企业先驻场建设,后续通过"点状供地"方式,按照项目地内建筑物占地面积及必要的环境用地进行点状供地,周边其他的土地则依然采用租赁的方式。这样不仅极大地减少了土地占用指标,解决了项目用地问题,还减轻了投资方的资金压力,保障了"浴血瑞京"项目的顺利落地。

2. 紧扣需求,精准策划,补齐瑞金夜经济短板

瑞金是闻名中外的"红色故都""共和国摇篮"。近年来,瑞金市旅游产业发展迅速,2019年接待游客1831.2万人次,旅游综合收入首破百亿大关,旅游产业已经成为瑞金市经济支柱性产业。

但是,和大多数红色旅游地一样,瑞金市的红色旅游活动以参观游览为主,可参与体验的项目较少。"白天闹哄哄,晚上静悄悄"的局面持续已久。丰富体验产品,留住过夜游客,是实现红色旅游经济增长的关键突破口。如何激活瑞金市旅

游的夜经济市场,让游客在晚上有地可去、有景可赏、有产品可消费,成为亟待解决的难题。

"浴血瑞京"景区在此时应运而生。

景区的定位,是以红色实景演艺项目为主体,融合水上娱乐、拓展体验、野战、射击、露营、重走长征路等多个主题项目的综合性旅游景区。

红色实景演艺是整个景区的核心项目。演出围绕"大柏地战斗""苏维埃共和国成立""长征出发"3个重大历史事件展开,通过200多人的现场演绎和现代声光技术融合,生动再现苏区时期战火纷飞、建政为民、军民鱼水情深的感人故事[①]。这不仅仅是一场演艺、一段情景、一个红色故事,更是一次震撼心灵的文化洗礼。

通过对红色文化的活化利用,发展红色实景演艺产品,"浴血瑞京"填补了瑞金市红色文化演艺类产品的空白,丰富了瑞金市的旅游业态,补齐了瑞金市夜经济的短板,给了游客一个住下来的充分理由。而过夜游客比重的增加,将直接拉动旅游消费的大幅提升。

3. 带旺人气,辐射发展,矿山转型综合效益强

"浴血瑞京"景区于2018年11月开工建设,2020年1月建成运营,2020年6月被评为国家4A级旅游景区。景区按"无废景区"标准进行打造,占地550亩,总投资6亿元,年接待游客可达50万人次,实现旅游收入1亿元。

"浴血瑞京"项目的建设,为推进"无废城市"建设开拓了一个新样板,实现了可喜的生态效益。曾经饱受采矿影响的洁源村,不仅迎来清新洁净的新气象,也收获了景区发展带来的惊喜。景区正式运营后,迅速带动了当地观光农业和特色餐饮等相关业态的发展。村民既可以到景区内务工就业,也可以通过开农家乐、餐馆等多种方式参与旅游业,实现创业增收。据了解,景区从建设到运营管理的过程中,已经吸纳了周边300多名农村剩余劳动力,为当地百姓提供了大量就业机会。

同时,景区的建成对当地村民的素质提升及农村乡风文明建设起到了极大的促进作用,为洁源村实现全面乡村振兴提供了强大助力。"浴血瑞京"实景演艺项目的200多名演员中,仅有少部分专业特型演员是从外地聘请的,战士、炮手、苏区群众等大部分演员都是由当地村民及红军后代组成。通过后辈人的演绎,将发生在这片红色土地上的感人故事生动地传颂出去,也让村民不断受到熏陶,村内氛围愈加和谐。

[①]苏春生."融"则活"合"则兴[N].中国文物报,2020-07-24(004).

(三) 全力保障旅游用地，助力产业全域绽放的"赣州经验"

如何实现土地资源在产业发展中的有效配置？如何集约高效地用好每一块建设用地？如何用最小的成本，保障旅游项目的必要用地？瑞金市"浴血瑞京"景区给了我们一个有力的回答，在土地政策的助力下，演绎了一出废弃矿山到绿水青山，再到金山银山的精彩"变形记"。

长期以来，赣州市委、市政府高度重视旅游产业发展，着眼旅游发展用地的特殊性，以解放思想、改革创新、市场配置、节约集约为原则，在政策探索上勇尝试，在实践推进上敢作为，开展了一系列破解旅游用地难题的探索与实践，形成了保障旅游用地的"赣州经验"。

1. 高度重视，"两规"融合，引领旅游项目用地精准布局

高度重视，强化协调调度。2017年，《赣州市发展全域旅游行动方案（2017—2019年）》出台，以116个全域旅游重点景区项目为抓手，谋划"一核三区"旅游产业发展新布局。为推进项目建设，赣州市成立了赣州市重大文化旅游项目推进小组，定期召集相关单位进行调度，协调解决旅游项目用地问题，累计保障项目用地1.91万亩。

坚持规划引领，有效保障用地需求。坚持抓好项目规划保障工作，推进过渡期内现有空间规划的衔接协同，组织指导有需求的县（市、区）做好"两规"融合规划的局部修改调整，有效破解重大旅游项目用地瓶颈。截至2020年8月，已完成17个县（市、区）的"两规"融合工作，针对旅游项目用地的特点，因项施策、分类管理，努力做到布局精准，对拟建设的旅游项目用地在规划上给予充足的空间，做到优先保障。

2. 突出重点，分级统筹，优先满足重大旅游项目用地需求

合理安排旅游项目用地，将旅游项目优先纳入建设用地年度供应计划，对重点旅游项目用地优先预审、优先保障供应。近年来，赣州市已完成方特东方欲晓乐园、龙川极地海洋世界、会昌县汉仙盐浴温泉度假区、寻乌温泉小镇等一批重点旅游项目用地供应。在2020年全市年度国有建设用地供应计划中，安排列入计划的旅游项目达76宗，用地面积4930.3亩。

对列入旅游重大项目库的文化旅游项目，由市级统筹保障年度新增建设用地计划指标，可直接报批用地，其余不足部分在具备用地报批和开工条件后由市级优先调剂安排。同时，积极争取将项目纳入省级预留新增建设用地计划。仅2018年，赣州市经江西省自然资源厅批准的用地批复中，直接服务于旅游设施核心景区的项目用地约770亩，保障了上犹县天沐温泉、龙南县（现龙南市）虔心小镇等一

批旅游项目用地。

2020年江西省旅发大会项目实施期间，更是全力保障旅游项目用地。为79个重点项目供应土地1.46万亩，其中新增建设用地1.29万亩。通过规划调整保障用地1.26万亩，实现了重点项目用地的全覆盖。

3. 因地制宜，盘活存量，推进旅游用地多举"开源"

一是对传统工业企业利用存量房产融合发展文化创意产业的，实行继续按原用途和土地权利类型使用土地的过渡期政策。如章贡区宋城壹号文化创意产业园，前身为赣州水泵厂，在企业实施退城进园后，利用存量土地和房屋打造成一个集创意办公、创新孵化、休闲旅游于一体的文旅服务平台，老工厂焕发出新风采。

二是利用农村"空心房"整治成果发展乡村旅游项目。如全南县雅溪古村，通过修缮55户老旧闲置农房，开展民俗表演、民宿等经营性活动，打造国家4A级旅游景区，助推乡村振兴发展。

三是利用工矿废弃地等存量建设用地发展旅游项目，既节约土地，又变废为宝，如"浴血瑞京"景区的用地就是典型的存量建设用地再开发、再利用。

4. 灵活多样，创新方式，实现旅游供地多措"节流"

一是参照工业用地管理相关规定，除房地产开发用地外，允许采取长期租赁、先租后让、租让结合等方式供应文化旅游项目用地。

二是对文化旅游项目可以按照建多少、批多少的原则，根据规划用地性质和土地用途，实施点状布局、点状报批、点状征地、点状供地的方式完善用地手续，较好地解决了旅游项目用地紧缺的问题。

三是对旅游项目中的种植业、林业、畜牧业和渔业生产用地，按现用途管理，通过承包经营流转的方式保障项目用地。

受益于赣州市委、市政府对旅游用地问题的高度重视和强力推进，在高效的规划引领和科学的统筹安排下，通过实施一系列因地制宜、灵活多样的用地供地策略，赣州市的旅游用地管理体制取得新突破，旅游项目建设取得新进展，旅游经济迈上新台阶，旅游产业快速发展。

第八章　井冈山民宿旅游助力乡村振兴发展①

井冈山是以毛泽东、朱德、陈毅等为代表的中国共产党人创建的中国第一个农村革命根据地,被誉为"中国革命的摇篮"。经过多年发展,民宿旅游已成为当前井冈山乡村经济发展的重点。2018年1月,中国旅游协会与井冈山市人民政府签订了《关于推动江西省井冈山市民宿产业发展的战略合作协议》,极大地推动了井冈山市民宿产业快速发展②。2018年3月,井冈山管理局办公室、中共井冈山市委办公室、井冈山市人民政府办公室联合发布了《井冈山精品民宿发展实施方案》。井冈山市已经成为民宿资本投资的热土,原大陇镇大陇村③与厦坪镇菖蒲村入选第一批全国乡村旅游重点村名录乡村名单(江西省共有12个乡村入选)。本章选择大陇村作为案例地,通过实地调查和深入访谈,对乡村旅游重点村的发展条件、发展现状及发展问题进行分析,了解村民对民宿旅游发展的参与感知情况,论证村民感知质量对民宿旅游发展的认同情况及其对村民行为的影响,进而提出实现乡村振兴的具体发展策略。

一、井冈山民宿旅游发展条件与现状分析

(一)井冈山民宿发展条件分析

1.区位交通分析

从区位条件来看,井冈山位于江西省西南部,地处湘赣两省交界的罗霄山脉中段,是江西省的西南门户。它距离长沙约350千米,距南昌约310千米,是中三角、长三角、闽三角及珠三角城市群——中国南方四大黄金板块的腹地中心。目

---

① 熊桃慧.革命老区乡村居民对民宿旅游发展的影响感知研究[D].南昌:江西财经大学,2020.
② 井冈山管理局.中旅协民宿分会与井冈山签署战略合作协议[EB/OL].http://jgsglj.jian.gov.cn/news-show-123.html.
③ 2020年3月,大陇镇与茅坪乡合并组建茅坪镇。

前,井冈山建设一座4C级机场——井冈山机场,泰井高速和井睦高速、吉井铁路、吉衡铁路、321省道、320省道纵横境内,已形成以省道、高速公路、铁路、机场为框架的立体交通网络。完善的交通网络将井冈山与衡山、桂林、炎陵等著名旅游风景区连成一线,促进井冈山与长株潭城市群、环鄱阳湖城市群和长三角城市群的一体化联系,福建、湖南等地可进入性得到全面优化。井冈山地理区位优势明显,将成为新的省际交通枢纽城市。

2. 旅游经济分析

1) 旅游经济总体情况

近几年来,井冈山旅游经济发展迅速,旅游接待人数从2016年的1530.11万人次增长到2018年的1839.08万人次,呈现逐年稳步增长的态势。旅游收入从2016年的121.03亿元增长到2018年的149.89亿元,也呈现逐年增长态势。从表8-1中可以看到,井冈山的游客规模较大,但过夜游客占比未有提升,仅有35.00%的游客愿意留下住宿,目前井冈山的在营业民宿数量不多,民宿市场前景广阔。井冈山国内游客的人均消费处于较低徘徊阶段,2018年的人均消费低于全国国内人均旅游消费926元、婺源人均旅游消费928元、江西省人均旅游消费1180元[①],游客人均消费还有较大的提升空间。

表8-1 井冈山2016—2018年旅游经济发展总体情况

年份	接待人数/万人次	过夜接待人数/万人次	过夜游客占比/(%)	旅游收入/亿元	人均消费/(元/人)
2016年	1530.11	535.54	35.00	121.03	775.59
2017年	1732.54	606.39	35.00	138.89	774.67
2018年	1839.08	643.68	35.00	149.89	763.01

注:数据根据《井冈山市国民经济和社会发展统计公报》及相关资料整理。

2) 旅游市场因素

由于现代城市化的变革,越来越多的人认为现在所生活的环境与美好安宁的大自然环境相差甚远。城市内部四处拥挤吵闹、空气质量差,再加上城市快节奏的生活方式,使得城市居民有了返璞归真、回归自然的愿望,想要体验"乡愁",回归乡村。在此基础上,乡村旅游快速发展,农家乐开始兴起。农家乐主要为游客提供农家体验,以农家菜肴为主要特色,之后慢慢发展为现在的民宿,逐渐受到大众的喜欢和追崇。

---

① 董立新.文旅融合,婺源旅游怎么做[N].上饶日报,2019-09-27.

井冈山依托红色资源,不仅发展红色旅游,也在大力发展乡村产业,形成休闲农业与乡村旅游发展路径。2011年井冈山市入选全国休闲农业与乡村旅游示范县名单。在休闲旅游方面,井冈山市重点发展大型生态农庄、农家乐,重点培育休闲农业示范点,还重点建设了井冈山国家农业科技园八角楼园区、井冈山民俗馆、山地自行车赛道、度假村等休闲农业与乡村旅游项目。

3. 政策因素分析

1)"美丽中国·江西样板"建设

2015年3月,习近平总书记在全国两会期间参加江西代表团审议时指出,要走一条经济发展和生态文明相辅相成、相得益彰的路子,努力打造生态文明建设的"江西样板";2016年2月,习近平总书记来江西视察时强调,江西生态秀美、名胜甚多,绿色生态是最大财富、最大优势、最大品牌,一定要保护好,做好治山理水、显山露水的文章。对于总书记的叮嘱,江西省努力积极探路,先行先试,探索生态文明建设"江西样板"[1]。2016年,《江西省人民政府关于积极发挥新消费引领作用加快培育形成新供给新动力的实施意见》出台,其中提到要支持发展共享经济,有序发展民宿出租、旧物交换利用等。民宿成为助力"美丽中国·江西样板"建设的重要内容。

2)民宿相关扶持政策

近年来,民宿越来越受到大众消费者的喜爱,从早期出现基础农家乐的成都到国内旅游发展较好的厦门、大理等热门旅游城市都在发展民宿产业。从国家层面来看,近年来陆续颁布了关于旅游民宿的相关标准和政策文件,全国部分省区市甚至是县也根据自己区域情况制定相适应的民宿管理办法。2017年4月,江西省住建厅转发了国家住房和城乡建设部、公安部、国家旅游局联合下发的《关于印发农家乐(民宿)建筑防火导则(试行)的通知》,并提出贯彻落实意见。2020年8月,江西省人民政府办公厅出台《关于促进民宿健康发展的意见》。

2017年,井冈山管理局办公室、市委办公室、市政府办公室共同印发《关于推进井冈山乡村旅游与民宿产业发展的实施意见(试行)》,明确了井冈山乡村旅游与民宿产业发展的主要目标、组织机构、工作重点、工作要求。2018年1月,中国旅游协会与井冈山市人民政府签订《关于推动江西省井冈山市民宿产业发展的战略合作协议》,助推井冈山市民宿产业快速发展。同年,相应出台了《井冈山精品民宿发展实施方案》《井冈山乡村精品民宿星级评定和运营管理办法》,以加快井冈山民宿新业态发展。根据实施方案,井冈山明确了民宿产业的扶持政策,并制

---

[1] 刘奇.打造美丽中国的"江西样板"[N].光明日报,2017-06-19(005).

定了三年规划——力争到2020年,完成井冈山民宿品牌"井冈民宿·庐陵乡居"建设,引进全国知名品牌10个,培育自有品牌5个,重点发展精品民宿村20个,民宿床位数达到10000张,努力实现以民宿为载体来促进第一产业、第二产业、第三产业相互融合的创业创新模式,让井冈山乡土文化得到创新传承与传播。在具体的资金政策扶持方面,井冈山设立了精品民宿发展基金500万元,对能够在2020年12月31日前按照精品民宿评定标准评为井冈山金牌民宿,并营运三个月以上的,可按其投资额的40%~60%申请贴息贷款支持,并且按照一星级、二星级、三星级分别按每间客房2000元、5000元、1万元的标准给予奖励;不仅如此,在2022年12月31日前游客通过"智慧井冈"平台进行订房入住,还可以享受8折购买井冈山景区大门票的优惠[①]。此外,为了积极推动精品民宿建设工作,井冈山设立了专门办公机构,由专人负责此项工作。对于发展精品民宿集聚村、客商投资落户集聚村且旅游业态丰富的村落,还会投入资金建设旅游厕所、旅游标识、民宿服务接待中心、停车场等公共基础配套设施[②]。

2018年井冈山明确了重点发展的三类民宿:一是依托红色培训、红色文化、红色活动体验的特色民宿;二是依托客家风情、传统村落、地方特色文化的乡村民俗体验民宿;三是依托绿水青山的乡野度假民宿。截至2020年初共建成民宿点6个,包括茅坪村、汉头村、大陇村等,建成接待床位500多张,在建床位1500多张,新增民宿和乡村旅游床位3000多张。

4. 旅游发展基础

井冈山的革命历史意义重大,是闻名中外的"红色摇篮";自然景色秀丽,被称为"绿色宝库";红色文化底蕴深厚,已经成为人们心中的"精神家园"。井冈山的旅游资源十分丰富,井冈山风景名胜区包含11大景区、76处景点、460多个景物景观,其中革命人文景观30多处,被列为国家重点文物保护单位的有10处。井冈山的旅游发展主要在于全力丰富旅游产品,打造远途旅行、近处环游、休闲度假及美丽乡村游等方面,推动山上山下、山里山外联动发展。井冈山风景名胜区不仅是首批国家5A级旅游景区,还是国家重点风景名胜区、国家级自然保护区、全国文明风景旅游区、国家级生态旅游示范区、世界生物圈保护区(2012年)、全国著名红色旅游景点景区。井冈山红色旅游资源开发相对较成熟,基本形成了"红色旅游

---

① 根据井冈山管理局办公室、市委办公室、市政府办公室《关于印发井冈山精品民宿发展实施方案的通知》等相关文件及实地调研整理。

② 胡晶,胡海胜.基于IPA分析法的民宿旅游感知特征研究——以井冈山市为例[J].旅游与摄影,2020(14):58-59.

首选地"的品牌影响。截至2020年,井冈山革命博物馆管辖的各级文物保护单位共80处,含全国重点文物保护单位22处、省级文物保护单位9处、市级文物保护单位49处[①]。井冈山已开发的红色旅游景点众多,所形成的旅游品牌具有一定的市场影响力。红色旅游以观光游览为主,同时包括红色培训、红色演艺等。综合来看,井冈山的旅游资源结构丰富,自然景观与人文景观结合,形成了独具特色的旅游资源体系,为井冈山的旅游开发提供了坚实的基础。

在扶贫攻坚阶段,井冈山拥有34个国家旅游扶贫试点村,其中包含大陇村、坝上村、神山村、长富桥村等10个A级乡村旅游点。井冈山集合乡村民俗,开发特色乡村度假旅游。其中,2016年原大拢镇8个行政村合作社联合注资,牵引全镇48户蓝卡户,以产业发展资金集体入股的形式成立井冈山陇上行红墟坊乡村旅游有限公司,积极打造旅游业态,包括精品民宿度假区、四季水果和水产品种养示范区和乡村民俗旅游体验区,截至2020年已建设陇门客栈、红墟坊农家乐、苏莲托咖啡茶厅、红歌坊、别墅度假区(180个床位)等,得到了社会各界和新闻媒体的纷纷点赞[②][③]。

井冈山尤其重视乡村旅游与特色产业融合发展,包括对传统村落建筑的保护,这为民宿旅游发展提供了机会。但乡村民宿的发展不仅仅依赖建筑实体——古建筑及房屋,更重要的方面在于村落的历史、文化等资源,甚至是流传至今的传统节庆活动、特色技艺等。井冈山历史文化底蕴丰富,红色文化、庐陵文化、客家文化、民俗文化、农垦文化、创意文化、美食文化等绚丽多彩。

(二)井冈山民宿发展现状分析

井冈山乡村旅游发展快速,与此同时,其民宿也得到了同步快速发展。井冈山民宿发展经历了群众自发发展传统民宿阶段、相关旅游部门组织发展传统民宿阶段和当前政府推动快速发展精品民宿阶段,经过几轮发展,截至2020年井冈山已拥有各类民宿达5000余张床位。从这一层面上看,结合不同的数量、类型及经营模式,井冈山民宿产业的发展分为三个发展阶段,如表8-2所示。

---

①根据井冈山创建国家级全域旅游示范区归档相关材料及实地调研整理。
②根据井冈山大陇村省级乡村旅游点相关材料及实地调查整理。
③李钊,邓勇.探索生态与经济价值转换的有效途径——以井冈山市大陇镇案山村为例[J].农村经济与科技,2020,31(23):27-28.

表8-2　井冈山民宿产业发展阶段分析

发展阶段	时间	阶段特征	代表村庄	具体内容
传统民宿(农家乐)自发发展阶段	2003—2010年	本地人自发经营为主,缺少组织化管理,数量少,主要分布在核心景区周边	下庄村	依托鱼塘、农田改造的农事风情园及其周边相连的蔬菜大棚,让游客体验传统农耕文化,自由耕作、自由采摘、自由垂钓、自由体验野炊生活
传统民宿(农家乐)组织发展阶段	2011—2017年	本地人经营为主,组织化程度提高,数量快速增长,以培训研学客源接待为主	下庄村、大井村、小井村等	村落之间成立协会,进行统一管理、培训、学习等。2013年,《井冈山农家乐管理办法》《加快井冈山农家乐发展实施意见》等文件出台,村落依托红色培训,主要接待客源也是以培训研学客源为主,多个村庄结合农家乐住宿接待打造培训基地
精品民宿快速发展阶段	2018年至今	精品民宿业态开始兴起,政府支持力度不断加大,投资主体逐渐进入	大陇村案山组、柏露乡鹭鸣湖等	投资主体逐渐进入井冈山民宿产业发展中,先后引进首旅寒舍、康辉集团、上海途家、北京唐乡、丽江文旅等一批有实力、有情怀、有品位的民宿企业,开发建设了大陇村案山组、柏露乡鹭鸣湖等一批精品民宿和乡村旅游新景点

注:资源来源于井冈山相关文件及实地调研整理。

井冈山已经成为民宿资本投资的热土,井冈山充分运用资本的加入,创新民宿发展模式,助力实现乡村振兴。井冈山现已建成并对外营业的民宿主要有以下几类发展模式(见表8-3)。

表8-3 井冈山民宿发展模式概况

村庄	发展模式	村庄特色及成效
大陇村案山组	"1+8+48"新型股份制	即引进1家公司——井冈山陇上行农业开发有限公司,联合8个行政村合作社,带领48户建档立卡贫困户共同创建了井冈山陇上行红墟坊乡村旅游有限公司,积极发展精品民宿度假区、四季水果和水产品种养示范区、乡村民俗旅游体验区。依靠民宿开发,在2018年案山组集体已从中得到了5万多元的收益,贫困户的年人均纯收入在两倍以上,村民年人均纯收入也从3000元以下增加至6500元
柏露乡长富桥村、坳下村、鹭鸣湖景区	"共享+互补"合作模式	集民宿、共享农庄、餐饮、水上乐园、自行车休闲骑行道、田园观光、农业采摘休闲、稻田养虾、漂流、帐篷露营和青少年研学于一体,是井冈山市首个田园综合体项目。农户以闲置住房等入股共享农庄,村集体可以利用土地经营权、资产或资金入股,让村民增收、集体经济壮大。截至2020年初,长富桥村共装修民宿4栋28间客房56张床位,木屋2栋2张床位
茅坪镇神山村	"公司开发经营、农户出租入股"模式、利用红培"一堂课带富一个村"	成立协会引导村民利用闲置房屋大力发展精品民宿,采取统一客源分配、服务管理、接待标准和分户经营的模式,实现了农家乐接待"富一家"为"富大家"。神山村共发展农家乐16家,开业民宿4家,共有房间25个,床位46张。其中,民宿中有两家是村民自主发展的普通民宿,另外两家是引进外资投资改造的精品民宿"初心小院"。截至2019年底,全村从事乡村旅游产业等新事业共30户,其中开办农家乐16户,打糍粑5户,工艺品及土特产加工销售7户,发展民宿2户,年总收入约380万元,多数农户年收入在10万元以上
下七乡汉头村	"公司+合作社+村集体+农户"的"四位一体"乡村振兴发展模式	沃土胜境研学基地,目前主要发展集研学旅行、客家传统文化研究、生态种养与民宿等产业于一体的多元文旅产业,可日接待500人进行研学。其中霞溪农庄拥有标间客房17间,单间客房2间,套房一间,特色木屋2间,普通客房20间,每天可接待游客200人
茅坪镇茅坪村	政府主导,群众参与,统一规划、设计、建设和管理模式	将精准扶贫、红色培训、镇村联动、美丽乡村建设有机结合,成为井冈山红色培训主要战场、全国大型自驾游基地、农家乐餐饮住宿接待区。开业至今,每年接待来自中国井冈山干部学院、江西干部学院等机构的党性培训学员和全国各地的游客达2万多人次,同时也是茅坪村旅游脱贫致富,增加农民收入的重点项目

续表

村庄	发展模式	村庄特色及成效
茅坪镇马源村	村委管理、村民参与、集体收益模式	村干部领导带头,向外对接研学旅行服务机构、中小学校等客源市场,对内协调当地村民积极参与,整治乡村环境,改善居住设施。同时,马源村建立了"乡村文明乡风积分银行",村民可用废弃物积分兑换生活用品,提升村民参与乡村环境治理整治的积极性;成立了乡村研学旅游领导管理小组,建立了由村领导、学生、农户多方监督的管理机制。截至2020年初,马源村发展乡村民宿十余家,带动农户47户,可同时接待近600人住宿

注:资源来源于井冈山相关文件及实地调研整理。

(三) 井冈山大陇村基本情况

本章主要研究井冈山的民宿旅游发展对井冈山乡村振兴的影响,主要通过乡村居民的影响感知情况来进行分析,以井冈山大陇村为具体研究对象,了解各影响因素之间是否存在关联。大陇村的发展模式成为井冈山市高质量跨越式发展的示范样板,井冈山市委授予了大陇村"学习大陇有标准"的先进红旗。大陇村作为井冈山精品民宿产业发展的典型案例地,其发展模式新颖,是乡村民宿发展助力精准扶贫的示范。

大陇村坐落在黄洋界山脚下,位于吉安市井冈山市茅坪镇,离井冈山市中心城区38千米。2020年,全村辖13个村民小组,农业人口480户1470人。2016年开始,原大陇镇通过和井冈山陇上行红墟坊乡村旅游有限公司合作,在大陇村案山组打造了陇上行度假村。随后三年打造出了"陇门客栈""竹林三院""苏莲托"等精品民宿代表,改造了以"老范叔""莲姨家""明月楼"为居民民宿代表的一批精品特色民宿。目前,陇上行度假村共计有客房148间,可同时容纳300多人住宿。大陇村招商引资、筑巢引凤,以整洁美丽、和谐宜居、生态优美的陇上行度假村为载体,以农家乐、民宿、豆腐坊、茶餐厅、便民超市等业态为经营内容,采取"公司+村集体+贫困户"的模式,通过"1+8+48"形式,由井冈山陇上行农业开发有限公司牵头成立井冈山陇上行红墟坊乡村旅游有限公司,带领全镇8个村(居)发展壮大村集体经济,整体突破了村集体经济发展的瓶颈,扩宽了村集体经济收入渠道,带动全镇48户蓝卡户集体入股,确保贫困户收入稳步提升[①]。全镇8个村(居)在公

---

① 李钊,邓勇.探索生态与经济价值转换的有效途径——以井冈山市大陇镇案山村为例[J].农村经济与科技,2020,31(23):27-28.

司入股40万,每年能够获得近8万元的集体收入,参与入股的蓝卡贫困户每年可获得1000元以上的分红。目前,大陇村建成了白莲基地、猕猴桃园、黄桃基地、青年牧场等多个农事体验区,可供游客开展农事体验旅游。

二、大陇村村民对民宿旅游发展的影响感知

(一)研究方法设计

1. 访谈设计

本次访谈的对象主要分为两类:一类是井冈山管理局旅游管理处、市文化广电新闻出版局、大陇村村委等负责民宿产业的相关行政人员,另一类则是大陇村内的民宿经营者、参与者及普通村民。访谈的主要目的是了解以下情况:①井冈山旅游产业相关发展情况;②政府部门对民宿产业的扶持及管理政策;③大陇村的基本情况及民宿发展概况;④受访对象对村落发展民宿旅游的看法及感受;⑤发展民宿旅游对村落的振兴情况。

2. 问卷设计、发放和回收

本研究采用问卷调查的方式,获得当地村民的基本信息,村民对民宿发展影响的感知信息,在经济、文化、环境、政治上对民宿发展影响的认同度,以及村民的行为构建过程,在访谈之后进一步了解村民对民宿发展的看法。

问卷内容主要包括两个部分:第一部分是针对村民对民宿发展影响感知的具体问题,共有32个问题,主要涵盖三个方面,分别是感知质量、认同度与行为构建;第二部分是受访对象的基本信息,主要包括性别、年龄、学历、居住时间、职业、家庭月平均收入、家庭收入来源等人口统计学特征问题。第一部分中的问题指标选取来源如表8-4所示,同时结合大陇村民宿的具体情况进行设计,其中村民的行为构建具体都是指正向、积极地支持民宿发展。

表8-4 观测变量来源

指标	观测变量	来源
自然文化资源	ZY1:村里的水很干净、很清澈	何景明(2005)、杨兴柱等(2005)
	ZY2:村庄建筑特色	《旅游资源分类、调查与评价》(GB/T 18972—2017)
	ZY3:村庄历史文化底蕴深厚	
	ZY4:村庄乡土风情资源丰富	
民宿旅游发展	FZ1:知道村里发展民宿旅游	王纯阳等(2017)

续表

指标	观测变量	来源
民宿旅游发展	FZ2:改善村庄基础设施建设	汪德根等(2011)、王纯阳等(2014)
	FZ3:生活水平提高	戴林琳等(2011)、周运瑜等(2013)
	FZ4:与游客接触交流学习外来文化	Lankford等(1994)、Ap等(1998)
	FZ5:我觉得政府政策对我们更好了	汪德根等(2011)、Lankford等(1994)
村落治理结构	ZL1:村委会治理	傅熠华(2019)、朱启臻(2018)
	ZL2:农民参与决策	王晓毅(2018)、谭德宇等(2015)
	ZL3:投资经营者管理	何景明(2005)、张世兵等(2009)
环境认同	HJ1:对实现环境目标具有自豪感	陈柔霖等(2019)、杨兴柱等(2005)
	HJ2:为了下一代,村落整体环境要得到保护	杜宗斌等(2013)、王纯阳等(2014)
	HJ3:对环境管理和保护具有责任感	路幸福等(2015)、陈柔霖等(2019)
	HJ4:主动参与村内环境卫生管理	杜宗斌等(2013)
文化认同	WH1:对村落特色民俗文化热爱程度	胥兴安等(2015)
	WH2:对村落特色民俗文化了解程度	Dehyle(1992)、王鹏辉(2006)
	WH3:主动维护本地文化的程度	刘赵平(1999)、左迪等(2019)
	WH4:主动参与村里的特色民俗活动	包富华等(2016)、庞娟等(2018)
经济认同	JJ1:对发展民宿旅游的满意程度	李伯华等(2017)、杨立国等(2017)
	JJ2:家庭民宿旅游收入增加	汪侠(2010)、Ko等(2002)
	JJ3:有责任和义务配合好村里经营民宿产业的管理	贾衍菊(2015)
	JJ4:主动参与民宿旅游相关产业工作	杜宗斌等(2011)

续表

指标	观测变量	来源
政治认同	ZZ1:对现在村里的干部工作和政府政策感到满意	贾衍菊等(2015)
	ZZ2:得到政府政策的支持和关注	王莹等(2015)、彭正德(2014)
	ZZ3:对村庄体制管理认同	詹小美等(2013)、秦燕等(2015)
	ZZ4:主动参与村里组织的相关管理培训活动	杜宗斌等(2011)、贾衍菊等(2015)
行为构建	XW1:主动加强自我管理	杜宗斌等(2011)
	XW2:主动提醒他人共同参与村里组织的各种事务和活动	周学军等(2017)
	XW3:主动向游客介绍村里的名人事迹和传统活动	Algesheimer等(2005)、胡孝平等(2017)
	XW4:主动将自己掌握的知识传递或分享给他人	韩小芸(2016)、Huang等(2013)、Tajfel(1978)

问卷第一部分采取的是李克特五分制量表来测量村民对所设题项的同意程度,其中,1表示"完全不同意",2表示"不同意",3表示"中立",4表示"同意",5表示"完全同意"。相对应的数字代表其相对应的分数,村民根据自己的实际感受填写打分。

本研究的问卷调查分为两个阶段进行,分别在2019年7月1日—7月8日及2019年11月25日—11月29日。在大陇村的实地调研走访中发现,虽然有许多村民返乡工作,但还是以中老年为主。首次调查过程中共发放问卷120份,回收问卷113份,回收率约为94%,其中有效问卷108份,有效率约为96%;在第二次调查时共发放问卷150份,部分当场回收,部分委托村委代为收集,同时通过村委协助,加入村民微信群中,利用问卷星进行网络收集,最终回收问卷117份,回收率为78%,其中有效问卷100份,有效率约为85%。由于第二次调研时间和精力有限,未当场一对一回收所有问卷,而是委托村委代为收集,以及部分村民填写网络问卷时不熟悉,最后回收率较低。同时,在一对一问卷调查过程中插入现场访谈的方法,对大陇村陇上行度假村总经理、民宿工作人员、村委干部、部分当地村民等进行深度访谈,使得调查内容更为充实且有说服力。

（二）研究假设与模型构建

1. 村民感知质量与行为构建的影响关系

国内早期研究旅游地居民旅游影响感知的有陆林（1996），其以皖南旅游区为例研究居民态度[①]。1999年通过的《全球旅游伦理规范》也明确了旅游发展是一项对当地居民有益的活动，需要兼顾其社会、经济、文化方面的利益[②]。黄颖华等将感知旅游质量认为是旅游者对旅游经历的卓越和优秀程度的总体判断[③]，李慧则着重关注游客对目的地吸引力、产品、服务等的总体主观评价[④]，其都验证了感知质量对行为的正向影响。依据上述文献，本研究认为感知质量对村民行为构建影响显著，并提出以下假设。

H1：感知质量的各维度对村民行为构建有显著正向影响
　　H1a：自然文化资源感知质量对村民行为构建有显著正向影响
　　H1b：民宿旅游感知质量对村民行为构建有显著正向影响
　　H1c：村落治理感知质量对村民行为构建有显著正向影响

2. 村民认同度与行为构建的影响关系

许多学者研究表明，一个人的认同会影响他的行为[⑤]。Nunkoo等学者发现旅游地居民对产业的支持，并不单根据其资源交换的总效应感知[⑥]。夏天添等将居民对旅游业的态度和居民对旅游业的支持程度视为一种行为[⑦]。这种态度和行为的概念化使认同理论成为了解居民认同对其旅游态度和对产业支持的影响的合适方法。依据上述文献，本研究提出如下假设。

H3：认同度对村民行为构建有显著正向影响
　　H3a：环境认同对村民行为构建有显著正向影响
　　H3b：文化认同对村民行为构建有显著正向影响

[①]陆林.旅游地居民态度调查研究——以皖南旅游区为例[J].自然资源学报,1996(04):377-382.

[②]张广瑞.全球旅游伦理规范[J].旅游学刊,2000(03):71-74.

[③]黄颖华,黄福才.旅游者感知价值模型、测度与实证研究[J].旅游学刊,2007(08):42-47.

[④]李慧.基于目的地感知质量驱动模型的西藏入境游客忠诚研究[J].贵州民族研究,2016,37(12):53-56.

[⑤]Hagger M S,Anderson M,Kyriakaki M,et al. Aspects of identity and their influence on intentional behavior: Comparing effects for three health behaviors[J]. Personality and Individual Differences,2007,42(2):355-367.

[⑥]Nunkoo R,Gursoy D. Residents' support for tourism: An identity perspective[J]. Annals of Tourism Research,2012,39(1):243-268.

[⑦]夏天添,邹波.农村居民旅游影响感知与旅游产业支持的倒U形关系研究[J].哈尔滨商业大学学报(社会科学版),2019(4):115-128.

H3c：经济认同对村民行为构建有显著正向影响

H3d：政治认同对村民行为构建有显著正向影响

3. 村民感知质量与认同度的影响关系

目前，国内研究村民的感知质量和认同度之间关系的文章很少。对感知质量的研究，大多数是顾客感知质量或感知价值研究，另外则是对当地居民的旅游影响感知研究。Mccall等提出，角色认同的研究是以个体为单位进行的，它是指社会中不同的个体会扮演不一样的角色，对于不同的角色会给予不同的定义和期望，这也会成为个体自我概念的来源[1]。孔靓等人提出作为职业经理人而言，他们在进入企业之前，首先要重新审视自身的工作价值观和能力，以此形成自身的角色定位。该心理过程反映的就是对自身职业角色的认同。而当其通过高规格的培育环境对职业经理人的角色有更全面的认知、了解和感受后，会更加认同职业经理人这一职业角色[2]。用户在感知到虚拟社区能够满足自己功能、社交或享乐方面的需求时，其感知价值就越高，则社区用户间进行的交互行为就越多，因此社区用户之间的基础互动交流得以形成[3]。用户之间的这种行为会让他们感知到社区拥有强烈的吸引力，从而产生对社区的归属感等情感联系，把自己当作该虚拟社区用户中的一分子，进而形成社区内一种共同的价值观，即社区认同[4]。彭正德指出，政治认同指的是人们在政治生活中产生的认可并愿意亲近接纳的心理过程，也是一种政治态度，在本质上是社会成员对政治权力的认同[5]。本研究中的政治认同指的是村民对于村级干部管理活动的认可程度，即村民是否愿意相信他们。由此，本研究假设村民感知质量影响其认同度，提出以下假设。

H2：村民感知质量的各维度对其认同度有直接显著影响

H2a：自然文化资源感知质量对环境认同有直接显著正向影响

H2b：自然文化资源感知质量对文化认同有直接显著正向影响

H2c：民宿旅游感知质量对环境认同有直接显著正向影响

H2d：民宿旅游感知质量对文化认同有直接显著正向影响

---

[1] Mccall G J, Simmons J L. Identities and interactions[M]. New York: Free Press, 1966.

[2] 孔靓，李锡元，王艳娇. MBA品牌感知质量对职业经理人角色认同的影响研究[J]. 华中师范大学学报（人文社会科学版），2017，56(1)：48-56.

[3] 韩小芸，田甜，孙本纶. 旅游虚拟社区成员"感知—认同—契合行为"模式的实证研究[J]. 旅游学刊，2016，31(8)：61-70.

[4] Dutton J E, Dukerich J M, Harquail C V. Organizational images and member identification[J]. Administrative science quarterly, 1994(34): 239-263.

[5] 彭正德. 论政治认同的内涵、结构与功能[J]. 湖南师范大学社会科学学报，2014，43(05)：87-94.

H2e：民宿旅游感知质量对经济认同有直接显著正向影响

H2f：民宿旅游感知质量对政治认同有直接显著正向影响

H2g：村落治理感知质量对环境认同有直接显著正向影响

H2h：村落治理感知质量对政治认同有直接显著正向影响

根据上述文献梳理，本研究总结了诸多关于感知质量、认同度、村民行为构建三者之间关系的研究，其中包括村民感知质量对其行为构建的正向影响以及村民认同度对其行为构建的积极影响，其中村民认同度在感知价值与行为构建中起中介作用。基于这些前人的研究成果，建立如下研究模型(见图8-1)。

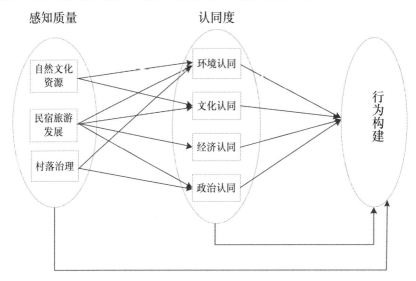

图8-1 感知质量对村民行为构建的影响研究模型

（三）描述性分析

1.人口统计分析

样本描述主要是针对他们的性别、年龄、学历、居住时间、职业、家庭月收入及家庭收入来源等进行描述，本研究对208个样本的个性特征进行描述和分析(见表8-5)。其中家庭收入来源是可多选的题项，单独进行描述分析。

表8-5 基础信息的统计分析

基本情况	描述指标	人数/人	百分比	基本情况	描述指标	人数/人	百分比
性别	男	113	54.3%	学历	小学及以下	64	30.8%
	女	95	45.7%		初中	54	26.0%

续表

基本情况	描述指标	人数/人	百分比	基本情况	描述指标	人数/人	百分比
年龄	18岁以下	8	3.8%	学历	高中或中专	55	26.4%
	18～30岁	32	15.4%		大专	24	11.5%
	31～45岁	60	28.8%		本科及以上	11	5.3%
	46～60岁	75	36.1%	本地居住时间	5年及以下	35	16.8%
	60岁以上	33	15.9%		6～10年	10	4.8%
家庭月平均收入	2000元及以下	45	21.6%		11～15年	18	8.7%
	2001～4000元	63	30.3%		16～20年	27	13.0%
					21年及以上	118	56.7%
	4001～6000元	54	26.0%	职业	农民	51	24.5%
					建筑工人	6	2.9%
	6001～10000元	25	12.0%		民宿从业人员	36	17.3%
					餐饮从业人员	18	8.7%
	10001元及以上	21	10.1%		个体经营者	35	16.8%
					其他	62	29.8%

如表8-5所示,在208位受访者中,男性有113人,占比54.3%,女性人数为95人,占比45.7%,男女比例相差不大,较之比较男性稍多一点。从年龄结构上来看,18岁以下所占比重为3.8%,18～30岁占比为15.4%,31～45岁占比为28.8%,46～60岁所占比重为36.1%,60岁以上所占比重为15.9%,由此可见,受访者的年龄大多集中于31岁及以上,达到了总体比重的80.8%,说明现在的大陇村中老年人还是主体人群。

从受教育程度来看,村民普遍学历偏低,高中或中专及以下学历占比达到了83.2%,这与乡村思想较为落后相关,与年龄特征也相符。在这208位村民中,在本村居住时间小于等于5年的占16.8%,居住时间为6～10年的占4.8%,居住时间为11～15年的占8.7%,居住16～20年的占13.0%,而居住时间超过20年的有118位,占56.7%,超过一半。其中居住时间在10年以上的村民占78.4%,这与受访者为中老年群体有关,他们在本地生活已久。通过访谈了解到,大陇村部分村民在此生活时间不长是由于他们是政府规划从邻村或邻镇搬迁过来的,现隶属大陇村区域,而低于5年的村民大都是近年民宿旅游发展所引进的相关从业人员。

从其职业结构上来看,除去其他职业外,职业为农民的人数最多,为51人,占比为24.5%;开始从事民宿、餐饮或旅游相关经营的村民占比较大,为89人,占比为42.8%。在208位村民中,家庭月平均收入在2000元及以下的人数为45人,占比为21.6%,这是由于受访群体老年人居多,收入来源较少;收入在2001~4000元的有63人,占比为30.3%;收入在4001~6000元的有54人,占比为26.0%;收入在6001~10000元的有25人,占比为12.0%;而收入超过10000元的有21人,占比为10.1%,从这能够看出部分村民家庭收入较高。通过调查发现,村民家庭收入来源较多,具体如下(见表8-6)。

表8-6 家庭收入来源的描述性统计

描述指标	频数	百分比
农业耕作	41	19.7%
畜牧业	4	1.9%
水产养殖	3	1.4%
民宿相关	48	23.1%
餐饮相关	36	17.3%
副业(旅游纪念品、手工制作等)	25	12.0%
自己或家人外出打工	79	38.0%
其他	54	26.0%

从表8-6可看到,有41位村民的家庭收入来源于农业耕作,而收入来源于民宿相关、餐饮相关、副业(旅游纪念品、手工制作等)等的人数是较多的,为109人,占52.4%,有79位村民的收入来源是自己或家人外出打工。可见,外出打工、农业耕作与民宿旅游相关工作是大陇村村民的主要收入来源。

2. 村民感知质量的统计分析

通过SPSS 21.0进行描述性分析,得出表8-7中12个观测变量的均值、标准差、方差、偏度和峰度的系数值。

表 8-7 感知质量的描述性统计分析

变量	题项	均值		标准差	方差	偏度		峰度	
		统计量	标准误	统计量	统计量	统计量	标准误	统计量	标准误
自然文化资源	ZY1	4.16	0.073	1.054	1.110	−1.373	0.169	1.513	0.336
	ZY2	3.88	0.082	1.178	1.388	−0.848	0.169	−0.090	0.336
	ZY3	3.88	0.079	1.138	1.295	−0.874	0.169	0.020	0.336
	ZY4	3.88	0.077	1.112	1.237	−0.867	0.169	−0.003	0.336
民宿旅游发展	FZ1	4.20	0.072	1.034	1.070	−1.207	0.169	0.763	0.336
	FZ2	4.40	0.060	0.868	0.753	−1.768	0.169	3.523	0.336
	FZ3	4.27	0.065	0.931	0.867	−1.480	0.169	2.262	0.336
	FZ4	4.16	0.072	1.037	1.075	−1.305	0.169	1.258	0.336
	FZ5	4.01	0.079	1.140	1.299	−1.273	0.169	0.959	0.336
村落治理	ZL1	3.48	0.080	1.159	1.343	−0.527	0.169	−0.295	0.336
	ZL2	3.41	0.072	1.032	1.064	−0.379	0.169	−0.041	0.336
	ZL3	3.37	0.077	1.108	1.228	−0.268	0.169	−0.499	0.336

根据李克特量表,测量题项的平均值小于2.5表示反对,在2.5~3.5表示中立,大于3.5则表示同意。标准差在大于0.5的情况下,数据要进行下一步验证[①]。本次调研感知质量测量题项的均值多数都在3.5以上,村民对村内自然文化资源、民宿发展、村落治理三个方面的认知均值较高,呈赞同态度,说明村民对其感知质量良好。对于村民觉得村干部是否有认真帮助他们与村民是否会全程参与村里的各项决策会议,受访者持中立的态度,均值分别为3.48与3.41,结合实际访谈了解到,村里前期规划民宿旅游发展时未完全征求采纳村民的意见,村民参与与否对其结果无影响。感知质量测量题项的标准差值在0.868~1.178,均大于0.5,说明大陇村村民对村内感知质量的描述认可区别比较大。对于测量题项的偏度系数和峰度系数绝对值的标准,要求分别小于3和小于10,才说明调查数据符合正态分布[②]。从表8-7可以看出,测量题项的偏度系数绝对值在0.268~1.768,均小于3,峰度系数绝对值在0.003~3.523,均小于10,说明村民感知质量的调查数据符合

[①] Nunally J C, Bernstein I H. Psychometric theory[M]. 2nd Edition. New York: McGraw-Hill, 1978.
[②] 丁风芹,姜洪涛,侯松岩,等. 中国传统古村镇游客重游意愿的影响因素及作用机理研究——以周庄为例[J]. 人文地理, 2015, 30(06): 146-152.

正态分布,可以进行下一步检验。

3. 村民地方认同的统计分析

表8-8为地方认同的16个测量题项的均值、标准差、方差、偏度系数和峰度系数值。

表8-8 地方认同的描述性统计分析

变量	题项	均值		标准差	方差	偏度		峰度	
		统计量	标准误	统计量	统计量	统计量	标准误	统计量	标准误
环境认同	HJ1	4.22	0.062	0.888	0.789	−1.400	0.169	2.526	0.336
	HJ2	4.50	0.051	0.742	0.551	−1.666	0.169	3.209	0.336
	HJ3	4.55	0.049	0.707	0.500	−2.095	0.169	6.148	0.336
	HJ4	4.50	0.051	0.736	0.541	−1.748	0.169	4.163	0.336
文化认同	WH1	4.39	0.065	0.942	0.887	−1.739	0.169	2.828	0.336
	WH2	4.41	0.063	0.907	0.823	−1.659	0.169	2.423	0.336
	WH3	4.27	0.066	0.945	0.893	−1.325	0.169	1.328	0.336
	WH4	4.29	0.064	0.929	0.863	−1.518	0.169	2.384	0.336
经济认同	JJ1	4.30	0.063	0.910	0.829	−1.597	0.169	3.006	0.336
	JJ2	4.19	0.070	1.003	1.006	−1.409	0.169	1.778	0.336
	JJ3	4.22	0.065	0.937	0.878	−1.344	0.169	1.847	0.336
	JJ4	4.27	0.066	0.946	0.896	−1.437	0.169	1.830	0.336
政治认同	ZZ1	3.76	0.083	1.196	1.432	−0.796	0.169	−0.109	0.336
	ZZ2	3.48	0.077	1.121	1.258	−0.561	0.169	−0.234	0.336
	ZZ3	3.38	0.072	1.038	1.078	−0.407	0.169	−0.055	0.336
	ZZ4	3.51	0.068	0.987	0.976	−0.346	0.169	−0.252	0.336

如表8-8所示,地方认同测量题项的均值多数都在3.5以上,在发展民宿旅游后,村民对环境、文化、经济和政治四个方面的认同度均值较高,呈赞同态度,说明村民对民宿旅游的发展较为认同。对于村民是否申请便能得到政府政策支持,受访者持中立的态度,均值为3.48,说明村民对于政府政策关注度不高,对其内容并不太了解,只有少数的民宿经营者会主动了解并申请。通过访谈了解到,村民对村干部管理村庄也持中立态度,认为村干部对于村民提出的问题,解决效率太低。本次调研中针对认同度的测量题项的标准差值在0.707~1.196,均大于0.5,说明

村民对大陇村发展民宿旅游后在环境、文化、经济与政治上的认同区别较大。偏度系数绝对值在0.346~2.095,均小于3,峰度系数绝对值在0.055~6.148,均小于10,说明大陇村村民认同度的数据结果符合正态分布。

4. 村民行为的统计分析

表8-9为行为构建的4个测量题项的均值、标准差、方差、偏度系数和峰度系数值。

表8-9 行为构建的描述性统计分析

变量	题项	均值		标准差	方差	偏度		峰度	
		统计量	标准误	统计量	统计量	统计量	标准误	统计量	标准误
行为构建	XW1	4.27	0.061	0.882	0.777	−1.495	0.169	2.840	0.336
	XW2	4.17	0.068	0.976	0.952	−1.320	0.169	1.512	0.336
	XW3	4.28	0.066	0.949	0.900	−1.522	0.169	2.225	0.336
	XW4	4.30	0.064	0.926	0.858	−1.549	0.169	2.504	0.336

如表8-9所示,行为构建测量题项的均值都在3.5以上,说明在发展民宿旅游后,村民因为对其认同度高,从而村民在自身管理与他人的行为上认知均值较高,呈赞同态度,说明村民有较强的责任感和荣誉感。本次调研中针对村民行为构建的测量题项的标准差值在0.882~0.976,均大于0.5,表明村民对村内民宿旅游的行为构建描述认可差异较大。偏度系数绝对值在1.320~1.549,均小于3,峰度系数绝对值在1.512~2.840,均小于10,说明村民对大陇村民宿旅游行为构建的调查数据符合正态分布,可以进行下一步检验。

(四)信度和效度分析

样本的信度表示数据的可靠性,一般用信度系数检验方法来衡量。通常来说,信度系数越高,表明检验结果越可靠、相关以及稳定。研究量表中所有变量的内部一致性系数Cronbach's Alpha值大于0.7,潜在变量的组合信度在0.6以上,则说明量表的信度较好[①]。本研究运用SPSS 21.0计算上述指标的内部一致性系数值,检验整体信度,得出该系数值高达0.944,说明数据具有较好的信度。

表8-10中列举了各个变量的信度和效度检验分析结果,由此可以看到自然文化资源、民宿旅游发展、村落治理、环境认同、文化认同、经济认同、政治认同以及行为构建8个变量的Cronbach's Alpha值都大于0.7,各个变量的组合信度CR值

---

① Nunally J C, Bernstein I H. Psychometric theory[M]. 2nd Edition. New York: McGraw-Hill, 1978.

大都超过0.8,且均大于标准0.6,说明本研究问卷具有较好的信度。从效度上看,平均抽取变异量AVE均大于最低标准0.5[①],表明该测量模型有良好的收敛效度。

表8-10 信度和效度检验

变量	Cronbach's Alpha	rho_A	组合信度(CR)	平均抽取变异量(AVE)
政治认同	0.763	0.785	0.848	0.584
文化认同	0.851	0.855	0.899	0.691
村落治理	0.789	0.731	0.779	0.543
民宿旅游发展	0.860	0.866	0.899	0.640
环境认同	0.793	0.788	0.812	0.520
经济认同	0.845	0.846	0.896	0.683
自然文化资源	0.767	0.794	0.851	0.591
行为构建	0.877	0.879	0.915	0.730

对于每个变量可以从AVE的平方根建立区别有效性检验,如果该区别有效性高于变量之间的相关性,表明变量之间的这种区别效度良好。从表8-11可以看出,测量模型整体效度良好。

表8-11 区别效度检验

变量	政治认同	文化认同	村民行为构建	村落治理	民宿旅游发展	环境认同	经济认同	自然文化资源
政治认同	0.764							
文化认同	0.281	0.831						
村民行为构建	0.418	0.645***	0.854					
村落治理	0.537***	0.218	0.279	0.737				
民宿旅游发展	0.629***	0.471	0.529***	0.597	0.800			
环境认同	0.397	0.567	0.502	0.339	0.571***	0.721		

[①] 黎耀奇,王雄志,陈朋.基于游客与居民视角的遗产地遗产责任量表开发与检验[J].旅游学刊,2019,34(10):60-75.

续表

变量	政治认同	文化认同	村民行为构建	村落治理	民宿旅游发展	环境认同	经济认同	自然文化资源
经济认同	0.605	0.579	0.686***	0.480	0.726***	0.515	**0.827**	
自然文化资源	0.440	0.664***	0.577***	0.370	0.659	0.471	0.589	**0.769**

注:加粗数字为平均变异抽取量(AVE)的平方根,未加粗数字为变量之间的相关系数,"***"表示 p 值<0.01,"**"表示 p 值<0.05。

(五)因子分析

KMO作为比较观测变量间相关系数值与偏相关系数值的指标,它的数值越大(接近1),表明对变量进行因子分析的效果越好。从表8-12中可以看出,本研究中KMO值为0.918,Bartlett球形检验的近似卡方值为4024.674,自由度为496,且显著性为0.000,小于0.01,说明各变量间具有较强的相关关系,适合做因子分析。

表8-12 KMO和Bartlett球形检验

KMO值		0.918
Bartlett球形检验	近似卡方	4024.674
	自由度	496
	显著性	0.000

本研究通过使用SmartPLS 3.0软件来处理分析数据,采用偏最小二乘法(PLS)进行模型建立并验证,得出如下因子成分表(见表8-13)。一般而言,对于因子载荷(FL)要求必须大于0.5。从表8-13可以看出,本研究中问卷的每一个题项的因子载荷(FL)数值均在0.5以上,表明各个指标层的因子提取聚敛效果良好。

表8-13 因子分析成分表

变量	题项	成分							
		1	2	3	4	5	6	7	8
自然文化资源	ZY1	0.626							
	ZY2	0.765							
	ZY3	0.783							

续表

变量	题项	成分							
		1	2	3	4	5	6	7	8
自然文化资源	ZY4	0.878							
民宿旅游发展	FZ1		0.786						
	FZ2		0.744						
	FZ3		0.824						
	FZ4		0.842						
	FZ5		0.801						
乡村治理	ZL1			0.801					
	ZL2			0.703					
	ZL3			0.710					
环境认同	HJ1				0.653				
	HJ2				0.781				
	HJ3				0.713				
	HJ4				0.732				
文化认同	WH1					0.851			
	WH2					0.819			
	WH3					0.855			
	WH4					0.799			
经济认同	JJ1						0.775		
	JJ2						0.839		
	JJ3						0.877		
	JJ4						0.812		
政治认同	ZZ1							0.835	
	ZZ2							0.786	
	ZZ3							0.788	
	ZZ4							0.633	
行为构建	XW1								0.846
	XW2								0.884

续表

变量	题项	成分							
		1	2	3	4	5	6	7	8
行为构建	XW3								0.827
	XW4								0.860

(六)总体模型适配度检验

1. 相关性分析

在结构方程模型检验过程中,首先需要对变量进行相关性分析来了解变量间相互联系的紧密水平。在因子分析的基础上,得到8个变量之间的相关关系,如表8-14所示。Pearson相关系数越大,表明变量之间的相关性越强。从表8-14可以看到,Pearson相关系数都为正数,前因变量自然文化资源、民宿旅游发展、村落治理分别与环境认同、文化认同、经济认同、政治认同、行为构建存在正相关关系。中间变量环境认同、文化认同、经济认同、政治认同也跟结果变量村民行为构建具有正相关关系。

表8-14 研究变量之间的相关关系

变量	自然文化资源	民宿旅游发展	村落治理	环境认同	文化认同	经济认同	政治认同	行为构建
自然文化资源	1.000	0.659	0.370	0.471	0.664***	0.589	0.440	0.577
民宿旅游发展	0.659	1.000	0.597	0.571***	0.471	0.726***	0.629***	0.529
村落治理	0.370	0.597	1.000	0.339	0.218	0.480	0.537***	0.279
环境认同	0.471	0.571***	0.339	1.000	0.567	0.515***	0.397	0.502
文化认同	0.664***	0.471	0.218	0.567	1.000	0.579	0.281	0.645***
经济认同	0.589	0.726***	0.480	0.515***	0.579	1.000	0.605	0.686***
政治认同	0.440	0.629***	0.537***	0.397	0.281	0.605	1.000	0.418
行为构建	0.577	0.529	0.279	0.502	0.645***	0.686***	0.418	1.000

注:"***"表示在0.01水平上显著(双侧),"**"表示在0.05水平上显著(双侧)。

2. 结构方程模型分析

1) 模型总路径分析

本研究利用 SmartPLS 3.0 软件中的 Bootstrapping 算法对原始数据进行检验以分析模型的适配度,采用偏最小二乘法(PLS)建模并验证。PLS 模型建议使用标准化的均方根残差(SRMR)和规范拟合指数(NFI)作为评估模型拟合度的性能指标[①]。SRMR 小于 0.10 或 0.08,并且 NFI 范围为 0~1(更接近 1)则被认为模型具有良好的拟合度[②]。Chin(1998)通过定义 R^2 的值来表示模型的解释能力,R^2 的值高于 0.67 被认为是强值,接近 0.33 被认为是中等值,而低于 0.19 被认为是弱值[③]。本研究中的环境认同、文化认同、经济认同、政治认同与行为构建的确定系数 R^2 值均大于 0.33,本研究模型中的 SRMR 数值为 0.077,NFI 值为 0.901,都符合其判断标准。以上数据表明该模型的适配度较好。

通过上文中对模型进行信度和效度分析、因子分析、相关性分析以及适配度分析检验,最终结果表明本研究测量模型的数据各项指标都达到可接受范围。图 8-2 为本研究的结构方程整体模型,接下来对其进行路径系数分析和 t 值、p 值检验,验证各变量之间的假设关系是否被接受。

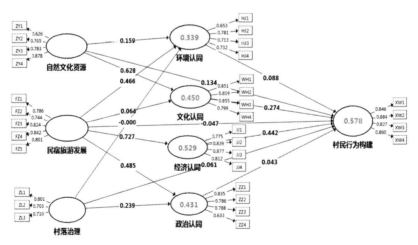

图 8-2 结构方程模型图

---

① Solla M, Ismail L H, Milad A. Measuring the feasibility of using of BIM application to facilitate GBI assessment process[J]. Journal of Building Engineering, 2019, 25(9).

② Chin W W. The partial least squares approach to structural equation modeling[J]. Modern methods for business research, 1998, 295(2): 295-336.

③ Robina-Ramírez R, Medina-Merodio J A. Transforming students' environmental attitudes in schools through external communities[J]. Journal of Cleaner Production, 2019, 232(SEP.20): 629-638.

表8-15是图8-2中结构方程模型图的变量间路径系数及显著性水平结果。从表8-15可以看到,部分路径的 p 值大于0.05, t 值小于1.96,即部分路径系数的参数估计值未达到显著水平。

表 8-15　模型变量间的路径系数及显著性水平

路径	路径系数	标准差	t 统计量	p 值
自然文化资源 → 行为构建	0.134	0.073	1.837	0.067
民宿旅游发展 → 行为构建	−0.047	0.134	0.351	0.726
村落治理 → 行为构建	−0.061	0.077	0.791	0.429
自然文化资源 → 环境认同	0.159	0.083	1.913	0.056
自然文化资源 → 文化认同	0.628	0.085	7.355	0.000
民宿旅游发展 → 环境认同	0.466	0.103	4.519	0.000
民宿旅游发展 → 文化认同	0.064	0.110	0.577	0.564
民宿旅游发展 → 经济认同	0.727	0.041	17.691	0.000
民宿旅游发展 → 政治认同	0.485	0.088	5.488	0.000
村落治理 → 环境认同	−0.000	0.086	0.005	0.996
村落治理 → 政治认同	0.239	0.094	2.544	0.011
环境认同 → 行为构建	0.088	0.147	0.597	0.550
文化认同 → 行为构建	0.274	0.084	3.272	0.001
经济认同 → 行为构建	0.442	0.115	3.825	0.000
政治认同 → 行为构建	0.043	0.059	0.727	0.467

2) 认同度的中介效应检验

在总体结构模型中,不仅存在各自变量感知质量、认同度直接对因变量村民行为构建产生影响,还有自变量感知质量通过中介变量环境认同、文化认同、经济认同、政治认同间接影响村民的行为构建。

根据研究变量之间的标准化回归路径系数,来判断变量之间相互作用的大小。直接效果值就是自变量感知质量的各个维度、认同度的各个维度和因变量行为构建之间直接可观察到的路径系数(见表8-15),上文已经验证了自然文化资源、民宿旅游发展及村落治理对村民行为构建的影响是不显著的,通过运用

SmartPLS 3.0软件的Bootstrapping算法得出间接效应值(见表8-16)。总效果值等于直接效果值加上间接效果值[①]。

表8-16 有中介变量的间接效应与置信区间

路径	路径系数	样本均值	置信区间 LLCI	置信区间 ULCI	t统计量	p值
自然文化资源→行为构建	0.186	0.191	0.077	0.329	3.251	0.001
民宿旅游发展→行为构建	0.400	0.398	0.240	0.550	5.407	0.000
村落治理→行为构建	0.010	0.004	−0.039	0.043	0.489	0.625

根据上述结果可以看到,自然文化资源对行为构建的直接效应是0.134,间接效应是0.186,总效应为0.320;民宿旅游发展对行为构建的直接效应是−0.047,间接效应是0.400,总效应为0.353。通过运用置信区间法对中介效应进行检验和分析,自然文化资源对行为构建的中介效应置信区间为[0.077,0.329](不包含零值),且系数0.186大于0,同时p值小于0.01;民宿旅游发展对行为构建的中介效应置信区间为[0.240,0.550](不包含零值),且系数0.400大于0,同时p值小于0.01,表明自变量自然文化资源与民宿旅游发展的感知质量在中介变量认同度的影响下,对村民行为构建的间接效果是显著的,自然文化资源、民宿旅游发展的感知质量对村民行为构建的影响是完全中介效应。因此,村民对自然文化资源与民宿旅游发展的感知都是通过认同度的各维度间接影响其行为构建。

(七)研究变量的假设检验结果

根据本章的研究分析,得出实际的研究假设检验结果,如表8-17所示。

表8-17 研究假设检验结果

编号	研究假设	结论
H1	感知质量的各维度对村民行为构建有显著正向影响	完全不接受
H1a	自然文化资源感知质量对村民行为构建有显著正向影响	不接受
H1b	民宿旅游感知质量对村民行为构建有显著正向影响	不接受
H1c	村落治理感知质量对村民行为构建有显著正向影响	不接受
H2	村民感知质量的各维度对其认同度有直接显著影响	部分接受
H2a	自然文化资源感知质量对环境认同有直接显著正向影响	不接受

[①] 荣泰生. AMOS与研究方法[M]. 2版. 重庆:重庆大学出版社,2017.

续表

编号	研究假设	结论
H2b	自然文化资源感知质量对文化认同有直接显著正向影响	接受
H2c	民宿旅游感知质量对环境认同有直接显著正向影响	接受
H2d	民宿旅游感知质量对文化认同有直接显著正向影响	不接受
H2e	民宿旅游感知质量对经济认同有直接显著正向影响	接受
H2f	民宿旅游感知质量对政治认同有直接显著正向影响	接受
H2g	村落治理感知质量对环境认同有直接显著正向影响	不接受
H2h	村落治理感知质量对政治认同有直接显著正向影响	接受
H3	认同度对村民行为构建有显著正向影响	部分接受
H3a	环境认同对村民行为构建有显著正向影响	不接受
H3b	文化认同对村民行为构建有显著正向影响	接受
H3c	经济认同对村民行为构建有显著正向影响	接受
H3d	政治认同对村民行为构建有显著正向影响	不接受

通过对模型的检验分析，本研究具体假设检验的结论如下。

1. 假设 H1 检验

从上文结构方程模型的分析结果（见表 8-15）可以看出，自然文化资源感知质量对村民行为构建的路径关系系数的标准估计为 0.134，民宿旅游发展感知质量对村民行为构建的路径关系系数的标准估计为 -0.047，p 值都大于 0.05，表明直接效果都是不显著的，即 H1 及其各项假设均不被接受。但是通过表 8-15 发现，在中介变量认同度的作用下，村民感知质量的两个维度对其行为构建存在间接的影响。其中，自然文化资源通过文化认同，民宿旅游发展通过环境认同、经济认同、政治认同间接影响村民的行为构建。自然文化资源感知质量通过文化认同作用于行为构建的中介效应是 0.186，而民宿旅游发展感知质量通过环境认同、经济认同、政治认同作用于行为构建的中介效应是 0.400，其自然文化资源感知质量对行为构建的总影响效果为 0.320，民宿旅游发展感知质量对行为构建的总效应是 0.353。通过结构方程模型的分析结果发现，村落治理并未直接影响村民行为构建，可能是因为村民认为村落治理的责任在村干部肩上，与自身参与或行动与否无关。因此，假设 H1"感知质量的各维度对村民行为构建有显著正向影响"未能得到支持。

2. 假设 H2 检验

通过上文的结果看到,自然文化资源感知质量对文化认同的路径关系系数标准估计为0.628,民宿旅游发展感知质量对环境认同的路径关系系数标准估计为0.466,民宿旅游发展感知质量对经济认同的路径关系系数标准估计为0.727,民宿旅游发展感知质量对政治认同的路径关系系数标准估计为0.485,村落治理感知质量对政治认同的路径关系系数标准估计为0.239,且这条路径 t 统计量值均大于1.96,前面四者的 p 值均为0.000,最后的村落治理感知质量对政治认同的 p 值为0.011,均小于0.05,非常显著,因而假设H2b、H2c、H2e、H2f 与 H2h 得到数据支持,而假设H2a、H2d、H2g 未得到数据支持,说明假设H2"村民感知质量的各维度对其认同度有显著影响"部分被接受。

3. 假设 H3 检验

假设H3"认同度对村民行为构建有显著正向影响"部分被接受。前文的结果显示文化认同对村民行为构建有显著正向影响,其标准化路径关系系数为0.274,t 统计量值为3.272,大于1.96,且显著性 p 值为0.001。经济认同对村民行为构建的标准化路径关系系数0.442,t 统计量值为3.825,大于1.96,且显著性 p 值为0.000,说明经济认同对村民行为构建有显著正向影响。因而假设H3b与H3c得到数据支持,说明文化认同与经济认同对村民行为构建的影响是正向显著的。同时也可以看到,环境认同对村民行为构建、政治认同对村民行为构建的 t 统计量均小于1.96,p 值大于0.05,说明其相互之间并没有直接影响。

三、井冈山民宿旅游发展的问题与建议

(一)民宿旅游发展问题分析

井冈山发展民宿产业受到井冈山市政府、江西省政府的重要关注,虽然井冈山的民宿产业发展起步不及婺源、丫山等地,但地方政府依旧对民宿产业发展提供了助力。尽管井冈山已有多项优惠政策及相关文件推进民宿产业更好地发展,使得村民能够主动加入民宿相关产业的经营与服务队伍中。然而,通过上述村民对民宿旅游发展的影响感知调查研究,结合有关资料数据发现,井冈山在民宿发展方面主要存在以下问题。

1. 村落治理感知质量低,村民缺乏自主性

通过研究发现,大陇村村民对村落治理的感知质量认知差异较大,且其对村民的环境认同以及行为构建都未有显著影响,说明村民对村庄的政府政策、村委管理、参与决策以及企业统一管理质量好坏缺乏关注,从而对其行为构建的影响

较小。村民对民宿产业的热情度较高,但村委及企业不重视对村民意见的吸收采纳,普通村民便开始不关注村落治理方面。

2.民俗特色不明显,缺乏文化保护意识

研究表明,文化是民宿发展的薄弱环节,村民对于文化的认同度相对较弱。大陇村目前正在发展民宿旅游,但是村民的民宿旅游发展感知质量对文化认同基本无影响。尽管根据调研数据分析结果,文化认同的各项认知方面的均值较高,但是结合对大陇村的实地调查和访谈发现,造成此结果的原因很大程度是出在村民的认知上。大多数村民虽然对举办特色民俗活动的认同程度很高,但是较难让他们真正自觉参与或表演活动,并且许多村民谈到,自己村庄没有较为特色的民俗活动,因此很难切身感受这些特有的民俗或民俗本身的历史文化。不少村民不了解村庄的发展历史,对文化概念也不理解,因此对村内举办的一些活动持有消极态度,不主动参与宣传和保护。

3.村民文化素质有限,政治认同度不高

目前,大陇村村民普遍以中老年为主,大部分年轻人在外打工,真正参与民宿旅游的村民也普遍文化素质水平偏低,以小学、初中学历为主,教育背景和文化背景有限,村民对学习或民宿旅游发展的认知程度较低。此外,村民较少真正参与民宿发展的决策,而是单方面接收政府方面的决策,由村委会统一下达,村民较少有参与并提供决策的机会。村民作为民宿旅游发展中重要的群体,有权利享受由此带来的各个方面如经济、环境等的好处,而通过访谈发现,部分村民表示没有感受到真真切切的好处,从而对政府政策的认同度不高,也就没有更多的积极参与行为。

(二)民宿旅游发展的建议

村民对村内的自然文化资源、民宿旅游发展及村落治理的感知充分反映了他们对民宿发展的认同程度和具体的积极行为构建。目前来看,村民对于由发展民宿旅游所带来的好与坏,意见并不相同,其中站在中立队伍的人数较多。村民尤为关注经济效益方面,其感知程度比环境、文化和政治三个方面要强得多。他们认为经济收入的增长标志着生活水平的提高,代表这个产业值得参与。因此,在分析如何促进村民支持民宿旅游发展的对策时,应该全面性地、多层面地进行,不仅要从政府角度出发,更要考虑村民从民宿旅游中能够享受的实际经济效益,以及如何激发他们主动参与民宿产业开发。研究结果表明,村民的感知质量高低与自己的利益存在直接关系,因此本研究提出如下发展建议。

1. 制定参与制度，鼓励村民参与

1997年，世界旅游组织（UNWTO）、世界旅游业理事会（WTTC）与地球理事会（Earth Council）颁布的《关于旅游业的21世纪议程——实现与环境相适应的可持续发展》中清楚指出将居民作为关怀对象，将居民参与作为旅游规划与发展中的一项重要内容[①]。井冈山要发展民宿旅游，必须着重考虑到居民的参与过程。首先，对村民进行深入的调查和访问，了解村民的实际需求、想法及态度；其次，在制定相关发展策略及规划时，针对村民的实际收益分配、村民权利及义务明确等关键性问题举行公开研讨会，让全体村民能够发表意见，确保公平、公正、公开；最后，要定期调查村民对村庄发展民宿旅游后的感知情况，及时反馈。

2. 深入挖掘特色，加强文化保护

井冈山民宿产业单靠自身较难发展，可以充分挖掘井冈山独有的特色文化，进行品牌挖掘，宣传井冈山现有的村落资源、建筑特色、生态本底，吸引外部投资商。比如挖掘井冈山客家民居建筑的文化内涵，传统民居尽量保持原有风貌，修旧如旧，在功能改造上可以创新；充分利用井冈山全堂狮灯、客家山歌、制茶、竹编、染布、红米酒制作等特有文化遗产，将民俗与民宿开发有机结合；井冈山的美食文化、农耕文化等都可以与民宿产业进行结合。在尊重传统地域文化的基础上，与现代人的需求相结合进行创新，为客人提供更好的服务和体验。此外，积极宣传并加强当地村民的教育，通过利用当地的文化基因，如井冈山典型的红色文化，增强村民的自豪感和归属感，使得当地文化资源能得到更好的保护及发展。

3. 加强人才建设，鼓励精英参与

任何产业都需要有专业的人才投入才能发展地更好，民宿发展仅靠一家企业或普通村民参与是不够的。井冈山民宿旅游的发展，可以通过三方面对人才进行培养。首先，组织乡镇民宿主管人员、重点村庄负责人以及民宿业主等到民宿发展较好的地区如北京、浙江、台湾等地进行参观学习，积极参与各类民宿游学培训班，通过各种方式开阔眼界，学习经验。其次，通过招商引资等方式引进一批具有一定技能、深谙文化创意的精英型投资者、都市白领、文艺青年、乡贤、媒体人、设计师和开发者参与井冈山民宿的投资开发。最后，对井冈山本地人员进行培养发展，重点打造一批本土人才，着重鼓励村内年轻人回乡创业。一是通过培训学习，提升本地居民参与民宿投资与经营管理的技能，培养一批"新农人"；二是挖掘有一定技能的乡村工匠、乡土厨师、文化能人、非遗传承人等人才，将他们组织起来，与民宿开发经营相结合，传承一批"新匠人"。

---

① 胡志毅,张兆干.社区参与和旅游业可持续发展[J].人文地理,2002(02):38-41.

4. 关注感知质量,提升村民认同度

通过研究发现,尽管感知质量的各个维度不直接作用于村民行为构建,但其是认同度的前因变量,对于村民具体的自我管理、提醒、推荐等积极行为的产生具有间接影响。政府相关部门可通过以下途径强化村民感知质量:一是提升村落环境质量,建设民宿景观和环境时,注意融入周边环境,充分挖掘围绕民宿主题的自然文化特色,融合村民的想法;二是完善硬件设施配套,井冈山针对乡村配套建设已经出台了相关文件,对规划中发展精品民宿集聚村,以及投资商落户集聚村且旅游业态丰富的村落,会投入资金建设公共基础配套设施,但是对于相对偏远落后的村落,并未给予充分关注,乡村基础设施建设全面覆盖才是整个井冈山乡村振兴的重要举措。

第九章　怀玉山玉峰村民宿旅游助力乡村振兴发展[①]

位于江西省上饶市玉山县怀玉乡的玉峰村,是方志敏烈士曾经浴血奋战过的地方,这里拥有厚重的红色文化和优美的自然风光,怀玉山风景区先后入选全国爱国主义教育基地、国家4A级旅游景区,玉峰村被列为江西省红色名村等。但玉峰村因地处偏远、交通不便,资源优势未能转化为经济优势,被列入省级贫困村。2015年后,随着18.77千米的怀玉山公路开通抵达玉峰村,以民宿助推红色资源综合利用的模式成为摆脱贫困、助力革命老区乡村振兴发展的重要发展模式。本章基于旅游凝视理论,从地方居民(东道主)和游客两个视角共同探讨玉峰村民宿旅游发展状况。

一、怀玉山玉峰村概况

(一) 区位交通

怀玉山玉峰村坐落于江西省上饶市玉山县西北,距上饶市城区和玉山县城均为60千米。在空间位置上,怀玉山玉峰村地处赣浙闽皖四省交界处,地接三清山,与千岛湖、武夷山、黄山、婺源、景德镇、庐山等重点旅游地紧密相通;在航空交通上,东有衢州机场、杭州萧山机场,北有景德镇罗家机场、黄山屯溪机场,西有南昌昌北机场、上饶三清山机场,南有武夷山机场,均可在2小时内到达;在陆路交通上,有浙赣铁路、沪昆高速、景婺黄(常)高速、景鹰高速、九景高速组成的陆路交通网,特别是德上高速和S306仙莲线怀玉山公路(该条公路起点为德上高速公路三清山西出口互通处,终点为怀玉乡玉峰村)的建成,为怀玉山构筑起内外通达、快速便捷的旅游交通网络。

(二) 社会经济

截至2019年底,怀玉山玉峰村下辖9个村民小组,总户数337户,总人口1358

[①] 徐文豹. 革命老区乡村民宿的旅游凝视研究[D]. 南昌:江西财经大学,2020.

人，其中建档立卡贫困户53户161人(见表9-1)。全村总面积12.12平方千米，水田面积756亩，旱地面积76亩，山林面积17040亩，其中公益林1200亩，油茶林4600亩，其他林地11240亩。村民先前主要经济来源以种植高山油茶、外出务工为主。

表9-1 玉峰村各小组人数情况统计表

序号	小组名称	总户数/户	贫困户数/户	总人口/人	贫困人口数/人
1	七盘岭	40	4	156	15
2	林家	40	9	176	27
3	李家	35	1	157	1
4	梨树底	44	7	174	21
5	塔坞	30	7	104	23
6	东坞	29	6	103	9
7	新屋	45	5	198	21
8	老屋	48	9	204	31
9	庙沿	26	5	86	13
	合计	337	53	1358	161

资料来源：依据村委会提供数据整理。

近年来，随着怀玉山大力推行旅游开发，乡村旅游、现代农业、民宿经济、土特产销售已成为村民脱贫致富的新方式。村里重点实施"互联网＋产业＋农户"发展模式，开展电子商务扶贫。在村庄的重点区域建立了38个免费无线网络覆盖点，以实现基本的无线网覆盖，并建造了两个移动信号塔，玉峰村智慧建设迈出了有力的一步；整合农村淘宝、合作社网上商店、"农村e邮"精准扶贫站等资源，建立统一的电子商务服务平台；推出了"怀玉山风景区"微信公众号，该平台将当地特色民俗宣传、民宿预订和特色农产品销售融为一体，为外来游客饮食、生活、购物和了解怀玉山玉峰村提供了更便捷的渠道；同时开拓了本地农产品的销售渠道，农户在家就能对外销售农特产品，实现增收。

通过发挥上饶市光伏产业优势，精准实施光伏扶贫。玉峰村是上饶市委办公厅的定点帮扶村，市里主要领导与江西晶科能源有限公司积极沟通，2015年晶科能源捐赠了240万元主体设备，进而完成全市第一个光伏扶贫示范工程。项目采取"合作社＋农光游基地＋贫困户"模式运行管理，并专门成立了玉峰村光伏发电公司，负责光伏发电项目的运营和管理。53户贫困户全部加入新成立的光伏发电专业合作社,一方面享受光伏发电受益(项目于2016年2月6日并网发电,至2017年6月30日已发电44万度),另一方面争取垦区项目,在光伏基地栽种茶树10亩,以达到观赏和经济双重价值。截至2019年,已有种植面积达1100多亩的现代农业基地,以樱桃、猕猴桃为代表的高山盆地水果,以三叶青为代表的药材,以太空莲为代表的观光农业及高山盆地蔬菜种植,每年为20余户农户安排劳动力,每户可增加收入3000多元;全村发展高山蔬菜种植基地1个,樱桃种植基地1个,三叶青药材种植基地1个,多功能光伏基地1个,农民专业生产合作社2个,电商脱贫站1家,京东淘宝店1家,农家乐84家。

(三)旅游发展

怀玉山与三清山遥相对望,是"美丽的江南高原""国家森林公园",素有"东南望镇"之称。怀玉山平均海拔1000米,玉峰村位于面积6.5平方千米的玉峰盆地,为典型的亚热带季风气候区,年平均气温12~16摄氏度,七月平均气温23摄氏度,"盛夏夜盖被、立秋桃始熟",被旅游专家认定为华东地区浙赣铁路沿线海拔最高、容量最大、气候最凉爽的高山避暑胜地。

1. 旅游资源

(1)红色旅游资源:建于2005年、总投资246.2万元、占地20亩的方志敏烈士清贫园,建于2009年、总投资720万元、占地50亩的中国工农红军北上抗日先遣队纪念碑,改扩建于2015年、总投资320万元、占地350平方米、展厅面积1000平方米的中国工农红军北上抗日先遣队纪念馆,修建于2018年、总投资400余万元旗山战壕纪念地、战斗遗址,以及高竹山方志敏烈士纪念亭、太阳坑赠望远镜旧址等。

(2)绿色资源:由怀玉水口至八礤溪涧相连的十八龙潭瀑布,总长度2800余米的十八龙潭栈道;于2012年7月开工建设,2015年底建成,总投资2.9亿元,全长18.77千米的怀玉山盘山公路——最美"天路"。

(3)古色资源:在宋、元、明、清四代八百余年的历史长河中,怀玉山先后建有草堂书院、斗山书院、怀玉书院,与江南四大书院齐名于世。清乾隆七年,怀玉书院最为鼎盛,生员多达136人。2017年11月,玉山县启动重建怀玉书院工程,选址在古书院旧址,2020年7月工程完工。

2. 旅游收入

2018年怀玉山风景区被评为国家4A级旅游景区,实现玉山县4A级旅游景区零的突破,并被纳入三清山世界地质公园。怀玉山风景区游客人数与旅游经济收入逐年递增,2005—2015年,年均游客量维持在10万人次左右,旅游综合收入约

1.2亿元。2016年,"天路"通车后,当年游客量激增至25万。2018年怀玉山风景区共接待游客量48万人次,同比增长54%,旅游综合收入7000万元。2019年怀玉山风景区共接待游客量60万人次,同比增长25%,旅游综合收入8000万元。①

(四)民宿发展

为充分挖掘怀玉山玉峰村红色旅游资源优势,推行"红色旅游+精准扶贫",采取"协会+农户"的经营模式,村里适时成立了玉峰民宿农家乐协会,出台《玉峰村旅游民宿发展推进试行办法》,打造民宿示范户和民宿扶贫示范户。截至2020年初,玉峰村村民创办各类民宿(含农家乐)84家,仅2019年就将近增加15余家。玉峰村民宿主打避暑游,每年夏季,江西省上饶各县区市、鹰潭以及江浙沪各地来玉峰村避暑的游客络绎不绝,民宿业主一般以70~150元/人·天的标准接待避暑游客。

1. 分布区域

玉峰村民宿主要集中分布在九个区域(见图9-1),分别是塔坞、东坞、新屋、李家、林家、七盘岭、梨树底、庙沿及老屋。塔坞数量最多,有28家;新屋其次,有17家;七盘岭也在10家以上,有12家;其余都在10家以下,分别是梨树底8家、东坞7家、林家4家、李家3家、老屋3家、庙沿2家。

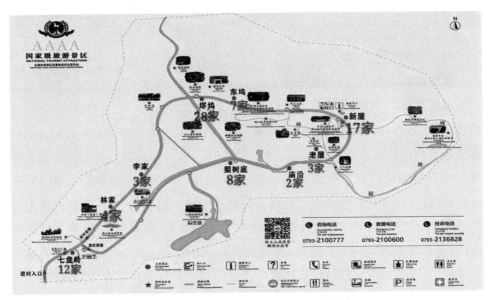

图9-1 玉峰村民宿分布区域(2020年初)

---

① 数据来源于怀玉山管委会历年年度工作总结。

2. 客房类型

1) 民宿名称

民宿的名称在某种程度上可以映射出民宿业主的偏好。玉峰村84家民宿的名称皆由民宿业主自己命名，都赋予独特的寓意，以吸引游客。有的是根据周边景点命名，例如位于虎形战斗遗址旁的虎形农家乐、位于清贫园景点附近的清贫园山庄、位于十八龙潭附近的龙潭山庄；有的是根据怀玉山风景区特点命名，例如怀玉休闲氧吧、江南高原、天路山庄；有的是根据民宿业主的名字命名，例如李家院子、杨家农庄、伟峰农家乐、臣花饭店；更多的名称则是凸显田园山水等乡村特有印记，例如山里农家、乡味阁、清泉山庄、高山农家庄、松竹园农庄、山里寒舍、山门客栈、小菜园农家乐等。民宿的名称不同，呈现的风格也不同，这会给游客留下不错的印象，从而更好地吸引游客。

2) 房间类型

玉峰村民宿共计84家，主要房型有大床房、标准间和套房。其中所有民宿都有标准间房型，这与玉峰村民宿收费方式紧密相关，标准房可以在保证舒适度的情况下最大限度地接待游客。约16.6%的民宿设置有大床房，5.1%的民宿设置有套房，有独立卫生间的民宿大约占总数的73%。所有类型的民宿房间全部有窗，并且提供早餐、中餐、晚餐等餐饮服务，同时不同程度地都安排了停车位。

3) 客房数分布

截至2020年初，玉峰村共计拥有民宿客房840间（见表9-2）。其中，数量最多的是客房数量4~10间的民宿，一共有56家，占比71.79%，户均客房数7.30间；客房数量11~15间的民宿有15家，属中等水平，占比19.23%，户均客房数13.53间；客房数量16~20间的有4家，仅占少数，占比5.13%，户均客房数16.25间；客房数量50间以上的民宿有3家，数量最少，占比3.85%。客房数量50间以上的3家已突破传统民宿范畴，更像是普通宾馆。实地调查结果显示，玉峰村民宿游客来源主要为江西上饶市、鹰潭市以及江浙沪地区的避暑家庭、离退休人士、朋友观光团体，出游人数多为2~6人。因此，客房数量4~10间的56家民宿客房接待容量较为合适，不同类型游客群体住宿需求可得到满足。若有旅行团在山上过夜住宿，通常用39座、59座的大巴接送，一般与有50间以上客房的民宿对接住宿；如果旅行团同意，也可安排到多家不同的民宿分散居住。

表9-2 玉峰村民宿客房数分布结构

分类汇总	民宿数量/家	百分比/(%)	客房数/间	户均客房数/间
4~10间	56	71.79	409	7.30
11~15间	15	19.23	203	13.53
16~20间	4	5.13	65	16.25
50间以上	3	3.85	163	54.33
汇总	78	100	840	10.77

3.经营年限

玉峰村民宿十多年前只有三四家,随着2018年怀玉山成功创建国家4A级景区,以及"天路"的建成,游客越来越多,村里新开的民宿如同雨后春笋般。截至2020年初,经营年限为1~2年的民宿有25家,占比29.76%;经营年限为3年的民宿有32家,占比38.10%;经营年限为4~5年的民宿有20家,占比23.81%;经营年限为6~8年的民宿有7家,占比8.33%(见表9-3)。

表9-3 玉峰村民宿经营年限

经营年限	民宿数量/家	百分比/(%)
1~2年	25	29.76
3年	32	38.10
4~5年	20	23.81
6~8年	7	8.33
合计	84	100

二、玉峰村民宿的旅游凝视分析

(一)指标体系构建

根据已有相关研究,结合对相关文旅专家、江西财经大学旅游管理专业教师、民宿业主、旅行社导游的访谈,构建针对游客和当地居民的旅游凝视指标体系。

1.游客凝视指标体系

选取的民宿游客凝视指标以及相应指标释义如表9-4所示。

表 9-4　民宿游客凝视指标

一级指标	二级指标	三级指标	指标释义	编码
民宿环境	自然环境	距人流密集区距离	距城镇或知名景区距离很近	HJ1
		交通便捷	能方便地从火车站、高等级公路快速到达	HJ2
		生态环境	有良好的自然生态环境	HJ3
	人文环境	文化氛围	有浓郁的地方文化氛围	HJ4
		社区环境	周边社区整洁安全	HJ5
		文化体验活动	有民俗节庆等特色文化体验活动	HJ6
		建筑特色	建筑外观富有当地特色	IIJ7
民宿设计	客房特色	家具和床上用品	客房家具和床上用品舒适美观	SJ1
		客房面积	客房面积较大	SJ2
		房型设计	房型设计合理	SJ3
		遮光、隔音效果	房间遮光、隔音效果良好,有较强的私密性	SJ4
		卫生间、热水	有独立卫生间,有24小时热水供应	SJ5
		有公共休闲设施	有茶座、书吧、会议室等公共休闲设施	SJ6
		停车场	停车场设置合理	SJ7
		有智能设施	有Wi-Fi、门禁、音响等智能设施	SJ8
民宿经营	餐饮水平	菜品质量	菜品安全卫生有特色	JY1
		桌椅设施	餐厅桌椅设施齐全美观	JY2
		菜品价格	菜品价格合理	JY3
	服务情况	文创旅游商品	可购买地方特色文创旅游商品	JY4
		服务人员态度	服务人员热情好客	JY5
		网上服务	可网络查询、预订和支付	JY6
		投诉渠道	有合理的投诉渠道	JY7
		开具发票	能提供正规发票	JY8

2.居民凝视指标体系

选取的民宿居民凝视指标以及相应指标释义如表9-5所示。

表 9-5　民宿居民凝视指标

一级指标	二级指标	指标释义	编码
自然文化资源	我觉得村里的水很干净、很清澈	水资源好	ZY1
	我觉得村里的绿化环境很好	环境绿化好	ZY2
	我觉得村里的房子很有特色	房子有特色	ZY3
	我知道村庄历史上有很多名人事迹	名人事迹广泛传播	ZY4
	我知道村里有很多特色民俗节庆	特色民俗节庆丰富	ZY5
	我知道村里现在正在发展民宿旅游	民宿旅游影响力	ZY6
民宿旅游发展	环境：改善村庄基础设施建设	环境更好	FZ1
	经济：生活水平提高	生活水平提高	FZ2
	文化：与游客接触交流学习外来文化	促进与游客交流	FZ3
	政治：政府政策更好了	政策更好	FZ4
村落治理结构	村委会治理	对村干部满意度	ZL1
	农民参与决策	公共治理参与度	ZL2
	投资经营者管理	由企业统一经营	ZL3
环境文化认同	对目前卫生环境具有自豪感	环境卫生满意度	HJ1
	为了下一代，村落环境要受到保护	卫生环境重要性	HJ2
	对环境保护具有责任感	维护环境重要性	HJ3
	主动参与村内环境卫生管理	主动参与卫生管理	HJ4
	对村落特色传统民俗文化热爱程度	民俗节庆活动满意度	HJ5
	对村落特色传统民俗文化了解程度	民俗节庆活动了解度	HJ6
	主动维护本地民俗文化的程度	积极维护民俗文化	HJ7
	主动参与我们村里的特色民俗活动	民俗活动参与性	HJ8
经济政治认同	对发展民宿旅游的满意程度	发展民宿满意度	JZ1
	家庭民宿旅游收入增加	收入增加	JZ2
	有责任和义务配合好村里经营民宿产业的管理	主动配合管理	JZ3
	主动参与民宿旅游相关产业工作	参与民宿产业	JZ4

续表

一级指标	二级指标	指标释义	编码
经济政治认同	对现在村里的干部工作和政府政策感到满意	政策满意度	JZ5
	得到政府政策的支持和关注	政府支持度	JZ6
	对村庄体制管理认同	对公共事务管理认可	JZ7
主动参与性	主动参与村里组织的相关管理培训活动	参与培训	CY1
	主动加强自我管理	加强自我管理	CY2
	主动提醒他人共同参与村落里面组织的各种事务和活动	提醒他人参与	CY3
	主动向游客介绍村里的名人事迹和传统活动	向游客宣传	CY4
	愿意主动将自己掌握的知识传递或分享给其他人	主动分享	CY5

（二）问卷调查

1. 问卷设计思路

根据国内外相关文献梳理分析，明确"革命老区""乡村民宿"和"旅游凝视"等关键词的内涵。据此借鉴相关已经有量表，在征询相关专家意见建议后，将"民宿旅游凝视体系"的设计分为游客和居民两个部分。首先是将游客的凝视分为三个不同的层次，其次是将居民的凝视分为两个不同的层次，易于接受和认识的感性因素构成了问卷的基本内容。通过这种方式，探索玉峰村民宿的发展水平，以及游客和居民凝视目标及方式。

2. 问卷设计过程

本章首先在相关文献的基础上提出民宿考察指标，并将其应用于问卷调查中。在正式发布调查问卷之前，通过在线方式进行预调查，以分析问卷的准确性和合理性。确认没问题后，对其进行修订继而成为正式的调查问卷。

3. 问卷设计内容

调查问卷分为两份，一份是针对游客的民宿旅游体验问卷调查，另一份是针对居民的民宿旅游发展感知问卷调查。

游客问卷分为两部分。第一部分根据指标的重要性及其与民宿发展的相关程度，分配不同的分数。受访者需要在体验乡村民宿时根据他们的真实感受对评估指标进行评分。李克特五级量表是本问卷的得分参考标准,表示"很不重要"或"很不满意"选择1分,表示"不重要"或"不满意"选择2分,表示"一般重要"或"一般满意"选择3分,表示"重要"或"满意"选择4分,表示"非常重要"或"非常满意"选择5分。第二部分是游客的个人基本情况,涵盖性别、年龄、学历、职业、月收入、来源地、选择的交通工具、订民宿的途径等。

居民问卷也分为两部分。第一部分根据指标的重要程度及其与民宿发展的关联程度,赋予不同分值。受访者需要在凝视民宿旅游发展过程中,通过自己的真情实感对评价指标进行打分。采用李克特五级量表,表示"完全不同意"选择1分,表示"不同意"选择2分,表示"中立"选择3分,表示"同意"选择4分,表示"完全同意"选择5分。第二部分为居民的个人基本情况,涵盖性别、年龄、居住时间(本地)、职业、月平均收入、家庭收入主要来源等。

4. 问卷调查方式

此次问卷调查采取在线和线下两种形式发放问卷。线下问卷可以更好地控制调查过程,取得更真实的结果,可以对问卷的有效性和可靠性进行更准确的评估。但是,线下问卷的调查范围和规模有一定的局限性,收集的数据并不广泛。同时,对于敏感问题或隐私问题,线下收到的效果往往比不上在线模式。随着信息网络化,现今多用在线网络问卷调查法,在线调查不仅推广方式较多、成本较低,而且可进行较大规模的收集工作。

在线问卷的优势在于受访者较少受到其他因素的影响,可以如实表达自己的想法,尤其是对于敏感问题和隐私问题,在线调查通常可以收到真实信息。由于在线调查问卷基于标准词汇,并且每个人都看到相同的问题,因此调查员的解释对受访者的影响较小。其缺点是,如果问卷中问题没有明确说明或答案不明确,则无法补救,并且无法准确把握受访者回答问题的环境,这将影响对问卷可靠性的判断。基于以上原因,本研究的问卷调查采取了在线和线下相结合的方式。

方式一:通过问卷星在玉峰村村民微信群中发放问卷以及发私信给各位民宿业主,在此方式下回收居民问卷168份,其中有效问卷159份;线上回收游客问卷42份,其中有效问卷11份。整理问卷归档。

方式二:课题组于2019年8月23日—28日在怀玉山玉峰村进行线下调查,从游客和村民中随机抽取样本,并发放问卷,对于阅读有困难的受访者,调查员将问卷的基本情况告知,指导其正确填写问卷,最后当场收集问卷。通过线下调查,回收居民问卷45份,其中43份有效问卷;游客问卷12份,其中10份有效问卷。整理问卷归档。

最后,合计回收居民问卷213份,其中有效问卷202份;回收游客问卷54份,其中有效问卷21份(见表9-6)。

表9-6 问卷回收情况汇总表

问卷	在线渠道		线下渠道		合计	
	总计	有效	总计	有效	总计	有效
居民问卷/份	168	159	45	43	213	202
游客问卷/份	42	11	12	10	54	21

(三)访谈调查

1. 访谈对象的选择与确定

本次访谈的对象主要分两类:一类是怀玉乡、怀玉山风景区管委会、玉峰村村委相关公共事务管理人员;另一类则是玉峰村内的民宿经营者、参与者,餐饮经营者及普通村民。

2. 访谈内容

访谈的主要内容:①了解玉峰村旅游经济的发展情况;②玉峰村对民宿产业的扶持及管理政策;③玉峰村的基本信息及民宿发展概况;④对村落发展民宿旅游的看法及感受;⑤发展民宿旅游后对村落的振兴情况。

3. 访谈方式

访谈方式采取一对一面谈、一对多访谈、电话访谈、微信访谈等方式,其中以一对一面谈、电话访谈为主。原预计2020年春节期间再上山进行实地面对面访谈,因突发疫情影响,改为电话访谈,与84位民宿业主进行电话沟通。课题组于2020年2月19日—21日集中3天的下午时间段内对84位民宿业主逐一进行电话访谈。首先告知自己身份、表明目的,话术为"您好,是××民宿吗?这里是江西财经大学,想了解一下贵民宿情况,占用您一点时间";紧接着进入正式访谈,主要了解基本情况,包括房间数、房型、独卫、停车场、餐饮、经营年限等,政府对民宿产业的扶持政策以及遇到的困难和需要的帮助等内容。

2020年2月19日当天向40位民宿业主拨打电话,成功访谈30位,未能访谈的10位中有3位电话停机、1位表示已不在原先民宿工作、6位电话无人接通;20日当天拨打剩余44位和19日未接通的6位,成功访谈34位;21日继续拨打前两日未接通或表示当时不方便接电话的,成功访谈8位。三天时间内,通过电话一共成功访谈到72位玉峰村民宿主人。

(四)网络文本调查

为弥补游客问卷调查的不足,课题组还采取了以网络游记为研究对象的调查方式,通过阅读网络上发布的旅游游记探研其中反映的游客行为特征。游记是游客对自己的旅行经历的描述,游客以文字、图片和视频等形式记录交通、美食和住宿选择,旅游路线的规划,参加的娱乐活动,以及购买土特产的经验和评价,并与网民分享,为其他游客或潜在游客提供旅行参考。因此,游记包含许多有关旅游消费者的信息,例如偏好、消费习惯等,并且游记也对旅游目的地的形象提升产生重大影响。通过游记研究游客的行为特征,挖掘游客的潜在旅游动机,发现景区发展的弊端,可以为景区的可持续管理和进一步发展提供提升对策。

网络游记研究是一种近年来兴起的研究方法,与传统的实地调查相比具有四个优势①。第一,信息是真实的。游记是旅行者根据自己的旅行经历和真实内心感受记录的旅行过程,它不仅是旅行的纪念,也是与大多数"驴友"的交流和共享,很少有游客会在网站上臆造自己的旅行经历;而现场调查针对的是研究人员根据研究目的预先设计的问题,由于各种因素,游客经常隐藏其真实信息或提供虚假信息,进而影响了研究结果。第二,信息是客观的。游记是游客对旅行信息的自发描述,旅行信息客观地存在于社交平台上,并不会由于调查人员的不同而有所不同,不会受到其他游客的影响;在现场调查中,受访者可能在调查员或其他游客的主观诱因影响下,对调查问题做出错误的判断。第三,数据获取方便。只需要通过互联网便可搜索游记来获得研究数据,并且互联网上有大量游客的游记,数据量足以支持研究;现场调查需要专门制作问卷调查表,然后前往研究点进行调查,经常会遇到游客不愿意合作或对问卷调查做出草率回应的情况,获取研究数据的过程很困难。第四,研究是有效的。游记的获取、筛选、分类和数据处理过程更加便捷,使调查更加高效,从而研究人员可以将精力集中在分析和讨论上。

以"怀玉山"为关键词,通过查询携程网、马蜂窝网、去哪儿网等国内知名旅游网站的相关游记信息,最终获得携程网短篇游记68篇,马蜂窝网50篇,去哪儿网1篇,以及其他网络平台游记分享8篇,共计127篇网络游记。经过筛选,剔除同名景区、无关游记后,最后选择马蜂窝网21篇、其他网络平台6篇、去哪儿网1篇,共计28篇较长篇幅的网络游记作为研究素材来源。

---

① 季亿.基于网络游记的三清山自助旅游者行为特征研究[D].南昌:江西财经大学,2018.

（五）玉峰村民宿东道主凝视分析

1. 玉峰村居民社会统计学分析

样本描述主要就样本的性别、年龄、居住时间、职业、家庭月收入及家庭收入来源等进行描述。在213个样本的人口统计学基本特征中(见表9-7)，从性别分布来看，男性人数为115人，占比53.99%；女性人数为98人，占比46.01%，男女比例相差不大，较之比较男性稍多一点。从年龄结构上来看，18岁以下所占比重为2.35%，18～25岁占比为11.27%，26～30岁占比为10.33%，31～40岁占比为23.47%，41～50岁所占比重为23.00%，51～60岁所占比重为15.96%，60岁以上所占比重为13.62%，由此可见，受访者的年龄大多集中于31岁及以上，达到了总体的76.05%，说明现在的玉峰村，中老年人还是乡村主体人群。从居住时间上来看，213位受访者中，在本村居住时间为5年及以下的有37位，居住6～10年的为11位，居住11～15年的有17位，居住16～20年的有29位，居住时间超过21年的有119位。居住时间在10年以上的村民占77.46%，这与受访者多为中老年群体有关，在本地生活已久，通过访谈了解到，居住时间低于5年的村民大都是由于近年民宿旅游发展所引进的相关从业人员。从其职业结构上来看，农民有51人，占比23.94%；从事民宿、餐饮或旅游相关的村民约占四分之一，有55人；建筑工人占2.82%；个体经营者占17.37%；其他占比30.05%，是因为很多受访者都外出务工。

表9-7　居民样本人口统计学基本特征表

名称	选项	频数	百分比/(%)	累积百分比/(%)
性别	男	115	53.99	53.99
	女	98	46.01	100
年龄	18岁以下	5	2.35	2.35
	18～25岁	24	11.27	13.62
	26～30岁	22	10.33	23.95
	31～40岁	50	23.47	47.42
	41～50岁	49	23.00	70.42
	51～60岁	34	15.96	86.38
	60岁以上	29	13.62	100
居住时间	5年及以下	37	17.37	17.37
	6～10年	11	5.16	22.53
	11～15年	17	7.98	30.51

续表

名称	选项	频数	百分比/(%)	累积百分比/(%)
居住时间	16～20年	29	13.62	44.13
	21年及以上	119	55.87	100
职业	农民	51	23.94	23.94
	建筑工人	6	2.82	26.76
	民宿从业人员	37	17.37	44.13
	餐饮从业人员	18	8.45	52.58
	个体经营者	37	17.37	69.95
	其他	64	30.05	100
月收入	2000元及以下	46	21.60	21.60
	2001～4000元	63	29.58	51.17
	4001～6000元	57	26.76	77.93
	6001～10000元	25	11.74	89.67
	10001元及以上	22	10.33	100

从收入上来看,在213位村民中,家庭月平均收入在2000元及以下的人数为46人,占比为21.60%;月收入在2001～4000元的有63人,占比为29.58%;收入在4001～6000元的有57人,占比为26.76%;收入在6001～10000元的有25人,占比为11.74%;而收入超过10000元的有22人,占比为10.33%,从这能够看出部分村民家庭收入较高。通过调查发现,村民家庭收入来源较多(见图9-2)。

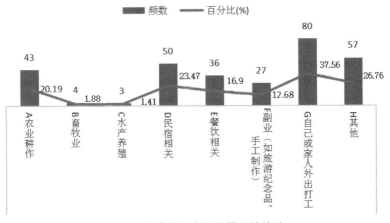

图9-2 家庭收入来源的描述性统计

2. 居民感知质量的凝视统计分析

通过 SPSS 21.0 进行描述性分析,得出表 9-8 中 13 个观测变量的均值、标准差、方差、偏度、峰度系数值。根据李克特量表,平均值为 1~2.4 分表示反对,2.5~3.4 分表示中立,3.5~5 分表示赞同。本次调研测量题项的均值多数都在 4.0 以上,村民对村内自然文化资源、民宿发展、村落治理三个方面的认知均值较高,呈赞同态度,说明村民对其感知质量良好。"是否会全程参与村里的各项决策会议","是否觉得村干部有认真帮助村民","是否觉着村里的房子很有特色",这 3 项均值处于倒数前三,均值分别为 3.718、3.812 和 3.887,结合实际访谈了解到,村里制定怀玉山旅游发展规划的前期工作中未充分征求采纳村民的意见,村民参与与否对规划制定无影响;部分村民因认为村干部在扶贫事业中有不公平现象以及房子拆旧建新意愿迟迟没得到满足,对村委满意度较低;玉峰村新建的楼房统一为徽派建筑风格,对马路两边的旧楼房统一了外立面颜色,离主干道较远的房子为普通的乡村民房,部分村民认为玉峰村房子没有特色。本次调研测量题项的标准差值在 0.869~1.202,均大于 0.5,说明玉峰村村民对其村内的感知质量描述认可差异较大。如果峰度的绝对值小于 10,并且偏度的绝对值小于 3,则意味着尽管该数据不是绝对正态的,但基本上可以接受为正态分布。本次调研测量题项的偏度系数绝对值在 0.654~1.682,均小于 3,峰度系数绝对值在 0.049~3.215,均小于 10,说明村民感知质量的调查数据基本符合正态分布,可以进行下一步检验。

表 9-8 感知质量的描述性统计分析

编码	平均值	标准差	方差	峰度	偏度
ZY1	4.188	1.052	1.106	1.604	-1.414
ZY2	4.239	0.929	0.862	1.898	-1.351
ZY3	3.887	1.168	1.365	-0.049	-0.854
ZY4	3.930	1.116	1.245	0.292	-0.971
ZY5	3.920	1.102	1.215	0.176	-0.950
ZY6	4.239	1.021	1.041	0.969	-1.275
FZ1	4.376	0.869	0.754	3.215	-1.682
FZ2	4.333	0.904	0.818	2.487	-1.560
FZ3	4.150	1.049	1.100	1.298	-1.320
FZ4	4.042	1.130	1.277	1.100	-1.312
ZL1	3.812	1.202	1.446	-0.160	-0.800

续表

编码	平均值	标准差	方差	峰度	偏度
ZL2	3.718	1.156	1.335	−0.178	−0.654
ZL3	3.939	1.170	1.369	−0.132	−0.879

3. 东道主地方认同的统计分析

表9-9中为地方认同的15个测量项的均值、标准差、偏度系数和峰度系数值。本次调研测量题项的均值多数都在4.0以上,在发展民宿旅游后,村民对环境认同、文化认同、经济认同和政治认同四个方面的认知均值较高,呈赞同态度,说明村民对其发展认同度良好。"只要申请就可以得到政府对于民宿旅游相关产业的政策支持""我认为村里管理做得很好,问题提出来便能够及时解决"两项均值较低,分别为3.761和3.765,说明村民对政府政策的满意度不高。结合实际访谈了解到,很多村民在从事民宿经营时,遇到资金困难,有的不知道村里有组织银行给民宿业主贷款,有的因为年龄等问题贷款被拒;很多村民想开办农家乐,因为房子过旧或者太小,需要重建或者加层,但村里给的回复总是"在向上面反映",迟迟没有给村民解决这个问题;大多民宿业主文化水平不高,希望通过互联网渠道宣传推广自家民宿,但村里至今没有采取有效措施,助推民宿上网。本次调研测量题项的标准差值在0.722~1.181,均大于0.5,说明村民对玉峰村发展民宿旅游后在环境、文化、经济与政治上的认同差异较大。本次调研测量题项的偏度系数绝对值在0.635~2.143,均小于3,峰度系数绝对值在0.059~6.024,均小于10,说明玉峰村民宿旅游发展的认同度的调查数据符合正态分布,可以进行下一步检验。

表9-9 地方认同的描述性统计分析

编码	平均值	标准差	方差	峰度	偏度
HJ1	4.174	0.913	0.833	1.839	−1.254
HJ2	4.498	0.744	0.553	3.112	−1.659
HJ3	4.559	0.722	0.521	6.024	−2.143
HJ4	4.493	0.781	0.61	4.866	−1.957
HJ5	4.394	0.893	0.797	2.829	−1.667
HJ6	4.437	0.864	0.747	2.804	−1.683
HJ7	4.305	0.964	0.93	1.736	−1.474
HJ8	4.357	0.860	0.74	3.093	−1.613
JZ1	4.239	0.876	0.768	2.528	−1.379

续表

编码	平均值	标准差	方差	峰度	偏度
JZ2	4.183	0.995	0.99	1.776	−1.390
JZ3	4.183	0.936	0.877	1.684	−1.278
JZ4	4.254	0.927	0.86	2.078	−1.458
JZ5	3.845	1.181	1.396	−0.059	−0.822
JZ6	3.761	1.147	1.315	−0.210	−0.675
JZ7	3.765	1.137	1.294	−0.264	−0.635

4. 东道主主体行为统计分析

表9-10中为行为构建的5个测量题项的均值、标准差、偏度系数和峰度系数值。本次调研测量题项的均值都在3.5以上,说明在发展民宿旅游后,村民因为对其认同度高,而在自身管理与对他人的行为上认知均值较高,呈赞同态度,说明村民有较强的责任感和荣誉感。其中"我愿意主动参与村里组织的相关管理培训活动"均值相对较低,只有3.976。结合实际访谈了解到,村里针对民宿经营几乎没有组织过培训,仅仅做了一些基础性工作,例如协助民宿业主办理营业执照。本次调研测量题项的标准差值在0.822~0.997,均大于0.5,说明村民对村内民宿旅游的行为构建描述认可差异较大。本次调研测量题项的偏度系数绝对值在0.741~1.715,均小于3,峰度系数绝对值在0.125~3.804,均小于10,说明村民对玉峰村民宿旅游行为构建的调查数据符合正态分布,可以进行下一步检验。

表9-10 行为构建的描述性统计分析

编码	平均值	标准差	方差	峰度	偏度
CY1	3.967	0.997	0.994	0.125	−0.741
CY2	4.305	0.822	0.675	3.480	−1.546
CY3	4.192	0.924	0.854	2.169	−1.406
CY4	4.352	0.902	0.814	2.799	−1.651
CY5	4.310	0.862	0.743	3.804	−1.715

5. 东道主凝视行为分析

调查中发现,随着玉峰村民宿的发展,村内参与旅游业的居民愈发增多。当地居民无论以何种形式参与旅游活动,最关注的都是旅游业的经济收益,这表现为旅游业收入在村内居民家庭收入中的比重在逐年增加。

1) 东道主凝视类型

加拿大学者巴特勒提出的旅游地生命周期理论,将旅游地演化分为6个阶段,依次是探查阶段、参与阶段、发展阶段、巩固阶段、停滞阶段、衰落或复苏阶段。旅游地在不同的发展阶段,东道主凝视行为表现得都有差别,玉峰村居民凝视行为表现为景区探查阶段的特点:第一种情况,当地村民与旅游发展没有太大的关联,村民的生活并没有因为村子里发展了旅游而有什么改变;第二种情况,旅游会带来经济收入,村民凝视的关键点就在于经济收益,如果参与到旅游发展当中能够为他们创造收入,提高他们的生活水平,他们就会以各种方式参与到旅游发展当中去;第三种情况,随着外来游客的到来,通过与游客之间的互动交流,他们会重新审视村落本身,包括他们习以为常的自然景观、民俗文化。

通过对玉峰村村民的访谈,发现有几户村民完全没有参与到旅游发展当中去,他们的主要经济来源仍是外出务工或者种植传统的高山特色农产品。在他们的眼中,玉峰村的景色一直如此,并没有什么特别的地方,雾气朦胧的村子是他们从小到大司空见惯的景象。大多数村民处于第二种情况,他们以自己擅长的方式成为村里旅游业发展中的一分子。无论是民宿业主、旅游纪念品店主,还是饭店经营者,他们凝视的重点就是参与旅游业带来的经济收入,如果参与旅游业能够带来经济效益,他们非常愿意支持村里旅游业的发展。例如,访谈的一位民宿业主,之前在浙江宁波打工,后来看到玉峰村游客日益增多,就利用自己家的房子开起了民宿。他表示:"开民宿和在外面打工挣的钱差不多,在家里还能照顾老人,在夏季,我的房间都不够,好多客人都找不到地方住,等赚钱了,我把另外两间房间也装修起来,让更多的游客体验我家的民宿。"最后一种情况,参与到旅游业中的中青年因外地游客的到来而重新审视玉峰村的,这一部分所占比例不高。他们发现游客对高山盆地的气候环境充满了新鲜感和好奇,这促使他们开始研究他们所居住的环境。游客们经常通过镜头记录下村里的自然和人文景观,居民看到游客拍摄的照片,感受到自己常年生活的村子竟然别有一番风味,对玉峰村产生了新的认识。

2) 东道主对游客的凝视

东道主与游客之间的关系可以理解为商品市场的供需关系。游客的旅游需求激发了东道主的凝视,东道主凝视的过程和结果通过其自身提供的旅游产品反映出来。对民宿的凝视是玉峰村目前较典型的东道主凝视,而游客对民宿多样化的需求是东道主凝视的关键之处。

伴随着旅游目的地的逐渐发展成熟,当地居民愈加关注村落资源的旅游价值,通过发掘资源内涵并用于旅游业而获益的情况更加普遍深入,东道主与游客的凝视变得更加主动积极。因此，那些希望受益于游客凝视的村民，面对陌生游客，渐渐变得不再紧张和抗拒，而是积极迎合游客的凝视，并在游客进行体验时主动展现出民宿的风格和文化，从而促进游客的凝视行为。有时为了获取更多的旅游收益，甚至不惜改变房子原有风貌，以便更好地迎合游客的审美偏好。在玉峰村一家外形酷似瓦窑堡会议旧址的"旅游之家"民宿，大门口有一副对联，上联是"扶贫救国手牵手"，下联是"帮穷致富心连心"，横批是"感谢党恩"。在和民宿业主交流中，发现他不仅对党的扶贫政策信手拈来，对于方志敏红色故事也讲得绘声绘色，游客们住在他家民宿，喜欢听他讲红色故事，接受精神洗礼。一家位于七盘岭游客停车场附近的民宿，将其外表装修成木制楼房，并挂上工农红军军旗，展示出红色文化，游客一进入村口，便被楼房所吸引，纷纷下车合影，有的进一步询问住宿价格，准备入住。该民宿门口特地安排一名停车引导员，引导人员表示"这里不准停车，请把车停到对面的景区停车场，方便游客以我家为背景拍照，方志敏事迹是我们这里的传奇故事，我们要保证游客在这里拍出有意思的照片"。民宿业主无论是讲红色故事，还是为了游客取景的需要而做的工作，都是为希望吸引游客的目光，从而促进当地民宿的发展，并为当地村民带来经济上的收益，提高他们的生活水平。

（六）玉峰村民宿游客凝视分析

1. 被凝视的民宿

福柯是第一个提出"凝视"理论的，后英国的社会学家约翰·厄里将其进一步发展。厄里认为，旅游凝视是一种大众化的、多元化的、象征性的社会建构。"凝视主体"和"凝视对象"具有力量权衡关系，这里的"凝视"不仅是指"看蜻蜓点水"的"看"，而且还指对凝视对象的塑造冲动。

民宿从最初出现就是为游客提供食宿服务的，游客"凝视"的需求要通过民宿的规划设计和后期建造构建出来的符号得到满足。民宿是服务于游客的，它的设计和建造必须满足利用符号建构出符合游客想象的乡村田园。民宿首先通过"专家的凝视"，其目的指向"游客凝视"，这二者之间也会有互动，原始村庄通过这种"双重凝视"被塑造为"后乡村"。现代人对乡村有很深的依恋，但是他们"希望看到乡村是宜人而不乏味的"。经过细心挑选、理想化了的场景就这样被展现到游客眼前。

与城市中的星级酒店不同，选择民宿的游客通常看重当地特色并且是贴近自然的特点，但人们并不喜欢原始破旧的自然村庄，要求道路不能泥泞，夜晚要有路灯，并且民宿必须提供24小时热水、空调、Wi-Fi、足够的停车位等。游客总是保持距离地亲近大自然,对当地人的生活有选择地进行体验,游客会对绿油油的农家菜赞不绝口,但可能不愿意体验施农家肥的过程。回归自然必须以便利为基础,民宿的建设必须满足游客对现代生活质量的要求。现在很多高端民宿外表保留极其原始的民居模样,但内部设施奢华无比,比如莫干山的网红民宿青垆,采用高端品牌卫浴设备、天然乳胶床垫和洗浴用品,以及定制打造的家具,给游客带来五星级酒店般的舒适感。婺源民宿从前山居,由500多年历史的徽派建筑老宅院改造而成,房间内设施相当现代化,房间有投影仪,洗手间有自动冲洗坐便器,洗浴用品也是高端品牌。

对于现代人来说,如果没有物质享受,居住就不可能是"诗意的"。如今,慢生活早已成为一种奢侈品,选择民宿意味着选择一种姿态和价值,也意味着完成对自我的建构。人们享受民宿住宿和服务,实际是在消解焦虑或满足自我。乡村如诗如画的风景、恬然自然的慢生活,是游客对乡村和民宿的"诗意凝视"。这种"凝视"自古就有,许多山水田园诗都展现了诗人的浪漫想象力。在现实的乡村生活中,村民更加在意的是实用性,如果是为了对游客产生吸引力,就必须想办法使其"景观化"。竹林人家、粉墙黛瓦、青石小路不再是纯粹的景观,而是一个个符号,游客在旅游过程中其实是在消费旅游景点的各种符号,旅游的核心要素正是这种带有预设想象的游客凝视。生产建造单纯的产品是远远不够的,必须给予产品特定的意义符号,以这些符号激发游客的消费欲望。消费的本质是在消费"物品的符号意义",而并不是表面上的"物品本身"。

在构造出物质符号的同时,精神符号也必须被构造出来。民宿之所以不同于酒店,关键就在于它的精神核心——人情味,相当一部分民宿都是本地人经营的,带有地方本土气息。他们的热情好客、饮食文化、方言特色等都能对外地游客产生吸引力,主客之间的频繁交流互动是民宿的特色之一。与此同时,在旅游过程中,游客也会对当地的民俗、特色节日活动进行凝视,为此,有的民宿会灵活地引进一些当地的手艺人,请他们到自己的民宿进行传统手工艺品制作,例如编竹篾、木雕,作为一种活化的文化进行现场展示。还有更直接地,让本地人"表演"自己的日常劳作状态,将日常劳作作为"商品"展出,从而让游客对乡村生活方式的窥视欲得到满足。幕前表演生活和后台真实生活之间的界限变得逐渐模糊起来,这都是凝视导致的结果。

2. 游客凝视行为分析

1)旅游前,游客凝视初步形成

周宪在关于旅游地"旅游凝视"理论中提到的"前凝视",即通常在旅游前,游客对旅游地的印象初步形成①。通过问卷调查,可以得出游客对玉峰村民宿的初步印象倾向于自然生态环境良好、房型设计合理、菜品安全卫生。

2)旅游时,游客对玉峰村民宿的凝视

(1)民宿环境方面。民宿环境满意度有7项指标(见表9-11),满意程度从高到低,分别是"有良好的自然生态环境""距城镇或知名景区很近""周边社区整洁安全""能方便地从火车站、高等级公路快速到达""有浓郁的地方文化氛围""建筑外观富有当地特色""有民俗节庆等特色文化体验活动",前5项关于民宿自然、人文环境的指标综合均值都在4.2分以上,由此可以看出游客倾向于直接关注到村落周边环境等,对村落的凝视多侧重于直观的环境和物质形态。"有民俗节庆等特色文化体验活动"满意度最低,仅为3.824,说明游客对当地特色民俗体验活动感较差。

表9-11 民宿环境满意度指标

编码	平均值	标准差	中位数
HJ1	4.412	0.87	5
HJ2	4.294	1.16	5
HJ3	4.588	0.618	5
HJ4	4.294	0.985	5
HJ5	4.353	0.786	5
HJ6	3.824	1.286	4
HJ7	4.059	1.088	4

(2)民宿设计方面。民宿设计满意度有8项指标(见表9-12),平均值总体在4.0分以上,"客房面积较大""停车场设置合理""有茶座、书吧、会议室等公共休闲设施"这3项分数最低,表明游客对停车场、房间面积、公共休闲设施等民宿设计要素满意程度较低。

表9-12 民宿设计满意度指标

名称	平均值	标准差	中位数
SJ1	4.706	0.588	5
SJ2	4	0.935	4

---

①周宪.现代性与视觉文化中的旅游凝视[J].天津社会科学,2008(01):111-118.

续表

名称	平均值	标准差	中位数
SJ3	4.059	0.966	4
SJ4	4.529	0.624	5
SJ5	4.706	0.588	5
SJ6	3.765	1.48	4
SJ7	4	1.118	4
SJ8	4.235	1.091	5

（3）民宿经营方面。民宿经营满意度有8项指标（见表9-13），"可网络查询、预订和支付""能提供正规发票""有合理的投诉渠道"3项分值低于4分，反映出玉峰村民宿经营者在这三方面普遍存在不足。

表9-13　民宿经营满意度指标

名称	平均值	标准差	中位数
JY1	4.412	0.87	5
JY2	4.294	0.92	5
JY3	4.471	0.8	5
JY4	4	1.173	4
JY5	4.529	0.624	5
JY6	3.765	1.251	4
JY7	3.882	1.219	4
JY8	3.529	1.546	3

3）主客关系中的游客凝视

不同的主体互相打交道并互为他者的过程实际就是旅游活动的本质[1]。换句话说，旅游存在于游客和当地人东道主之间"我者"和"他者"的身份互换互动中[2]。从和当地居民的沟通交流中可以了解到，玉峰村团队游客和家庭散客游比较多，

---

[1] 汪天颖,陆林,路幸福.徽州村落旅游中游客及东道主的凝视行为[J].旅游学刊,2015,30(04):23-32.
[2] 曾慧娟,饶勇.乡村旅游中游客及东道主的凝视行为研究——以福建培田村为例[J].嘉应学院学报,2018,36(11):58-66.

团队游客一般在山上逗留的时间不长。尽管村落仍然生活着不少当地人,但受访的游客大部分表示与当地人交流的机会比较少。47.89%的居民觉着发展民宿旅游,能够促进与游客的文化交流。东道主和游客的沟通互动主要依赖购买特产、特色纪念品和餐饮住宿服务等途径。在玉峰村,旅游产品主要是手工红薯粉、高山土豆、土腊肉、竹制品、土蜂蜜等,但这些产品较为大众化,缺乏鲜明的地方特色。

4) 游客旅游后凝视

游客经常会在一趟旅行结束后,通过马蜂窝网、携程网等旅行网站写下游记,对旅行进行总结,这在获得一种社交关注的同时将旅游地的相关信息和对旅游地的印象分享给其他游客。因此,本章通过选取网络游记文本分析游客旅游后的凝视。

本章借助ROST软件对汇总后的玉峰村相关网络游记文本进行数据分析,提取出关于玉峰村旅游的高频关键词及其词频(见表9-14)。玉峰村旅游高频关键词共提取14个,主要涉及景色、景观、景点、感受等方面,景色、景观方面如"云雾""高原""瀑布"等,景点方面如"纪念碑""纪念馆""清贫园"等,词频前三的分别是"怀玉山""避暑""方志敏"。高频关键词分析能反映游客旅游过程的凝视焦点和关注聚集点,关于景观特征,游客大多能注意到玉峰村独有的江南高原盆地景观、气候,表明游客关注到了景区的核心吸引力,表达了游客所感受到的玉峰村环境氛围。

表9-14 怀玉山玉峰村网络游记文本高频词汇

序号	高频关键词	词频
1	怀玉山	32
2	避暑	29
3	方志敏	24
4	清贫园	20
5	先遣队	16
6	抗日	15
7	玉峰村	12
8	三清山	12
9	纪念碑	11
10	纪念馆	10

续表

序号	高频关键词	词频
11	怀玉"天路"	10
12	云雾	9
13	高原	9
14	瀑布	8

（七）玉峰村民宿循环凝视

旅游活动的出现源自旅游者对非惯常体验的追求，旅游过程实际上是游客对当地人的凝视活动[①]。学者普遍认为，游客凝视对乡村旅游具有双向影响：一方面，它是东道主社会发展本地旅游业的动力源泉、寻回本真内在的驱动力；另一方面，游客凝视也会造成东道主社会文化的消解。厄里和拉森在对单向度研究视角的反思下，提出旅游者通过体验与被凝视者之间的双向相互作用，对旅游地形象进行交互性的构建[②]；Pearce认为旅游者间存在多样的利益关系，目的地包含多元的利益关系，旅游凝视应该是多个承受者间的多维凝视作用[③]；胡海霞研究了旅客与东道主凝视间平等、公正的互动关系[④]。如果超越简单的游客/东道主单向凝视或主客双向凝视，以更长远的眼光、多维的视角将旅游凝视阐释为一个多次、长期的循环过程（即"旅游循环凝视"），形成一个从静止到游动的旅游循环凝视和互动，其作用结果将更为积极，并有助于乡村旅游发展。

1. 旅游循环凝视演进过程

1）原初性凝视

原初性凝视存在于旅游地生命周期的探查阶段。大众摄影师和其他爱好户外的游客在偶然的机会下被村庄自然和乡村文化的内涵所吸引，从而进行凝视，欣赏乡村的美好，这一阶段主要由景观的美感主导。玉峰村在怀玉"天路"修成之前，交通不便，仍有零星游客上山参观游览十八龙潭瀑布、清贫园、工农红军北上抗日先遣队纪念碑等；因为高山盆地形成的特殊气候，也有上饶市范围的市民夏季来山上住民宿避暑。在这个阶段，主体和客体间的地位比较平等，相互之间权

[①] 孙九霞.旅游循环凝视与乡村文化修复[J].旅游学刊,2019,34(06):1-4.

[②] 约翰·厄里,乔纳斯·拉森著.黄宛瑜译.游客的凝视[M].3版.上海:人民出版社,2016.

[③] Pearce P L.Tourist Behaviour:Themes and Conceptual Schemes[M]. Clevedon: Channel View Publications. 2005.

[④] 胡海霞.凝视,还是对话?——对游客凝视理论的反思[J].旅游学刊,2010,25(10):72-76.

力控制的关系并不明显。这种类型的凝视对旅游目的地社区的干预和参与力度并不大,这个阶段的特征可以概括为"注重凝视,强化景观;弱化沟通,注重形象"。

2) 大众凝视

大众凝视主要发生在大众旅游业发展欣欣向荣的阶段。各种新闻媒体,特别是旅行服务商发布的旅游营销文字、图片和视频等,引起了游客对目的地真实性的想象。旅游目的地打造的重要资源——乡村文化的重要性便凸显出来。与此同时,随着大量的外地游客涌入乡村,居民也以相反的方向凝视他们。通过反向凝视,当地居民意识到自己文化的经济价值,并对其采取了修复、改变、创造和移植外地文化的策略,以打造出满足游客需要的"完美舞台"。玉峰村在新建楼房的设计中,统一采用"黛瓦、粉壁、马头墙"徽派建筑风格;景区大门也采用徽派设计风格,体现"粉墙黛瓦"风貌;仿古重建的怀玉书院,营造人文文化和历史底蕴深厚的传统村落意境。实际上,这些只是游客将心中的想象、期望、偏好和固有印象投射在旅游目的地中,乡村原有的文化在游客强势凝视下重构。上饶市原只有婺源县地区保有传统的徽派建筑,现上饶市其他县(区)农村新建的徽派建筑随处可见。但是,游客对旅游目的地的想象通常基于过去的体验,当有经验的游客发现乡村变成一种简单的复制粘贴,村与村之间雷同趋势显现时,千篇一律的村落便对游客失去了吸引力,从而易引起乡村旅游的衰落。

3) 反思性凝视

反思性凝视产生于大众旅游的后期。大众旅游时期的文化发展,在经济利益的"引诱"下,迎合了游客的固有印象,导致游客并不能体验真实的乡村生活和体会当地村民本身的疲劳。游客对差异化体验的追求使旅游目的地能够持续进行自我文化挖掘,以打造更具吸引力的旅游亮点。在这个阶段,居民和游客都逐渐开始出现对自身的反思性凝视。一方面,当地居民在自身旅游发展过程中渐渐对自己的文化更加自信,例如玉峰村在退出的宅基地上建起了全县第一家"乡土文化馆",主动对本村传统民俗文化进行研究、整理、传授和学习,从迎合游客转变为展示和推广自己的文化,并向外界展示了更多真实的日常生活习惯。另一方面,游客在自我修养和道德规范意识不断增强的情况下,意识到对旅游目的地的强势参与将对当地文化产生不可估量的破坏,因此他们开始以平等友好的态度与旅游目的地开展更多的交流互动。尊重当地人的独立选择,做到入乡随俗,而不是像过去那样,让当地人迁就自己的生活习惯。通过反思性凝视,游客构建了更加自律的自我。

4) 现代性凝视

现代性凝视发生在重置阶段。在这个阶段,主客之间以往明晰的边界变得日益模糊。旅游已不再是只有城市居民才能享受的特权,具备经济实力和出行能力的农村居民也开始进入城市,成为积极凝视城市文化的游客。农村居民将极具吸引力的城市现代元素与自己的乡村特色相结合,以创造出更加现代化和多样化的旅游文化。玉峰村有几家档次较高的民宿参考了星级酒店的建设标准,并融合了乡村独有的特色,现在生意非常红火。与此同时,城乡人居设施差距不断缩小,随着村里的基础设施日益完善、旅游经济蓬勃发展,很多原先在外打拼居住多年的村民近些年也陆续返回玉峰村参与到旅游产业中。夏季山上一铺难求,大量来自江浙沪发达地区的游客来山上避暑,同时感受体验乡村生活。城市居民向乡村的逆向流动、游客转变为生活方式型移民成为一种常态。这也反映出作为城市居民的游客对于乡村文化身份的认同以及游客"主动被凝视"的趋势。在这个阶段,居民和游客、乡村和城市不再是过去传统与现代之间的二元对立,"观察"与"被观察"之间的界限不再清晰,凝视的方向悄然之间发生逆转[1]。

2. 循环凝视修复乡村文化

就物质文化而言,旅游循环凝视保留了在现代洪流中可能消失的乡村传统建筑风貌,并为传统建筑的活化利用、旅游目的地的发展创造了机会。随着旅游业的发展,玉峰村的村民意识到木制房屋比现代砖混房屋更受游客欢迎,于是开始将木板贴在砖混房屋的外立面,并根据游客的需求改善自家民宿的硬件设施,加强个性服务,从而吸引更多的游客选择自家的民宿。

对于非物质文化,其传承和发展取决于所在地方的持续发展活力。在原初性及大众凝视阶段,由于当地居民缺乏文化保护意识和文化自信心,农村非物质文化的传承面临很大的困难。随着村里旅游业的发展,在当地乡贤的带动下,居民逐渐认识到农村非物质文化的价值,掌握了"对话"的主动权,成为恢复农村非物质文化的主力军。玉峰村建成了该县第一个"乡土文化馆",对乡村传统文化进行自发研究、整理、传授,从积极地迎合游客转变为展示和传播自己的文化,并向外界展示了更多真实的日常生活习惯。

三、玉峰村民宿发展的问题与建议

怀玉山玉峰村经过近些年旅游业的发展,将民宿产业作为发展全域旅游、巩固脱贫攻坚、推动乡村振兴的重要抓手,前文通过旅游凝视视角观察和思考了玉峰村民宿旅游背后的社会关系以及游客旅游体验规律,接下来重点就玉峰村民宿

---

[1] 孙九霞.旅游循环凝视与乡村文化修复[J].旅游学刊,2019,34(06):1-4.

旅游发展中存在的问题进行剖析,并提出针对性的对策建议。

(一) 玉峰村民宿发展存在的问题

玉峰村乡村民宿大多数都是由村民自发经营的,加之当地公共事务管理能力没跟上,硬件基础设施不完善,玉峰村在发展民宿的过程中常常存在盲目和无序经营等问题。

1. 政府扶持力度弱

玉峰村乡村民宿发展存在资金规模小、发展分散等缺点,因而需要政府在初期提供各种优惠政策支持其发展。调查发现,玉峰村目前民宿业的发展得到政府的支持相对较少,几乎是自由发展,政府在土地供应、建房批准、推广宣传以及村内基础设施建设等方面仍然很薄弱。尤其是在基础设施建设中,商业配套不足、停车场有限、游客中心位置设置不合理以及缺乏公共休闲娱乐设施等问题尤为明显。同时,当地政府对玉峰村民宿品牌没有进行整体包装,未形成统一的品牌形象,品牌效益微弱;民宿缺乏整体宣传,仅有为数不多的民宿业主在携程网等平台进行简单的宣传,这种浅显的宣传很难打动游客,较难起到提高玉峰村民宿知名度的效果。仅依靠民宿业主自己的努力,没有政府的大力支持,难以对玉峰村民宿进行有效的宣传,这将不利于民宿业的长期健康发展。

2. 村民经营能力差

从民宿业主角度看,目前玉峰村民宿在经营方面存在以下问题:一是季节性过强,玉峰村民宿全年只有在夏季七八月份游客爆满、一铺难求,其他时间游客近乎为零,因而经济效益不理想;二是经营模式单一,玉峰村民宿以家庭经营为主,这种模式管理效率低、规模小,造成发展的局限性;三是行业协会作用弱,早在2016年成立的民宿协会一定程度上开展了工作,但协会服务能力有限,缺少政策资金保障,无力持续维护行业整体利益;四是服务水平有待提高,服务流程没有规范的操作指引,个性化服务不足;五是客房硬件不达标,主要表现在有些民宿室内地面没铺地砖、没有独立卫生间、墙面老化;六是民宿业主的文化素质水平低,缺乏专业技能,宣传意识不够且缺乏有效的渠道进行营销推广。

3. 游客介入影响大

乡村旅游地建设管理与村内及其周边村落有着盘根错节的关联,包括社区居民之间的关系、居民与游客之间的关系、环境的承载能力、本土文化资源真实性与完整性的保护等。旅游地由于游客不断增加,一系列管理压力与问题不断出现。调查中发现玉峰村村民在对游客的反向凝视中,意识到自己文化的经济价值,并采取了一些策略,例如重塑和移植自己的文化,以构建满足游客需求的"完美舞台",但村中建筑清一色的徽派建筑风格和婺源地区建筑类似,同质化倾向严重,这种对游客需求的盲目满足可能使本地丧失吸引力。同时,许多游客没有意识到在旅游过程中保护景区资源和环境的重要性,随手乱扔垃圾、乱刻乱画、践踏植被等现象时有发生,对玉峰村的环境和文物等产生较大损害,这会影响景区的长久发展。夏季避暑高峰期游客数量达到巅峰,村内环境承载力有限,生活物资供应、生活垃圾处理等能力不足。

(二)玉峰村民宿发展对策建议

1. 明确政府职能,助推民宿业发展

玉峰村民宿的发展面临许多基础瓶颈。如何破除这些瓶颈已成为现阶段的首要任务。因此,政府必须充分发挥其领导作用,通过出台和实施相关政策予以支持,营造良好的产业发展氛围,为玉峰村旅游业的发展创造有利条件。

(1)解决土地问题。在积极落实《江西省人民政府办公厅关于进一步加强农村建房规划管理的意见》的同时,针对玉峰村民宿容量不足问题,尽快规划居民住宅选址,统一住宅设计方案,建设特色民房,打通阻碍玉峰村民宿进一步发展的"肠梗阻";尽快与国土空间规划相融入,确定一定数量的乡村旅游发展建设用地,并通过点状供地、集体用地入市等多种方式切实解决乡村旅游发展的用地难题。

(2)完善基础配套。作为乡村旅游的重要组成部分,民宿需要支持其发展的基础设施。从商业配套来看,目前玉峰村民宿游客主要以夏季避暑游居多,且多是退休人士,他们在玉峰村居住短则1周,多则2个月,村里需要开设医院、银行、理发店、大型超市等,满足他们日常生活所需;随着旅游大巴、私家车日益增多,需设立汽车维修点,满足不时出现的汽车维修需求;由村委会注册公司,统一为各民宿代为开具发票,满足游客开具发票需求。从娱乐设施来看,玉峰村村内没有休闲广场,要完善新增娱乐休闲场地、设施,增强游客在玉峰村的体验度和可玩性;做好已有娱乐体验设施的维护,定期派人巡查修理,提高游客的满意度。从道路交通来看,应在村内规划停车场,确保与民宿容量相适应的停车位基本需求;在村内设置明显的指示牌,以正确引导游客前往相应的民宿;对于服务中心位置,可将其从目前清贫园前移至七盘岭村口位置,方便大量自驾游客第一时间获得旅游资讯帮助。

(3)重视村民参与。当地村民参与旅游业意味着分享当地旅游业发展的成果并分担旅游业发展的责任。当地村民的态度在促进旅游业发展中起着很大的作用,是影响旅游业发展的关键。在旅游业发展过程中,应充分考虑当地村民的意见和建议,并采取协调一致的方式提高各方村民的满意度和利益,有针对性地提

高他们参与旅游业的热情,积极与当地村民沟通,走合作共赢的发展道路①。一方面,公共管理部门要制定相关政策、制度等保障村民的主体地位;建立合理的沟通平台,保障村民对旅游发展决策、规划的发言权;成立相应的组织机构,对村民在发展乡村旅游的过程中所产生的问题予以协调。②另一方面,对乡村旅游规划的编制、评审、落实和执行进行全过程监督,建立相关的听证、通报制度等,保障村民对旅游发展相关政策、制度等的知情权、参与权和主导权。

（4）加强金融扶持。玉山县政府应积极组织引导各金融机构加大对民宿业的信贷投放,创新金融产品,切实有效地扩大民宿贷款覆盖面,提升金融服务效率,建立起"政府'搭台',银行助力,民宿业主'唱戏',互惠三赢"的良好营商服务环境。在大力推进民宿贷款业务的过程中,文旅部门必须发挥行政领导作用;民宿协会必须积极反映民宿业主的需求,并向银行提供适当的支持,以识别和筛选客户并进行访问检查,帮助合作银行控制融资的风险。同时,县财政局等相关部门应积极支持建立财务风险补偿机制,增加信用担保措施;各金融机构要合理设计信贷管理办法,重点加大对主题民宿、精品民宿的信贷支持和投放力度,促进玉峰村民宿向规范化、精品化、特色化、集群化方向发展,加快产业转型升级和提质增效。

（5）打造示范民宿。科学规划民宿,将当地零星分散的民宿进行系统规划,由政府投入打造民宿精品示范点,聚集精品民宿群。制定推行乡村旅游民宿服务质量等级划分与评定等行业标准,对民宿经营资质、设施标准、服务质量、定价基准、游客评价等进行严格规范,为民宿的提升发展提供政策保障,使整个行业能够在规范的环境中有序发展。在民宿设计方面,房间面积不宜过小,以免让游客觉着压抑;根据不同民宿特点,适当地设置茶座、客厅、书吧等公共休闲空间。在民宿经营方面,完善网上咨询、预订、支付服务,建立有效的投诉渠道。

（6）扩大市场宣传。随着当今互联网的快速发展,如果市场宣传想要取得更好的效果,必须充分利用好互联网的宣传方式。首先,利用各种媒介进行多渠道营销,打造信息互联互通的乡村民宿网络平台,可与知名旅游在线平台合作或者自身研发民宿预订小程序。其次,通过微信、抖音、微博等新媒体网络媒介,做好上饶市周边乃至长三角客源地的网络宣传营销,打造"网红民宿",将地方民宿业

---

① 吕宛青,张冬,杜靖川.基于知识图谱的旅游利益相关者研究进展及创新分析[J].资源开发与市场,2018,34(4):582-586,560.

② 陈阁芝,刘伟.基于利益相关者视角的全域旅游发展策略研究[J].中国管理信息化,2019,22(06):115-116.

的资源、品牌等推出去。同时,举办一系列有影响力的赛事、主题活动,例如环山自行车赛、高山帐篷节、机车轰趴等扩大景区影响力。通过扩大市场宣传,吸引广大游客前来游览、消费、体验民宿。

2.加强自身学习,提升民宿发展实力

(1)提高民宿业主素质。为和游客更好地交流,民宿业主应在民宿经营过程中提升自身整体服务水平。首先要提升自身综合素质,积极参政府、民宿协会组织的各类民宿业经营管理学习班,加强自身的文化修养、客房服务、消防治安、疾病防控等方面的学习。其次,民宿业主应该提供专业化、个性化的服务,为游客提供交通导引、旅游出行建议等详细周到的服务,让游客感受到家庭亲切感。同时,民宿业主还应提高文化宣传意识,可以根据玉峰村传统民俗,设计丰富多彩的民俗文化体验项目,例如马灯戏体验、打糍粑体验,使游客在住宿过程中充分感受当地文化,增强游客旅游体验感。

(2)强化民宿协会功能。玉峰村民宿协会要抓住机遇,开阔视野,充分发挥自我管理能力和桥梁纽带作用,加强民宿行业自律管理,加强学习培训,强化营销推介,促进玉峰村民宿业健康快速发展。一是要明确行业协会的定位,并按照独立性原则独立运作,积极发挥作用;二是加强当地民宿行业间的交流与借鉴,实现互惠互利;三是注重人才引进,改善从业人员结构,提升队伍素质;四是加大宣传,积极吸纳新会员,保证协会经费来源,确保协会依法行使职能。

(3)挖掘本村民俗文化。当地村民是否对自己的村落文化价值有正确的认识,能否成为当地文化的挖掘者、传承者和保护者,决定了玉峰村旅游民宿能否可持续发展。玉峰村在发展民宿过程中应注重对本村民俗文化的挖掘、保护、传承,确保原有资源不被破坏,将传统的民俗文化传承延续下去,使乡村旅游与民俗文化能够融合发展。对乡村历史文化知识比较熟悉的村民要积极对村庄的人文、历史进行研究和整理,如讲好方志敏故事。同时,积极对本村民俗文化进行活化利用,开展富有特色的民俗节庆体验活动,提升游客满意度。

3.强化自我管理,增强游客自律

游客的自我管理对于旅游地的发展至关重要。游客主动积极地参与旅游地的保护开发,可以更好地推进双向凝视效果。一方面,游客应与当地社区进行更加平等和友好的沟通,尊重当地文化,尊重当地人的自主选择,支持当地文化的发展,保护景区的文化利益。另一方面,游客应提高自身素质,以文明的方式游览,保护当地的生态环境,成为负责任的游客。同时,游客可以培养自身主人翁意识,根据实际体验为当地的建设提出意见和建议,促进当地民宿更好地发展。

第十章 金融助推金溪县传统村落文旅发展与乡村振兴[①]

乡村振兴战略和文旅融合为传统村落发展增添了新活力,带来了新发展机遇,面对这些新需求、新变化,金融在努力创新服务方式方法,在传统村落文旅产业发展和生态产品价值实现上取得了新进展、新突破。金溪县是传统村落的集中连片区域,近年来在利用传统村落资源、创新金融服务方式、推进文旅产业发展等方面积极主动作为,取得了良好成效。基于此,本章重点剖析了九江银行在金溪县推出"古屋贷"产品的实施办法、主要做法以及存在的困难,为进一步推进以九江银行"古屋贷"为代表的金融服务产品,全面助推金溪县传统村落文旅产业发展和生态产品价值实现提出对策建议。

一、金溪县传统村落发展概况

(一)金溪县传统村落基本情况

金溪县是革命老区和中央苏区县,是赣东革命根据地的重要组成部分。从地理位置上来看,金溪县居于江西省东部、抚州市北部,东与资溪县、贵溪市交界,南和南城县接壤,西与临川区毗邻,北与东乡区、鹰潭市余江区为邻。全县国土面积1358平方千米,辖13个乡镇、华侨管理区和城市社区管委会,包括150个行政自然村以及11个社区。从地理环境以及自然资源上来看,截至2021年10月,金溪县内耕地面积达到44.5万亩,土地资源丰厚且肥沃。金溪县是山地丘陵型地区,既适宜林业发展,同样也适合果树种植。

金溪县有"江西省十大文化古县"之称,被赋予"心学圣地、江南书乡、华夏香都"的美誉,人文荟萃,古村遍布。境内保存了大量赣派建筑,共有格局保存完整的传统村落128个,其中中国历史文化名镇(名村)7个,中国传统村落42个(见表10-1),省级传统村落31个,省级历史文化街区2个;文物保护区共有912处,其中

[①] 吕志.J银行"古屋贷"助推金溪县传统村落文旅产业发展的案例研究[D].南昌:江西财经大学,2022.

明清时期保存下来的古代建筑超1万栋,祠堂寺庙共100余座。从古建筑物的类型上来看,金溪县内存有古代书院、古代宗祠以及牌坊等特色建筑,文化底蕴浓厚深重,整体体现出明清时期赣派建筑的特征特色。这些古建筑物也形成了金溪县内的"金溪古城",金溪县被外界赋予"一座没有围墙的古村落博物馆"称号[1]。金溪县还拥有天门岭、翠云峰等风景资源,已经建成竹桥古村、大坊荷兰创意村、香谷小镇等多个旅游景区,旅游业已经成为推进乡村振兴的重要力量[2]。

表10-1 金溪县中国传统村落名录

批次	数量/个	村落名称
第一批	1	双塘镇竹桥村
第三批	5	合市镇东岗村,合市镇全坊村,琅琚镇疏口村,琉璃乡东源曾家村,琉璃乡印山村
第四批	15	浒湾镇浒湾村,浒湾镇黄坊村,合市镇龚家村,合市镇大耿村,合市镇游垫村,合市镇戌源村,合市镇乌墩塘村,左坊镇后车村,对桥镇旸田村,陆坊乡下李村,陈坊积乡岐山村,琉璃乡蒲塘村,琉璃乡北坑村,琉璃乡谢坊村,石门乡石门村
第五批	21	秀谷镇马街村符竹村,秀谷镇先锋村傅家村,浒湾镇荣坊村,双塘镇古圩村铜岭村,双塘镇对塘村湖山村,合市镇坪上村楼下村、里姜村,合市镇湖坊村珊珂村、仲岭村,合市镇崇麓村,合市镇良种场郑坊村,琅琚镇安吉村彭家村,左坊镇徐源村,左坊镇后龚村,陆坊乡陆坊村,陆坊乡植源村,陆坊乡桥上村,陈坊积乡城湖村,陈坊积乡陈坊村上张村,陈坊积乡高坪村,琉璃乡桂家村下宋村,石门乡白沿村横源村,石门乡靖思村

(二)金溪县传统村落的保护现状

以保护与传承、继承与开发为主要原则,在乡村振兴战略实施背景之下,结合中国美丽乡村建设以及脱贫攻坚成果巩固战略,具体问题具体分析,因地制宜地开展金溪县传统村落保护开发工作。金溪县政府成立专业化工作领导小组,小组成员包括县级领导、基层工作人员以及专业人员等,由县级领导统一组织、统筹规划,制定金溪县传统村落保护相关方案制度,每个村落建立专门档案,设立专业保

---

[1] 李焰,刘月月,陈帅.江西金溪县东源曾家村传统古村落的田野调查[J].南方文物,2018,(02):261-265.
[2] 吴泉辉.文化遗产保护"金溪模式"[J].南方文物,2020(01):264-269.

护方案,采取古村属地管理制度,将管理保护贯彻落实到全过程、全方位之中;同时将传统村落保护纳入乡村经济发展规划中、纳入城乡统筹建设过程中,同时将其体现在财政预算规划之中,并进行乡村体制创新,采用各级领导责任制,强化责任落实。此外,还坚持做到"回归初心、回归本真",在开发过程中坚定保护原则,保护村落原始文化底蕴,根据各个村落具体情况编制发展规划,将各个村落进行串联,从而编织一张覆盖全县传统村落的文化保护网络。

就资金支持层面来看,各级政府将村落保护纳入财政预算规划之中,县财政每年安排1000万元设置专项资金,用于村落保护开发利用。为了获得更加稳定充足的资金来源,金溪县还积极主动争取国家重点文物保护专项补助资金、中国传统村落维护资金等,以此巩固保护工作的资金支撑。相关数据统计显示,截至2020年金溪县所获得的国家资金支持共有13000万元,其中不仅包括专项资金,还包含补助资金。除此之外,金溪县还加强同其他主体之间的协同合作,譬如,实施"拯救老屋行动",获得中国文物保护基金会4000万元支持。同时,积极挖掘县内资源,号召村内乡贤人才进行募捐工作,集聚乡村内部力量解决资金缺口。在获得充足启动资金之后,金溪县采用激励政策,按照一定比例设置奖补,以此激发村民积极主动保护传统村落的意识,主动参与传统村落的修缮工作。种种举措不仅为传统村落的修缮工作解决了资金压力,也壮大了工作队伍。

然而,在当前传统村落保护过程中,金溪县仍面临一些困境。第一,金溪县传统村落保护工作起步较晚,相关规章制度暂未完善,导致保护工作难以实现规范化;第二,在传统村落保护过程中,由于自身经验不足,保护工作千篇一律,出现同质化现象等;第三,最为根本的难题在于金溪县传统村落保护缺乏稳定、可持续的资金来源,政府不得不从外部引入资金,最终导致村落保护工作中出现商业化开发倾向,与保护初衷背道而驰。

(三)金溪县旅游产业发展状况

近年来,金溪县委县政府将"文旅兴县"作为工作统筹思路,深入挖掘旅游资源,促进文旅产业快速发展,唱响"千年古邑、华夏香都、心学圣地、锦绣金溪"的旅游品牌,着力将金溪县建设成为国家、省、市知名旅游目的地。

按照"标准化+传统文化"的发展理念,探索创新出独具金溪特色的古村发展模式。金溪县紧密结合本地特点,统筹推进古村建设,注重突出农村优美的田园风光和赣派建筑风貌。在文化传承上,不断挖掘象山文化精髓,展示千年金溪"古的厚重""绿的秀美""红的豪迈""禅的灵慧",不断弘扬文明新风;在产业发展上发挥优势,做优做强古村旅游①。后龚村立足于自身特征优势,选择与品牌公司进行协同合作,充分挖掘内部文化资源,开发红色文旅产业;游垫村则采取"古村＋研学"模式,开发村内数字遗产,吸引了国内外众多学者的目光。

贯彻落实全域旅游理念,瞄准全域旅游目的地的目标,强力推进金溪县旅游产业项目的建设和实施。加快建设旅游提升工程,全力推进老街古城开发项目,体现明清建筑文化特色,按照"一轴两区三面四线"的标准,规划建设精品游览线路;全面提升大坊荷兰创意村、竹桥古村、后龚村等项目建设,深挖历史文化内涵,彰显文化特色,突出文化元素,增强文化底蕴,渲染人文色彩。着力整合金溪县旅游资源,打造精品旅游线路,精心设计出旅游"一日游""两日游"精品线路,打造了"古香""书香""生态花香"等旅游线路,实现旅游产业的"内循环",并以"内循环"带动全域旅游发展,实现"主客共享"的全域精彩②。

充分发挥历史文化资源优势,不断推动文旅产业融合发展。"古村文化＋旅游",重点打造了竹桥古村景区,有特色地将明万历年间主体业态(如中药铺、豆腐坊等)与现代配套服务功能业态(如咖啡吧、书吧等)有机融合;"红色文化＋旅游",重点打造红色后龚景区,建设成以红一方面军司令部旧址为背景的红色旅游文化根据地;"军旅文化＋旅游",重点打造御道园景区,建设成为江西首个以实弹射击为主题的综合性文化产业园;"香文化＋旅游",重点打造香谷小镇景区,建设成为以"香产业、香产品、香文化、香生态"为主题的特色小镇;"中荷文化＋旅游",重点打造大坊荷兰创意村景区,建设成为江西省乡村振兴示范样本、中国传统村落保护性开发样板、中西文化融合展示平台③。

二、金溪县"古屋贷"金融产品的创新利用

(一)金溪县"古屋贷"基本情况

"古屋贷"是金溪县为传统村落保护工作所设置的"传统村落古屋金融贷"。金溪县将古屋的经营权设置抵押,从而向银行获取贷款,"古屋贷"是一款低利率的信贷产品。金溪县设置该种产品的目的在于帮助古屋解决确立产权、进行登记入档等问题,促使农村资产要素充分流动流转,确保古屋得到良好保护开发。从

---

① 刘涛,吴水洋,刘鸶茞.文化保护型美丽乡村标准化建设典型案例研究——以抚州金溪县为例[J].质量探索,2021,18(1):27-31.
② 石安波.农商银行应实施"五大工程"助力乡村振兴[N].农村金融时报,2021-06-07(B07).
③ 李焰,刘月月,陈帅.江西金溪县东源曾家村传统古村落的田野调查[J].南方文物,2018(02):261-265.

产品特征上看"古屋贷",其主要具有利率低且期限长等优势,所采取的年化利率为4.35%,贷款期限长至十年(见图10-1)。

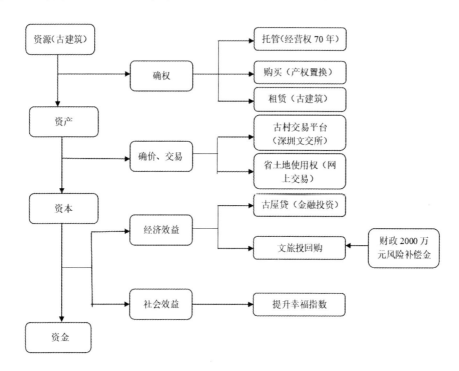

图10-1 金溪县"古屋贷"价值实现路径图

"古屋贷"的出现成功解决了金溪县所面临的资金不足、融资困难以及贷款风险等问题。"古屋贷"属于政府与企业共同参与的项目,政府可以作为监督管理者对具体工作过程进行有效监督管控,从而避免因企业参与而出现的过度商业化现象。同时,金溪县采用创新做法,以政府作为担保,借助政府名义进行经营流转证明的颁发。在经营权进行流转之后,经营权所有者能够通过银行贷款的形式进行传统古建筑的开发利用,从而解决融资困难问题。除此之外,为了降低风险,金溪县还联系第三方担保公司进行风险分摊,从而降低银行贷款风险,最终为传统村落的保护工作提供稳定、可持续的资金来源。

目前,金溪县"古屋贷"采用的融资方案主要是将村内古建筑进行抵押,以获取金融机构的信贷资金。在此交易过程中,需要将重点放置在所有权以及经营权的确权环节。为了进一步将融资工作进行完善,中国人民银行南昌支行数次同抚州市政府、金溪县政府进行商讨,最终采取以下方案:金溪县的政府职能部门对古建筑群体进行价值评估,以此作为书面参考证明以供金融机构借鉴,最终金融机构根据实际评估情况进行融资决策。这种确值方式具有双重意义,一方面能够帮助多主体了解知晓金溪县内古建筑群体的具体抵押情况,另一方面也有利于后续古村落开发保护工作的开展。除此之外,金溪县还针对古建筑保护延伸产生了各种生态产品价值实现保障机制的构架,其中政府同样发挥资金支撑作用,投入了2000万元专项风险补偿资金。相关数据显示,截至2022年1季度,金溪县获得各家银行"古屋贷"的贷款金额超12亿元。

(二)九江银行在金溪县实施的"古屋贷"项目

2022年3月,九江银行对金溪县腾飞旅游建设有限公司3亿元授信进行了贷后检查,得出了以下数据。

1. 项目最新进展情况

金溪县腾飞旅游建设有限公司向九江银行金溪支行申请的3亿元的项目建设贷款主要用于金溪县大坊村、竹桥村、后龚村等20个传统村落保护及旅游开发。其中:传统古村建筑修缮共计680栋约211200平方米,已完成369栋约107785平方米修缮工作;旅游步道改造共计50800平方米,目前已完成30309平方米;需要改造水塘20处,目前已改造11处;需改造水渠8660米,已改造4250米;传统村落景观改造新建共计18400平方米,已完成8156平方米;垃圾箱设置共计500个,已完成297个;景观照明24900米,已完成12504米;木栈道修建共计19350平方米,已完成11463平方米;标识标牌共计651个,已完成430个;休闲广场共计16400平方米,已完成改造8860平方米;旅游公路改造共计59400平方米,已改造35260平方米;游客服务中心新建共计10600平方米,已完成7600平方米;停车场新建共计9000平方米,已改造4910平方米。

2. 项目投入及资金使用情况

项目总投资为89228.54万元。其中:土建费用45384.08万元,设备费用587.55万元,安装费用10171.58万元,其他费用33085.33万元(其中含预备费6311.76万元、建设期利息6525.00万元)。资金使用明细中,传统古村建筑修缮已花费33984.00万元,旅游步道改造已花费428.28万元,水塘改造已花费95.00万元,水渠改造已花费59.25万元,传统村落景观改造新建已花费共计2136.00万元,景观垃圾箱设置共计花费19.20万元,景观照明修建已花费1050.00万元,木栈道修建共计已花费1408.00万元,标识标牌设立共计已花费23.84万元,休闲广场改造共计已经花费1170.00万元,旅游公路改造共计已花费4048.00万元,游客服务中心新建共计已花费1060.00万元,停车场新建共计花费792.00万元,以上费用总计为46273.57万元。

3. 项目收益情况

截至2022年3月,该项目还未正式投入使用,项目收入主要为预期收入。①门票收入:以周边景点门票标价为基础,最终定价为每人30元,本项目门票年收入约2955.00万元。②商业演出收入:每星期表演2场,全年按96场,每场人数约300人,门票按50元/场计算,商业演出年收入共计约144.00万元。③民宿住宿收入:本项目可供游客住宿的民宿共有40间,每间按260元/天计算,全年(按360天算)民宿住宿费收入约374.4万元。④商业收入:按每年380万元估算。⑤广告费收入:本项目广告位共600个,每个广告位每月收费300元,广告费年收入共计约216.00万元。⑥停车费收入:当前该景点共有150个停车位,每个停车位日收费标准为10元,停车场平均每年(按360天算)收费约54.75万元。⑦古建筑出租收入:按建筑面积179200平方米出租,月出租价格计划按30元/平方米计算,每年古建筑出租收入共计6451.20万元。项目全年收入合计约10575.35万元。

(二)九江银行以金融服务创新助推传统村落活化利用的经验做法

1. 积极探索传统村落的资源价值评估模式

我国目前保存完好的传统村落聚集地区相对来说位置比较偏远,交通不便,基础设施条件较差,现代生活设施缺乏。金溪县多数村民都会将自己不多的积蓄用于新居的修建,而不愿意花在古屋的修缮保护上。随着社会经济迅速发展,人民生活水平逐步提高,居民的精神文化需求也逐渐变化。金溪县大部分村民为了追求更高的生活水平,选择离开村落进入城市发展,目前金溪县传统村落发展呈现"空心化""老龄化"特征,人力的缺失使得村落更加难以开展修缮工作。

以开发利用金溪县传统古村落文化资源为主题,金溪县政府推行多项政策,引导金融机构将信贷资源配置到传统村落生态产品价值实现项目中,打通生态产品"资产—资本—资金"的通道,创新性提出金融供给新模式,促进乡村文旅产业可持续发展①②。

九江银行金溪支行积极践行县委、县政府关于金融支持乡村振兴、农村经济发展的政策要求,在当地人民银行的业务指导和帮助下,围绕县域生态产品价值实现开展金融创新。首先要做的就是探索传统村落价值评估,重点探索建立古村古建宅基地流转、经营权托管、土地性质转换、确权颁证等工作机制体系,力求通过挂牌出让、深圳文化产权交易所中国古建民居资产托管交易平台交易等措施,

---

① 郑晓辉.创新方法 用"绿水青山"赢未来——金溪县创新探索古村古建生态产品价值活化利用的"金溪模式"[J].老区建设,2022(8):73-77.

② 宋珏遐,张宏斌.挖掘 盘活 提升:金融创新推动乡村资源价值实现[N].金融时报,2021-12-16(009).

探索古村古建产权、经营权价值评估核算的有效路径①。围绕农村承包土地经营权抵押贷款，不断创新金融产品，突破生态产品抵押路径不畅的融资难题，形成生态产品价值实现的"金溪模式"。

2. 不断创新传统村落价值实现的融资模式

当下，随着社会治理共同体在社会治理过程中的实行，政府同社会企业合作形成公私合作的经营模式成为一种新型的社会治理发展模式，逐渐被引入传统村落保护开发领域②。九江银行积极与金溪县政府独资控股的文旅企业对接合作，助力金溪县政府制定的古村落保护与开发目标的实现，在金溪县传统村落的保护和开发中取得了很好的成效，并受到全国各地传统村落的效仿，为传统村落的保护和开发赢得了较多资本。

在金溪县传统村落保护改造及旅游开发建设项目工作中，九江银行以推动古建筑经营权抵押贷款为契机，以改进和提升对新型建筑经营主体的金融服务治理和效率为主要目标，瞄准聚焦特色经营项目，重点支持和对接了集观光旅游于一体的古建筑改装民宿综合体项目贷款业务，采用"个体信用＋公司信用"评级、"个人资产担保＋财政风险担保"双担保模式发放纯信用免抵押的贷款模式。同时，九江银行立足于个性化发展，针对不同客户不同特征，推出了"个人＋古建筑生态产品价值""文旅企业＋古建筑生态产品价值"等模式。这些组合创新的方式同样延伸到产品设计层面，譬如，在古建筑产品价值抵押过程中，进行信用、担保等方式的引用纳入，也就形成了各式各样的融资模式。这种组合创新方式不仅可以满足多样化的客户需求，同样也提升了实践的可行性。

3. 全面打通传统村落文旅产业发展的通道

九江银行的金溪县传统村落古建筑民宿改装项目能够与精准扶贫项目有效对接，创造农村劳动就业岗位20000个，带动贫困户产业脱贫2000户，同时，九江银行从产生的利润中提取5％无偿捐助给贫困户，每户平均可以得到3000元。贷款项目因地制宜，对古建筑村落进行合理规划，改装特色民宿，既有利于金溪县当地村民旅游增收，同时提升了旅游企业竞争力，实现村民和企业双赢的局面，打通了传统村落文旅产业持续发展的通道。

当前旅游业发展过程中，生态旅游业极具发展潜力。金溪县本身具有优越的传统文化旅游资源，为金溪县旅游业发展引来了众多投资，但是尽管投资者众多，

---

① 李鹏,李志,闵忠荣.江西传统村落历史选址特征规律及其综合原因探究[J].城市发展研究,2018,25(04):131-136.

② 张宏斌,谢文君.古村古建资源活化利用的"金溪模式"[N].金融时报.2021-04-15(009).

金溪县仍旧需要银行资金支持。因此,"古屋贷"应时而生,借助市场化运作解决旅游业发展资金不足的问题,九江银行不断创新金融产品,进一步推动了传统古村落保护开发利用工作的开展。

三、金溪县"古屋贷"存在的问题

(一)文旅企业外部依赖风险高

文旅企业外部依赖风险高,贷款回收难以保障。可以发现文旅企业的发展受到外部环境的明显影响,一旦出现公共性突发事件,文旅产业就会遭受一定冲击。譬如,新冠疫情防控期间,各地区旅游业都遭受了严重冲击。受疫情影响,金溪县有些传统村落的修缮工程停工数月,人员复工时间延长,工程进度缓慢,工期延长。疫情对金溪县文旅业造成了很大的冲击,导致之后回款时间的延长。

文旅企业能够通过信贷方式进行融资,但是由于信贷融资的要求过高,文旅企业自身发展难以达到资格要求,因此较难通过信贷方式获得资金。随着市场经济发展逐步深入,金溪县银行机构采用多种方式进行信贷产品和服务革新。然而,由于风险过高,银行为了进行风险管控对于部分企业,如自身财务状况不佳、自身资源优势不明显的企业,仍旧采取抵押物抵押获取贷款资金的方式。更重要的是,金溪县的文旅产业发展起步时间较晚,大部分企业规模不大,且处于企业发展的初期阶段。这类企业基本上都具有以下特点:可用于抵押的资产较少,担保能力不高;企业知名度以及美誉度不高,且社会信用等级较低。而从文旅产业发展特征上来看,文旅产业较难开发,开发周期比较长久,且资金使用涵盖范围广,导致银行在一定程度上会受到传统风险思维的影响。因此,当面临中小企业融资需求时,银行难以做出融资放贷的决定[①]。除此之外,金溪县发展旅游业的时间较短,大部分文旅企业都处于初级发展阶段,难以拥有坚实的抵押担保能力,也没有较高的信用等级,在遭遇风险危机时易遭受重大打击,以上种种因素都会削弱银行发放贷款的信心,企业也就难以获得融资。尽管小部分企业勉强达到银行要求,也只能获得小部分资金,且需要背负较高利率,不仅没有解决企业的实际需求,甚至可能加重了企业负担。

企业能获取信贷资金是企业发展的坚实基础。从金融成长周期理论视角出发,理论上来说,在发展初期,企业能够获得的稳定资金量较少,能够选择的担保

---

①颜巧玲.普惠金融助力乡村振兴的路径研究[J].今日财富,2021(12):35-36.

公司屈指可数,由此种种形成了企业发展融资的束缚禁锢[①]。一旦银行提供给该类企业过多贷款,就会增加自身风险危机,因此银行通常不愿意发放贷款。近些年来,国家越来越关注旅游业的发展,对于此种类型的中小企业推行了众多政策进行专项帮扶。尽管如此,由于金溪县暂未构建多层次资本市场体系,如果将希望放置于银行融资之上也仅仅是杯水车薪的举措,难以真正实现自我改革创新发展。因此,金溪县必须要在政策支持的基础之上,协同风投等金融主体搭建资本融资系统,从体制上破除金溪县文旅企业的融资困境。

(二) 抵押物缺乏价值评估体系

相对于商业房产等固定资产作为抵押物,古村古建生态产品作为抵押物进行贷款,其准入标准、评估价值缺乏标准化的操作细则,没有一套完整的评估体系和完善的评估方案,只能通过开发项目经营利用以后产生的营业收入以及所产生的其他收益来评估,该评估办法缺乏全面性和透彻性。因此,目前对传统村落的贷款主要还是基于对客户信誉和经营项目的预期评估,缺乏一定的科学性和专业参考价值,极大地限制了传统村落贷款推广[②]。

无形资产同样是文旅企业资产评估的一项重要指标。由于我国目前暂未构建完善的无形资产评估体系,我国文旅企业融资难的问题进一步加大。当前,文旅企业自身收入来源主要是各个旅游景点的门票,由此,企业在向银行申请贷款时,银行会将企业的未来门票收益纳入价值评估范围之中进行考虑。但是,这种方式并不是正式的评估方法,门票无法作为公司真正的主营业务收入,银行也考虑到了风险因素,逐渐放弃采用这种方式。通过分析国外案例可知,国外有些地区已经真正认可采用无形资产抵押的方式,为了降低风险,科学评估无形资产价值,其一般会寻找第三方机构进行资产评估,将这项工作交由专业化工作人员。由于我国目前暂没有搭建完善的评估体系,暂时难以实现这种无形资产贷款方式[③]。

从银行风险控制的角度分析,贷款资金和客户自有资金要达到一个合适比例,贷款期限也是根据贷款客户的生产经营周期决定的。但古村古建的保护和开发期限较难确定,银行也不可能根据其抵押物价值进行无限额的配套贷款。如某旅游开发公司,其名下有几套"古建筑",市场价值可能上亿元,且市值呈现持续上

---

① 管雪洋.商业银行服务乡村治理数字化的实践与思考[J].农银学刊,2021(02):33-38.
② 朱杰斌.农商行乡村振兴金融服务机制[J].中国金融,2019(10):30-32.
③ 杜爽.乡村振兴战略背景下农村金融需求及农商行服务创新问题探究[J].学习论坛,2021(03):109-114.

涨趋势,就算打折也可借款几千万元,而开发古建筑的时间又比较长,由于存在诸多信息不对称因素,实际上银行不太可能根据抵押物价值来发放贷款,难以设计合适的贷款授信额度和贷款期限,客户也颇有抵押物价值被低估的顾虑和授信额度偏低的不满情绪①。

由于现今传统村落价值的评估没有一套完整的评估体系和完善的评估方案,同时由于信息不对称的原因,在传统村落的估值中企业占据主动权,所以银行在设计贷款授信额度和贷款期限层面就存在不少问题。目前"古屋贷"作为九江银行在新的领域授信的一种尝试和探索,可以参考借鉴的数据信息有限,也没有其他银行失败的教训得以吸取或完善,企业或个人资信体系尚未建立,所以对于九江银行来说,对于借款人的信用情况以及偿债能力了解得不够完善,加上现今政府推广"古屋贷"鼓励银行缩短评估流程,加快贷款审批,这在无形之中也加剧了九江银行面临潜在的坏账风险。九江银行现有的评估模式还存在不少问题,对于企业信用评估不够完善,若企业存在用虚假信息来骗取银行授信,银行放出去的贷款收回的概率就会降低,最终只能变成坏账,若贷款金额巨大,甚至会影响九江银行金溪支行在金溪县的发展。

(三)银行产品设计与管理落后

第一,当前银行内部的金融产品比较单调,难以进行抵押处置。目前九江银行针对金溪县"古屋贷"的金融产品较为单一,作为抵押物的古屋建筑在变现处置上存在较多困难。一是产权纠纷多导致处置难。目前传统村落中的很多古屋由于年代久远或牵涉的户数较多,土地和房屋产权存在相关的纠纷问题,因此很多保存较好的古屋未能较好地被利用起来,尤其是处置零散且单一的古建筑,更难流通转让。二是实际操作过程中,抵押成交率较低。这主要是受农村观念的影响,抵押物原主人对银行处理的本村古建筑会出现或多或少的担忧,存在一定顾虑而难以接受,这些要素都会影响到抵押的成功率。

第二,银行内部工作人员存在层次上的差异,银行与企业之间存在严重信息不对称问题。银行主要通过内部信贷员与企业进行交流沟通,因此信贷员自身的专业素养以及职业能力等要素都会影响到银行与企业之间的业务合作。通过实地走访以及问卷调查等多种方式,可以发现金溪县内金融机构对信贷人员的关注度较少,对信贷人员开展的相关培训学习活动也较少,导致信贷人员自身专业能力不足。因此,一旦面临实践实操,很容易暴露出各种问题,影响企业信贷融资。

---

①李创,吴国清.乡村振兴视角下农村金融精准扶贫思路探究[J].西南金融,2018(06):28-34.

第三,银行监督管理体系并没有进行全过程覆盖,贷款发放之后的监督比较薄弱,因此信贷风险较高。目前"古屋贷"放得出,但是管得住和收得回并没有有效的措施得以保障,一旦银行的贷款难以管住或收回,原本传统村落的修缮改造、周边生态环境系统整治以及乡村休闲旅游开发的工作就会受到影响,这些项目耽搁的时间越长,短时间内若没有其他企业接手,那么就会一直搁置,从视觉上就会影响当地旅游风貌,进而影响当地旅游业的开发和发展[①]。

现今九江银行金溪支行对于"古屋贷"贷后监控力度不强,放出去的贷款未能及时阶段性地回访评估,访谈发现九江银行金溪支行对于向金溪县腾飞旅游建设有限公司发放的贷款使用情况了解不多,更不用说分析当前项目进度以及后续项目营收和企业偿还贷款情况。如果企业由于经营不善,项目进行不下去,"古屋贷"项目只能搁置,最终导致银行难以回收贷款本金,银行所要承担的风险将加大。

四、推进金溪县"古屋贷"项目持续发展的对策建议

为更好地利用好金溪县传统村落资源,助推金溪县文旅产业发展和乡村振兴全面实现,建议从文旅企业、银行和政府三个方面进一步加强对金溪县"古屋贷"项目的持续发展。

(一)发挥文旅企业融资优势

近年来,我国文旅产业蓬勃发展,对助推传统村落文旅高质量发展起着重要作用,但文旅企业普遍面临融资难的困境,成为阻碍文旅产业健康发展的重要因素,为解决该困局,对文旅企业提出以下三点建议。

1.规范企业财务制度,加强创新人才培养

为提高自身信用等级,文旅企业必须对自身财务制度与财务体系进行规范,坚决抵制作假行为的出现。一旦作假被查,企业就会失去政府以及银行的信任,更加难以获得融资。除此之外,文旅企业还必须跨过自身的初始阶段发展大关。企业在发展初期会面临自身竞争能力较弱、缺乏创意型产品等问题,对此,企业可以通过人才培养,以人才优势弥补竞争力较弱劣势。因此,文旅企业必须认识到创新型人才的重要性,内在进行创意型人才培养孵化,储备专业化人力资源,打造出一支业务精、素质高的人才队伍,提高产品的创新含量以及市场竞争力,推动企

---

①曾广录.乡村振兴背景下传统村落活化的市场融资动力研究[J].长沙大学学报,2022,36(01):47-56.

业从发展期向成长期转变,最终提升企业的融资贷款能力。

2. 积极参加金融推介会,提高企业知名度

推介会是获取信息和分享信息的平台,信息资源是一种宝贵的资源,文旅企业应该积极参与政府组织引导下的金融推介会。在推介会上可以学习产品做得优异的企业的经验,了解当前的行业趋势,设定自身的对标企业,以此来促进自身不足的改进。同时,参加推介会还可以公开展示自身的产品以及项目,提高企业知名度以及产品认知度,将自身优势展现给更多的银行以及风投机构,从而获得更多的融资机会,促进企业的进一步发展。

3. 打造特色文旅品牌,提升企业融资优势

随着旅游成为人民喜闻乐见的一种生活方式,旅游地所拥有的旅游观光等基础功能难以满足现代人民日益增长的物质文化需求①。对此,金溪县文旅企业可以通过多种途径对自身旅游产品进行开发革新,通过与金融企业、科技企业之间的协同合作,开发更多创新性旅游产品,打造文旅企业的专有品牌,实现创新型赋能。更重要的是,金溪县应该关注自身文化资源和旅游资源的充分挖掘,从自身条件要素出发打造更加具有自身特色的品牌,以特色品牌吸引外部融资,夯实自身基础。

(二)提升银行金融服务质量

九江银行以金融服务创新助推文旅产业发展尽管取得了一定的成效,也探索出了一些适合金溪当地情况的较好做法,但现在还仅是起步阶段,为了该项工作的持续推进与优化,以期给其他地区的传统村落文旅发展提供参考借鉴,提出以下三点建议。

1. 创新融资模式,建立健全价值评估体系

针对金溪县传统村落建筑,九江银行应建立科学有效的价值评估体系,从而便捷地评估古建筑的价值。九江银行不仅需要向其他银行学习,同时要结合金溪县的特色,创新完善传统村落价值的评估体系和评估方案。在进行评估标准设置时,要选择古村落中的特色特征,以此作为评估标准。而在评估过程之中,不仅要采用定性分析方式,同时要纳入定量方式进行指标权重的确定,最终构建出以传统村落价值为主体的整体评估体系。除此之外,金溪县传统村落保护工作必须要获得政府的政策支持,以政策形式保障传统古建筑群使用权的公开,因此可以在

---

① Cheng Z, Wang C, Pu A. On the origin, development and prospect of rural tourism in China[J]. American Journal of Industrial and Business Management, 2018, 8(12):2421-2427.

相关政府职能部门网站上进行公开挂牌,以市场机制进行古村古屋的价值评估。同时,也可以利用深圳文化产权交易所的价值评估报告作为评估的借鉴基础。

传统村落的保护开发工作离不开文旅企业的发展,对此,九江银行必须要进行融资模式的创新。第一,九江银行应该充分了解中小文旅企业概况,通过明晰企业属性特征,针对不同阶段的文旅企业采取不同举措。重点设计开发出多样化、动态性的融资产品以满足不同阶段文旅企业的不同融资需求,譬如,对旅游景区的经营权进行开发,对旅游景点的门票进行调整等。第二,由于中小文旅企业难以获得大额融资,因此,可以采取互助联保的方式进行融资。对此,必须要明确中小旅游企业内部各个项目的具体经营状况,以及背后潜藏的金融风险等,从而制订相关贷款方案,其中必须包括利率规划、期限设置以及还款方式等,尽可能将基准利率执行在内。第三,由于文旅产品的价值难以观测,评估标准无法量化,针对这种状况,九江银行应该协同政府,借鉴国外发达国家所采用的无形资产评估体系,立足于金溪县当地的实际情况,构建本土化的旅游产品价值评估体系。

为降低信贷风险,保障信贷过程安全,银行应该立足于文旅企业自身特征,制定适应文旅企业发展的信用评价标准。因此,在制定信用评价标准过程中,不仅要考虑企业内部的财务指标,同样应该将企业发展潜力、经济发展潜力以及企业社会责任行为等纳入标准指标中,更为关键的是要考虑文旅企业外部环境,关注其发展领域中的经营规模情况、政府支持支撑情况,协同其他指标进行调试,最终创新性构建系统科学的信用等级评价体系。除此之外,坏账率也是银行应该考虑的指标之一,银行可以通过分责的形式将责任分摊给政府、保险公司等参与主体,构建多主体担保机制,尽量保障多主体之间的信息流通。

2.创新金融产品,助力乡村振兴

九江银行需要加强内部员工对"古屋贷"理念的认知和重视,组织学习其他地区的丰富经验以及较好的工作做法,再根据金溪独有的特色创新出新的金融产品,以取得更好的成效。金溪县银行间针对相关业务需加强沟通交流,要善于提出好方法、好点子,在生态产品价值实现的工作中不断地创新,创新出更好的工作方法。

九江银行要因地制宜,在"农户信用+公司信用"信用评级、"公司资产担保+财政风险担保"双担保模式的基础上创新金融模式,通过实施信用双担保模式,发放纯信用免抵押贷款,不仅可以有效缓解融资难的困境,又能解决抵押物变现难的困境。

九江银行应积极践行县委、县政府关于金融支持乡村振兴、农村经济发展的政策要求,在当地人民银行的业务指导和帮助下,围绕县域生态产品价值实现开展金融创新,以推动古建筑经营权抵押贷款为契机,以改进和提升对新型建筑经营主体的金融服务效率为主要目标,瞄准聚焦特色经营项目,尝试采用"个体信用＋公司信用"评级、"个人资产担保＋财政风险担保"双担保模式发放纯信用免抵押的贷款。

3. 优化管理制度,建立专业的信贷团队

九江银行要想将"古屋贷"变成可持续发展模式,需要完善风控制度,加强贷后监督管理。第一,以风险把控为核心建立完善的风险控制制度。将风险把控贯彻落实到全过程、各环节,提升产品质量,降低产品风险。对此,九江银行首先应该转换理念,将风险把控理念传输到银行各个方面,强调底线思维,把控源头,监督各个环节,严禁出现违规违纪情况。第二,做好风险缓释。对此,九江银行可以率先选择具有较强风险缓释能力的抵押产品进行贷款抵押,尽可能挖掘无形资产的评估价值,其中包括门票收入以及景区收费等方面。第三,九江银行应该完善全过程的监督管理,更加关注贷后阶段,将风险降到最低。不仅要避免贷款资金使用过程中产生的各项合规性风险,防止资金被挪用,同样应该时刻审查企业内部负债情况,控制好企业负债规模,关注景区内部收入增长情况,尽可能降低因景区经济不景气而导致的还款紧张的影响。

银行内部应该疏通信息流通传递渠道,减少因沟通不畅导致的各项信贷问题;对外连接的业务部门更应该关注信息畅通问题,积极打破信息壁垒,促使信贷融资使用效率提高。对此,银行应该对涵盖整个业务部门的信贷人员进行培训工作,通过教育培训,提升信贷人员的职业道德素养,完善相关资质管理,规范人员行为风险。对于人为问题,银行应该设置追责制度,确保责任落实到具体人员身上,发现问题严厉问责。客户经理应该做好监督管理工作,严格划红线、守底线,加强队伍内部风险防范能力培养,从而在银行内部构建起一支具有坚实专业能力与专业素养的团队。

以过程导向进行信贷工作的完善,九江银行必须尽可能优化信贷流程,专注于"古屋贷"风险系统的建设和完善,以系统工程做好信贷全过程监督管理工作,将系统的制度规范优势转化成为技术支撑优势。首先,立足于风险管理制度的建设完善,将风险控制贯彻落实到信贷过程的各个环节,确定各个环节、各个步骤的责任主体,确保责任有人可循。其次,将流程进行制度化规范。完善绩效考核制度,定时定期对信贷人员进行考核,确保信贷人员能够及时学习掌握信贷业务具体操作,从而更好地在自身岗位规范履行职责。同时辅之以流程监控体系,对业务全过程进行实时监控,对在监控过程中得到的数据进行分析,从而对风险危机进行及时把控。最后,银行的风险管理部门应该立足于文旅产业整体情况,构建涵盖整体产业的信贷风险管理机制,协同内控制度进行有效风险管控。

(三)健全政府引导与互动机制

乡村振兴战略中明确提出产业兴旺的要求,发展乡村旅游业也是推进乡村产业现代化、实现产业兴旺目标的重要途径。而在发展乡村旅游业过程中,政府参与必不可少。为了更好地促进"古屋贷"在助推传统村落文旅发展中发挥作用,推进金溪传统村落生态产品价值实现,政府可以做好以下几点工作。

1. 搭建信息平台,提供政策保障与支持

加强高水平联动,金溪县政府应该构建多元主体参与的信息共享平台,将政府主要职能部门、贷款银行以及文旅企业纳入平台建设管理之中。构建信息共享机制,推动信息资源在多主体之间进行流转流动,在信息共享过程中要把握适度原则,在分享信息时做好商业信息保护工作,既不能隐藏一些需要分享的信息,也不能对外不设防。通过信息资源的充分高效共享,既能够降低因为信息不对称而产生的成本损耗,同样能够降低贷款风险,提高"古屋贷"项目的实施效益。

以行业发展态势为基础,在一定程度上降低文旅产业领域内企业进入的门槛,甚至应该积极鼓励更多的企业进驻文旅市场发展,从而通过营造多元化的良性竞争环境,避免市场内同质化现象以及垄断现象出现,为文旅企业的发展营造良好的市场氛围。

金溪县政府应该充分发挥政府引导作用,通过推行各项政策将政策红利切实落地于文旅产业发展过程中。第一,政府可以通过给予大力度的信贷支持政策促进中小规模的文旅企业发展,引导银行提供一定资金支撑。第二,政府可以巧妙运用杠杆效应撬动社会资金向文旅企业流动,扩宽企业贷款融资渠道。

2. 完善发展政策,推动文旅产业转型升级

要想进一步实现金溪县传统村落高质量文旅发展,推动金溪县文旅产业发展壮大,就需要解决金溪县产业结构不合理的问题。立足于本地实际情况,全面考察乡村自身的环境承载力,遵循乡村经济发展规律,探索和完善传统村落文化保护、旅游发展、金融支持等各方面深度融合的新模式。政府引导与村民民主、专家评估论证等结合起来,多方听取村民意见和建议,提升村民主人翁意识,使其主动积极参与传统村落保护工作,为乡村文旅产业发展集聚人员力量[1]。

不断推进政府资金与社会资金多方合作,将各级财政倾斜的奖补资金作为项

---

[1] Chi X, Han H. Emerging rural tourism in China's current tourism industry and tourist behaviors: the case of Anji County[J]. Journal of Travel & Tourism Marketing,2021,38(1):58-74.

目风险兜底,发挥引导和示范作用,通过鼓励社会力量和吸引民间资本等多渠道多方式参与美丽乡村建设,发挥市场决定性作用,运用市场机制解决项目资金缺乏的问题[①]。首先,完善现有的文旅产业发展政策并加强落实,甚至可以根据各乡镇不同的传统村落风情制定不同的文旅发展战略,除九江银行"古屋贷",还可以拉动其他银行一同参与"古屋贷"。其次,应该因地制宜,具体情况具体分析,在发展文旅产业时更多地挖掘自身产业特色,结合自身文化资源特色,制定可持续发展规划。政府在"古屋贷"运行过程中扮演好监督者的角色,进行全过程的监督管理,在市场经济波动或管理不健全时,应给予适当的指导。

在"古屋贷"项目无法继续正常运行时,金溪县政府可考虑接盘项目,注入资金盘活"古屋贷"项目。在"古屋贷"项目实行过程中,一旦发现一些项目存在潜在风险等问题,政府应该及时介入,通过收购等方式对项目进行"催熟",待项目发展完全之后再进行出让。针对部分传统村落由于种种原因文旅项目没有开发到位的情况,县自然资源局可考虑传统村落位置和市场需求等因素,特别发展具有较强文旅优势的项目,可以采取收回资源产权办法,在调整发展之后,再进行挂牌出让,最终按照旅游产业收益的一定比例将其返还给各个村落。因位置偏僻或规划限制等原因,有些传统村落处置比较困难,政府可以从邻近的村落入手,通过"古屋贷"项目打造该村落,进而提高传统村落中文化资源和旅游资源的使用效率。除此之外,政府还可以利用闲置传统村落资源,嫁接项目,这是有利于金溪县盘活"古屋贷"项目的又一措施。而针对一些暂时难以进行转让处置的"古屋贷"项目,可以借助市场化运作的方式,将村落内部资源通过租赁的方式来进行重新唤活。

3.建立信贷措施,合理引导信贷资金支持

第一,金溪县在自身信贷规划过程中,应当遵循本土旅游发展规律,借助政府政策支持,在乡村振兴战略等政策帮扶下推动信贷资金流向县内文旅企业;第二,金溪县还可以借助外部社会支持,通过积极参加日常举办的项目推介会等方式,督促引导金融监管主体更加关注文旅企业的发展,加强对文旅企业的指导,由此制定更多有利于文旅企业发展的金融监管举措;第三,可以扶持文旅相关行业进一步发展,拓宽文旅企业发展产业链,形成文旅企业发展整体集群效应。除此之外,支持有条件、有实力、有能力的文旅企业上市以获取更多的融资。

由文旅企业自身实力不足等特征所导致的多种限制,以及同外界存在信息不对称等各项问题,导致银行难以从内部产生推动"古屋贷"的支持动力。此时,必

---

① 刘涛,吴水洋,刘鸳茳.文化保护型美丽乡村标准化建设典型案例研究——以抚州金溪县为例[J].质量探索,2021,18(1):27-31.

须要依靠政府支持引导帮助企业走出困境。譬如,通过采取税收减免或者优惠政策的方式降低企业投入成本,减缓企业资金压力。除此之外,还可以利用政府自身公信力以及权威,为"古屋贷"设置担保基金,从而为一些企业进行担保,通过设置专项资金的方式,不仅能够帮助企业缓解融资困难、打造更加稳固的资金链条,同样也能够降低银行在参与融资过程时所要承担的各项风险,降低商业银行可能遭受的资金损失。

参 考 文 献

[1] 蔡蕾,邵悦,马云驰.文旅融合背景下龙江剧戏曲旅游产品营销创新研究[J].经济师,2021(03):156-157,162.

[2] 曹莉莉,林滨.马克思恩格斯空间正义理论视域下中国城乡融合问题研究[J].理论导刊,2020(08):48-54.

[3] 曾广录.乡村振兴背景下传统村落活化的市场融资动力研究[J].长沙大学学报,2022,36(01):47-56.

[4] 曾慧娟,饶勇.乡村旅游中游客及东道主的凝视行为研究——以福建培田村为例[J].嘉应学院学报,2018,36(11):58-66.

[5] 曾令铭.革命老区振兴发展政策效应研究[D].南昌:江西师范大学,2020.

[6] 陈阁芝,刘伟.基于利益相关者视角的全域旅游发展策略研究[J].中国管理信息化,2019,22(06):115-116.

[7] 陈建华,郭相男.基于Citespace的我国传统村落评价研究述评[J].建筑与文化,2022(05):194-196.

[8] 陈金华,郑虎.旅游型海岛资源环境脆弱性研究——以福建湄洲岛为例[J].资源与开发市场,2014,30(7):828-832.

[9] 陈君子,刘大均,周勇,等.嘉陵江流域传统村落空间分布及成因分析[J].经济地理,2018,38(02):148-153.

[10] 陈倩婷,张珂,段亚鹏,等.江西省传统村落时空格局与演变研究[J].遥感学报,2021,25(12):2460-2471.

[11] 陈慰,巫志南.文化和旅游公共服务深度融合问题、战略及机制研究[J].文化艺术研究,2020,13(02):1-12.

[12] 陈娅玲,杨新军.旅游社会-生态系统及其恢复力研究[J].干旱区资源与环境,2011,21(5):205-211.

[13] 陈娅玲,杨新军 西藏旅游社会-生态系统恢复力研究[J].西北大学学报(自然科学版),2012,42(5):827-832.

[14] 陈娅玲.陕西秦岭地区旅游社会-生态系统脆弱性评价及适应性管理对策研究[D].西安:西北大学,2013.

[15] 陈一涵,励晓红,吕军,等.残疾人健康管理相关政策变迁分析——基于Rost CM软件的政策文本分析[J].中国卫生事业管理,2022,39(05):321-324,339.

[16] 陈悦,陈超美,刘则渊,等.CiteSpace知识图谱的方法论功能[J].科学学研究,2015,33(2):242-253.

[17] 程瑶,李天雪.桂林红色旅游与文化产业融合发展研究[J].桂林师范高等专科学校学报,2016,30(04):1-4,16.

[18] 程瑶.桂林红色旅游与文化产业融合发展研究[D].桂林:广西师范大学,2017.

[19] 崔延强,林笑夷.我国民族教育政策研究的计量分析与评价[J].西南大学学报(社会科学版),2020,46(01):89-97,195.

[20] 代大梅,熊杨燕.乡村振兴战略背景下促进乡村旅游业发展的思考——以金寨县大湾村为例[J].山西农经,2021(22):93-95.

[21] 丁风芹,姜洪涛,侯松岩,等.中国传统古村镇游客重游意愿的影响因素及作用机理研究——以周庄为例[J].人文地理,2015,30(06):146-152.

[22] 杜爽.乡村振兴战略背景下农村金融需求及农商行服务创新问题探究[J].学习论坛,2021(03):109-114.

[23] 樊友猛,谢彦君.记忆、展示与凝视:乡村文化遗产保护与旅游发展协同研究[J].旅游科学,2015,29(01):11-24,87.

[24] 房静静.中国传统村落的记忆隐喻及嬗变[J].湖南社会科学,2020(1):1-8.

[25] 冯萍.红色旅游产业与文化产业融合发展研究[J].亚太教育,2016(02):222.

[26] 高江波,赵志强,李双成.基于地理信息系统的青藏铁路穿越区生态系统恢复力评价[J].应用生态学报,2008,19(11):2473-2479.

[27] 高璟,吴必虎,赵之枫.基于文化地理学视角的传统村落旅游活化可持续路径模型建构[J].地域研究与开发,2020,39(04):73-78.

[28] 高长征,付晗,龚健."文化驱动"视角下传统村落共生发展路径研究——以河南浚县5个传统村落为例[J].地域研究与开发,2021,40(02):169-173,180.

[29] 龚斌磊,张启正,袁菱苒,等.革命老区振兴发展的政策创新与效果评估[J].管理世界,2022,38(08):26-43.

[30] 古村落的生存困局[J].绿色视野,2014(10):23-25.

[31] 管雪洋.商业银行服务乡村治理数字化的实践与思考[J].农银学刊,2021(2):33-38.

[32] 郭冬梅.乡村振兴背景下浙中民宿营造策略分析[J].农村经济与科技,2021,32(04):159-160.

[33] 郭华,甘巧林.乡村旅游社区居民社会排斥的多维度感知——江西婺源李坑村案例的质化研究[J].旅游学刊,2011,26(8):87-94.

[34] 郭永锐,张捷,张玉玲.旅游社区恢复力研究:源起、现状与展望[J].旅游学刊,2015,30(5): 85-96.

[35] 韩小芸,田甜,孙本纶.旅游虚拟社区成员"感知-认同-契合行为"模式的实证研究[J].旅游学刊,2016,31(08):61-70.

[36] 韩延明.老区精神:中国革命星火燎原的璀璨路标[J].党史文汇,2022(06):23-27.

[37] 胡海胜.全域旅游助推乡村振兴[N].中国社会科学报,2022-08-04(008).

[38] 胡海霞.凝视,还是对话?——对游客凝视理论的反思[J].旅游学刊,2010,25(10):72-76.

[39] 胡晶,胡海胜.基于IPA分析法的民宿旅游感知特征研究——以井冈山市为例[J].旅游与摄影,2020(14):58-59.

[40] 胡娟,龚胜生,魏幼红,等.山西古村镇类型及社会记忆符号系统研究[J].人文地理,2018,33(02):107-115.

[41] 胡友笋,万媛.百集纪录片《记住乡愁》评析[J].中国电视,2015(09):74-76.

[42] 胡志毅,张兆干.社区参与和旅游业可持续发展[J].人文地理,2002(02):38-41.

[43] 黄颖华,黄福才.旅游者感知价值模型、测度与实证研究[J].旅游学刊,2007(08):42-47.

[44] 黄震方,黄睿.城镇化与旅游发展背景下的乡村文化研究:学术争鸣与研究方向[J].地理研究,2018,37(02):233-249.

[45] 黄志海,刘琼豪.习近平关于城乡融合发展重要论述的理论意涵与现实意蕴[J].经济与社会发展,2021,19(06):1-7.

[46] 季芳芳.历史记忆的再现政治:电视纪录片的"古村落"叙事分析[J].现代传播(中国传媒大学学报),2015,37(11):119-123.

[47] 季亿.基于网络游记的三清山自助旅游者行为特征研究[D].南昌:江西财经大学,2018.

[48] 蒋洁草.桂林红色旅游和文化产业的结合发展路径探索[J].旅游纵览(下半月),2019(08):86-87.

[49] 金筱萍,陈珉希.乡村振兴视域下乡村文明的价值发现与重构[J].农村经济,2018(07):9-15.

[50] 孔靓,李锡元,王艳娇.MBA品牌感知质量对职业经理人角色认同的影响研究[J].华中师范大学学报(人文社会科学版),2017,56(01):48-56.

[51] 黎耀奇,王雄志,陈朋.基于游客与居民视角的遗产地遗产责任量表开发与检验[J].旅游学刊,2019,34(10):60-75.

[52] 李创,吴国清.乡村振兴视角下农村金融精准扶贫思路探究[J].西南金融,2018(06):28-34.

[53] 李翠玲,秦绪忠,赵红.旅游目的地品牌忠诚度与整体印象影响因素研究——以新疆昌吉州为例[J].管理评论,2017,29(07):82-92.

[54] 李慧.基于目的地感知质量驱动模型的西藏入境游客忠诚研究[J].贵州民族研究,2016,37(12):53-56.

[55] 李宁.基于地域文化特性的生态农业景观旅游开发研究[J].农村经济与科技,2022,33(05):87-90.

[56] 李培君.乡村振兴背景下何家坞民宿发展现状及优化策略研究[J].现代农业科技,2021(22):177-180.

[57] 李鹏,李志,闵忠荣.江西传统村落历史选址特征规律及其综合原因探究[J].城市发展研究,2018,25(04):131-136.

[58] 李文兵,吴蜜蜜,李欣,等.认知重构与传统村落社区旅游创新演化——以湖南张谷英村为例[J].地域研究与开发,2021,40(02):92-96,102.

[59] 李焰,刘月月,陈帅.江西金溪县东源曾家村传统村落的田野调查[J].南方文物,2018(02):261-265.

[60] 李钊,邓勇.探索生态与经济价值转换的有效途径——以井冈山市大陇镇案山村为例[J].农村经济与科技,2020,31(23):27-28.

[61] 李志飞,聂心怡.文化旅游地集体记忆对游客地方依恋的作用机理——以乌镇、平遥古城和凤凰古城为例[J].地域研究与开发,2018,37(03):95-100.

[62] 梁璐.革命老区传统村落红色记忆的保护与传承研究[D].南昌:江西财经大学,2020.

[63] 梁增贤,解利剑.传统旅游城市经济系统脆弱性研究——以桂林市为例[J].旅游学刊,2011,26(5):40-46.

[64] 林伟纯.民族地区旅游业恢复力综合评价研究——以甘南藏族自治州为例[D].兰州:兰州大学,2014.

[65] 刘芳羽,赵静,李泽,等.基于文本挖掘法的北京市家庭医生评价体系构建及实证研究[J].中国全科医学,2020,23(25):3226-3229.

[66] 刘佳雪,沙润,周年兴.南京江心洲旅游景观健康评价[J].地理研究,2010,29(4):748-756.

[67] 刘晶.上海、广州、赣州红色革命遗址资源利用的经验启示[J].贵阳市委党校学报,2019(06):51-54.

[68] 刘婧,史培军,葛怡,等.灾害恢复力研究进展综述[J].地球科学进展,2006,21(2):211-218.

[69] 刘沛林.中国传统聚落景观基因图谱的构建与应用研究[D].北京:北京大学,2011.

[70] 刘涛,吴水洋,刘鸶莅.文化保护型美丽乡村标准化建设典型案例研究——以抚州金溪县为例[J].质量探索,2021,18(01):27-31.

[71] 刘馨秋,沈志忠.中国传统村落:历史记忆与传承发展——首届中国传统村落保护论坛会议综述[J].中国农史,2017,36(04):137-143.

[72] 龙昭宇,杨紫洪,张康洁,等.中国地膜污染防控政策结构与演进——基于1990—2020年政策文本的量化分析[J].中国农业资源与区划,2022,43(01):141-152.

[73] 陆林.旅游地居民态度调查研究——以皖南旅游区为例[J].自然资源学报,1996(04):377-382.

[74] 路璐,李嫣红.留住乡愁:记忆理论视域下特色村镇保护与发展研究[J].中国农史,2018,37(01):122-130.

[75] 罗丽萍,吴雄健.赣州市文化产业发展研究[J].青春岁月,2016(05):230,229.

[76] 吕龙,黄震方,陈晓艳.文化记忆视角下乡村旅游地的文化研究进展及框架构建.人文地理,2018,33(2):35-42.

[77] 吕宛青,张冬,杜靖川.基于知识图谱的旅游利益相关者研究进展及创新分析[J].资源开发与市场,2018,34(4):582-586,560.

[78] 吕志.J银行"古屋贷"助推金溪县传统村落文旅产业发展的案例研究[D].南昌:江西财经大学,2022.

[79] 倪沫.纪录片《记住乡愁》对乡村图景的重构[J].电视研究,2016(11):53-56.

[80] 庞娟.城镇化进程中乡土记忆与村落公共空间建构——以广西壮族村落为例[J].贵州民族研究,2016,37(07):60-63.

[81] 彭正德.论政治认同的内涵、结构与功能[J].湖南师范大学社会科学学报,2014,43(05):87-94.

[82] 荣泰生.AMOS与研究方法[M].2版.重庆:重庆大学出版社,2017.

[83] 邵瑞娟,陆林.旅游者侵扰研究进展及启示[J].资源开发与市场,2008,24(11):1034-1037.

[84] 沈费伟,叶温馨.乡村振兴的制度化困境与可持续发展——基于政策制度与实践发展的互动视角[J].中国农村研究,2020(02):171-189.

[85] 沈苏彦.国外弹性思维下旅游研究领域文献的可视化分析——基于CiteSpace的分析[J].旅游论坛,2013,6(2):84-87.

[86] 沈苏彦.生态旅游地恢复力研究[J].安徽农业科学,2010,38(34):19861-19862.

[87] 宋玉,黄剑锋.国内外乡村记忆地理研究进展与展望[J].世界地理研究,2019,28(06):166-177.

[88] 孙晶,王俊,杨新军.社会-生态系统恢复力研究综述[J].生态学报,2007,27(12):5371-5381.

[89] 孙九霞.旅游循环凝视与乡村文化修复[J].旅游学刊,2019,34(06):1-4.

[90] 孙庆忠.社会记忆与村落的价值[J].广西民族大学学报(哲学社会科学版),2014,36(05):32-35.

[91] 孙雪峰.基于GIS的罗霄山红色旅游资源调查与评价研究[J].当代旅游,2021,19(36):37-39.

[92] 覃江梅,邱毛.我国婴幼儿照护人才队伍建设的政策理路及实施路径——基于ROST文本挖掘系统的分析[J].豫章师范学院学报,2022,37(03):91-97.

[93] 陶华强.论古村落的保护:现状、困境及策略——以耒阳市寿州古村落保护为例[J].安徽工业大学学报(社会科学版),2022,39(01):47-52.

[94] 田光辉,赵畅,潘芙萍.乡村振兴背景下少数民族传统村落文化保护与旅游扶贫开发研究——以湖南武陵山片区为例[J].智库时代,2018(1):112-114.

[95] 童章舜.革命老区振兴发展为什么如此重要[J].中国老区建设,2022(01):6-7.

[96] 汪芳,孙瑞敏.传统村落的集体记忆研究——对纪录片《记住乡愁》进行内容分析为例[J].地理研究,2015,34(12):2368-2380.

[97] 汪金伟,贺畅,余陆婷,等.扶贫试验区的扶贫效果评估——来自大别山革命老区的经验证据[J].湖北经济学院学报(人文社会科学版),2020,17(08):26-30.

[98] 汪天颖,陆林,路幸福.徽州村落旅游中游客及东道主的凝视行为[J].旅游学刊,2015,30(04):23-32.

[99] 王靖,张金锁.综合评价中确定权重向量的几种方法比较[J].河北工业大学学报,2001,30(2):52-57.

[100] 王俊,杨新军,刘文兆.半干旱区社会-生态系统干旱恢复力的定量化研究[J].地理科学进展,2010,29(11):1385-1390.

[101] 王琦琪.河东乡村劲吹文明新风——山西运城乡风文明建设纪实[J].炎黄地理,2020(06).56-59.

[102] 王琦妍.社会-生态系统概念性框架研究综述[J].中国人口·资源与环境,2011,21(3):440-443.

[103] 王群,陆林,杨兴柱.国外旅游地社会-生态系统恢复力研究进展与启示[J].自然资源学报,2014,29(5):894-908.

[104] 王群,陆林,杨兴柱.千岛湖社会-生态系统恢复力测度与影响机理[J].地理学报,2015,70(5):779-795.

[105] 王燕.民族传统村落保护的困境与突破[J].中国民族教育,2021(05):63-64.

[106] 吴泉辉.文化遗产保护"金溪模式"[J].南方文物,2020,(01):264-269.

[107] 吴晓萍,LIU Hui-wu.论乡村振兴战略背景下民族地区的乡村建设与城乡协调发展[J].贵州师范大学学报(社会科学版),2017(06):54-59.

[108] 夏天添,邹波.农村居民旅游影响感知与旅游产业支持的倒U形关系研究[J].哈尔滨商业大学学报(社会科学版),2019(04):115-128.

[109] 向丽,郑流云.十八洞村精准扶贫实践及经验研究[J].学理论,2018(11):27-29.

[110] 肖继东,王智,师庆东,等.基于熵权法的土地覆被动态遥感监测与评价——以新疆伊犁地区和博州为例[J].中国沙漠,2011,31(5):1286-1292.

[111] 熊桃慧.革命老区乡村居民对民宿旅游发展的影响感知研究[D].南昌:江西财经大学,2020.

[112] 徐曼.乡村振兴战略下传统村落活态保护与策略研究——基于河南X县的实证分析[J].农业经济,2019(01):49-51.

[113] 徐文豹.革命老区乡村民宿的旅游凝视研究[D].南昌:江西财经大学,2020.

[114] 颜巧玲.普惠金融助力乡村振兴的路径研究[J].今日财富,2021(12):35-36.

[115] 杨贵庆,关中美.基于生产力生产关系理论的乡村空间布局优化[J].西部人居环境学刊,2018,33(01):1-6.

[116] 杨琳.安徽六安:文旅融合激发乡村振兴新动能[J].中国经济周刊,2021(18):94-96.

[117] 杨若凡,钱云.旅游影响下北京郊区传统村落空间集体记忆研究——以爨底下村、古北口村、灵水村、琉璃渠村为例[J].现代城市研究,2019(08):49-57,74.

[118] 杨同卫,苏永刚.论城镇化过程中乡村记忆的保护与保存[J].山东社会科学,2014(01):68-71.

[119] 杨震.乡村振兴背景下的河南沿黄村落民宿景观设计[J].美与时代(城市版),2021(05):52-53.

[120] 叶婷婷,奚少敏.论红色旅游与文化产业的融合发展——以广东省为例[J].佳木斯职业学院学报,2018(10):423-424.

[121] 约翰范,乔纳斯.游客的凝视[M].3版.黄宛瑜,译.上海:人民出版社.2016.

[122] 翟燕霞,石培华.政策工具视角下我国健康旅游产业政策文本量化研究[J].生态经济,2021,37(07):124-131.

[123] 詹国辉,张新文.乡村振兴下传统村落的共生性发展研究——基于江苏S县的分析[J].求实,2017(11):71-84.

[124] 张广瑞.全球旅游伦理规范[J].旅游学刊,2000(03):71-74.

[125] 张玲.古镇旅游地恢复力评估研究[D].南昌:江西财经大学,2017.

[126] 张启正,袁菱苪,胡沛楠,等.革命老区振兴规划对农业增长的影响及其作用机理[J].中国农村经济,2022(07):38-58.

[127] 张廷银.产业集聚形成与发展的五大要素[J].人民论坛,2020(10):74-75.

[128] 张向龙,杨新军,王俊,等.基于恢复力定量测度的社会-生态系统适应性循环研究——以榆中县北部山区为例[J].西北大学学报(自然科学版),2013,43(6):952-956.

[129] 张晓萍,刘德鹏.人类学视野中的旅游对目的地负面影响研究述评[J].青海民族研究,2010,21(1):14-19.

[130] 张秀妮.量化分析:政策文本研究的新方法[J].中共山西省委党校学报,2019,42(03):119-123.

[131] 赵庆建,温作民.社会生态系统及其恢复力研究——基于复杂性理论的视角[J].南京林业大学学报(人文社会科学版).2013(4):82-89.

[132] 郑菲,孙诚,李建平.从气候变化的新视角理解灾害风险、暴露度、脆弱性和恢复[J].气候变化研究进展,2012,8(2): 79-83.

[133] 郑晓辉.创新方法 用"绿水青山"赢未来——金溪县创新探索古村古建生态产品价值活化利用的"金溪模式"[J].老区建设,2022(08):73-77.

[134] 郑艳萍,王丹婷.传统村落文化记忆的传承演变与发展路径——以井冈山市长塘村为例[J].山西农经,2019(13):53-54,57.

[135] 中共中央党史和文献研究院.习近平扶贫论述摘编[M].北京:中央文献出版社,2018.

[136] 周宪.现代性与视觉文化中的旅游凝视[J].天津社会科学,2008(01):111-118.

[137] 朱春睿.乡村振兴战略下乡镇公共空间与景观设计探析[D].北京:北方工业大学,2020.

[138] 朱杰斌.农商行乡村振兴金融服务机制[J].中国金融,2019(10):30-32.

[139] 邹晓菁,王菲菲,刘家好.综合信息计量视角下的期刊评价指标体系研究[J].情报科学,2018,36(02):118-124.

[140] 邹勇文,陈东军,汪忠列,等.赣南原中央苏区红色旅游与文化产业协同发展创新探索[C]//郭建晖,蒋金法.江西文化产业发展报告(2022).南昌:江西人民出版社,2022.

[141] Alejandro J, Anna P, Irene L, et al. Reformulating the social-ecological system in a cultural rural mountain landscape in the Picos de Europa region (northern Spain)[J]. Landscape and Urban Planning, 2008, 88(1): 23-33.

[142] Alejandro J, Bárbara A W, María F S, et al. Changes in land uses and management in two nature reserves in Spain:Evaluating the social-ecological resilience of cultural landscapes[J]. Landscape and Urban Planning, 2010, 98(1): 26-35.

[143] Amy E F, Chris S R, Scott B M. Evaluating post-disaster ecosystem resilience using MODIS GPP data[J]. International Journal of Applied Earth Observation and Geoinformation, 2013, 21(3): 43-52.

[144] Bennett E M, Cumming G S, Peterson G D. A systems model approach to determining resilience surrogates for case studies[J]. Ecosystems, 2005, 8(8): 945-957.

[145] Chi X, Han H. Emerging rural tourism in China's current tourism industry and tourist behaviors: the case of Anji County[J]. Journal of Travel & Tourism Marketing, 2021, 38(1):58-74.

[146] Chin W W. The partial least squares approach to structural equation modeling [J]. Modern methods for business research, 1998, 295(2): 295-336.

[147] Claudia T S, José A G, Berta M L, et al. Social-ecological factors influencing tourist satisfaction in three ecotourism lodges in the southeastern Peruvian Amazon[J]. Tourism Management, 2012, 33(3): 545-552

[148] Colin A, Robert I. Estimating environmental resiliency for the Grampians National Park, Victoria, Australia: A quantitative approach[J]. Tourism Management, 2002, 23(3): 295-309.

[149] Cote M, Nightingale A J. Resilience thinking meets social theory: Situating social change in socio-ecological systems(SES) research[J]. Progress in Human Geography, 2012, 36(4): 475-489.

[150] Dutton J E, Dukerich J M, Harquail C V. Organizational images and member identification[J]. Administrative science quarterly, 1994(34):239-263.

[151] Flaherty E. Assessing the distribution of social-ecological resilience and risk: Ireland as a case study of the uneven impact of famine[J]. Ecological Complexity, 2014, 19(9): 35-45.

[152] Gallopin G C. Human dimensions of global change: Linking the global and the local processes [J]. International Social Science Journal, 1991, 43(4): 707-718.

[153] Gunderson L H, Holling C S. Panarchy : Understanding transformations in human and natural systems [M]. Washington D C: Island Press, 2002.

[154] Hagger M S, Anderson M, Kyriakaki M, et al. Aspects of identity and their influence on intentional behavior: Comparing effects for three health behaviors[J]. Personality and Individual Differences, 2007, 42(2):355-367.

[155] Holling C S. Resilience and stability of ecological systems[J]. Annual Review of Ecology and Systematic, 1973,(4):1-23.

[156] Hopkins D, Becken S. Socio-cultural resilience and tourism[M]// Lew A A, Halland C M, Williams A M. A Companion to Tourism. Oxford: Blackwell-Wiley, 2014.

[157] Hu H S, Qiao X Z, Yang Y, et al. Developing a resilience evaluation index for cultural heritage site: case study of Jiangwan Town in China[J]. Asia Pacific Journal of Tourism Research, 2021, 26 (1):15-29.

[158] Lacitignola D, Petrosillo I, Zurlini G. Time-dependent regimes of a tourism-based socio-ecological system: Period doubling route to chaos[J]. Ecological Complexity, 2010, 7(1): 44-54.

[159] Lew, A A. Scale, change and resilience in community tourism planning[J]. Tourism Geographies, 2014, 16(1): 14-22.

[160] Luthe T, Wyss R. Assessing and planning resilience in tourism[J]. Tourism Management, 2014, 44(4): 161-163.

[161] Maurice H. On Collective Memory[M]. Chicago: The University of Chicago Press, 1992.

[162] Mccall G J, Simmons J L. Identities and interactions[M]. New York: Free Press, 1966.

[163] Nunkoo R, Gursoy D. Residents' support for tourism: An identity perspective[J]. Annals of Tourism Research, 2012, 39(1):243-268.

[164] Nunally J C, Bernstein I H. Psychometric theory[M]. 2nd Edition. New York: McGraw-Hill, 1978.

[165] Pearce P L. Tourist behaviour: Themes and conceptual schemes[M]. Clevedon: Channel View Publications. 2005.

[166] Petrosillo I, Zurlini G, Grato E, et al. Indicating fragility of socio-ecological tourism-based systems[J]. Ecological Indicators, 2006, 6(1): 104-113.

[167] Robina-Ram, Medina-Merodio J A. Transforming students' environmental attitudes in schools through external communities[J]. Journal of Cleaner Production, 2019, 232(SEP.20): 629-638.

[168] Solla M, Ismail L H, Milad A. Measuring the feasibility of using of BIM application to facilitate GBI assessment process[J]. Journal of Building Engineering, 2019, 25(9).

[169] Strickland-Munro J K, Allison H E, Moore S A. Using resilience concepts to investigate the impacts of protected area tourism on communities[J]. Annals of Tourism Research, 2010, 37(2): 499-519.

[170] Timothy J T, Robert J J. Tourism sustainability, resiliency and dynamics: Towards a more comprehensive perspective[J]. Tourism and Hospitality Research, 2008, 8(1):14-24.

[171] Walker B H, Carpenter S R, Rockstrom J, et al. Drivers, "slow" variables, "fast" variables, shocks, and resilience[J]. Ecology and Society, 2012, 17(3):30-33.

[172] Cheng Z, Wang C, Pu A. On the origin, development and prospect of rural tourism in China[J]. American Journal of Industrial and Business Management, 2018, 8(12):2421-2427.

[173] Zurlini G, Amadio V, Rossi O. A landscape approach to biodiversity and biological health planning: The map of Italian nature[J]. Ecohealth, 1999, 5(4): 294-311.

后　　记

　　本课题在研究过程中参考了同行专家的研究成果,因篇幅所限,有许多文献未能一一列出,特此一并致谢。课题研究过程中,除课题组成员外,还有一批专家学者和研究生、本科生共同参与了课题调研、资料搜集和文稿写作,在此特别感谢他们的辛劳付出。课题调研时得到江西省文化和旅游厅、各调研地党委政府和传统村落社区的大力支持,特别感动于革命老区在脱贫攻坚和乡村振兴过程中的奋力付出和创新精神。受疫情和时间精力等影响,研究未能完全按照原定计划前往全国各重点革命老区调研,影响了研究的广泛性和代表性。课题研究尚存在诸多不足之处,敬请各位专家批评指正。